上海市政工程设计研究总院(集团)有限公司　组织编写

Research and application of preventive maintenance strategy of asphalt pavement

沥青路面预防性养护决策研究与应用

郑晓光　编著
温学钧　袁胜强　主审

人民交通出版社股份有限公司
China Communications Press Co.,Ltd.

内容提要

本书围绕沥青路面预防性养护的技术措施、实施时机和决策管理等核心技术，建立了沥青路面性能衰变模型，提出了基于费用－效益指标最佳预养护时机确定方法，形成了沥青路面预防性养护措施对策库，开发了沥青路面预防性养护决策系统，以指导实际工程应用。本书主要内容包括：沥青路面病害分类与成因、沥青路面预养护措施与适用范围、沥青路面预养护标准与对策选择、沥青路面最佳预养护时间研究、沥青路面预养护决策系统开发与应用、沥青路面预防性养护决策实例分析。

本书可供沥青路面设计、管理养护人员参考使用，也可作为高等院校相关专业师生的教学参考书。

图书在版编目(CIP)数据

沥青路面预防性养护决策研究与应用 / 郑晓光编著. — 北京 : 人民交通出版社股份有限公司, 2018.9
ISBN 978-7-114-14902-3

Ⅰ. ①沥… Ⅱ. ①郑… Ⅲ. ①沥青路面—公路养护 Ⅳ. ①U418.6

中国版本图书馆 CIP 数据核字(2018)第 167815 号

书　　名： 沥青路面预防性养护决策研究与应用
著 作 者： 郑晓光
责任编辑： 黎小东　张　淼
责任校对： 张　贺
责任印制： 张　凯
出版发行： 人民交通出版社股份有限公司
地　　址： (100011)北京市朝阳区安定门外外馆斜街 3 号
网　　址： http://www.ccpress.com.cn
销售电话： (010)59757973
总 经 销： 人民交通出版社股份有限公司发行部
经　　销： 各地新华书店
印　　刷： 北京市密东印刷有限公司
开　　本： 720×980　1/16
印　　张： 16
字　　数： 248 千
版　　次： 2018 年 9 月　第 1 版
印　　次： 2018 年 9 月　第 1 次印刷
书　　号： ISBN 978-7-114-14902-3
定　　价： 60.00 元

前　言

近年来，我国公路与城市道路建设都实现了跨越式发展，截至2017年末，全国公路总里程477.35万km；高速公路13.65万km，国道35.84万km，省道33.38万km，农村公路400.93万km。

为了维护道路的使用性能，为用户提供一个安全、通畅、舒适的行车环境，道路部门每年都需要投入资金对现有的路面，尤其是高等级沥青路面进行养护。由于大量道路的快速建成和路面使用时间的不断增加，道路部门的养护管理任务日趋繁重。同时，伴随着生活水平的不断提升，人们对路面的养护质量提出了更高的要求，这使得道路养护的投资日益增多。

20世纪70年代末，发达国家道路网已经基本形成，很多发达国家用于路面养护维修工作的经费占全部道路事业费用的30%～50%。为适应路面养护工作的需要，发达国家开始致力研究全新的道路路面养护决策、理念、计划和方法，从80年代起开展了路面预防性养护的研究与应用。预防性养护是在路面结构强度足够、路面状况尚好时，就对路面有计划地采取养护措施，以达到保持或提高路面使用性能、延长路面使用寿命和减少路面周期养护费用的目的。

我国把沥青路面的养护工作分为：日常巡视与检查、小修保养、中修工程、大修工程、改建工程和专项养护工程。道路养护主张以预防为主，防治结合，但在具体的操作中基本都是被动式的养护，即等路面出现了病害、损坏之后再采取相应的措施进行维修。其主要原因是缺少一个科学、规范，适合于地区气候、工程特点，便于养护人员实际操作的决策系统，使养护措施得不到正确的使用，从而影响了养护措施效用的发挥，一定程度上也影响了路面行驶质量的维持和养护资金的有效利用。

交通运输部印发的《“十三五”公路养护管理发展纲要》中明确要求全面开展预防性养护，加快制定预防性养护政策和技术标准，明确预防性养护决策依据、技术要求和质量标准。我国一些省市陆续开展了对预防性养护技术的探索与实践，取得了一些相关研究成果和工程经验。上海市政工程设计研究总院（集团）有限公司（以下简称上海市政总院）在沥青路面预防性养护方面开展了大量研究，在对沥青路面病害进行归纳总结的基础上，提出了适合各等级沥青路面的预防性养护措施，确定了预防性养护技术标准，形成了预防性养护技术与最佳预养护时间匹配的对策方法；经过大量的数据分析比较和深入研究，建立了沥青路面使用性能衰变模型，研究开发了沥青路面预防性养护决策系统（软件著作权登记号 2011SR066875），便于预防性养护技术的决策与实施；先后设计完成了上海多个快速路和高速公路沥青路面预防性养护项目，取得了一系列成果。

为了总结和推广多年来积累的沥青路面预防性养护研究与应用成果，上海市政总院组织科研人员编写了本书。其中，第一章由郑晓光编写，第二章由吴立报编写，第三章由陈亚杰、唐红编写，第四章、第五章和第六章由郑晓光编写，第七章由黄晓清、陈亚杰编写，第八章由郑晓光编写。全书由郑晓光统稿，温学钧、袁胜强主审。值此向全体编写人员致谢！

本书部分资料来源于所列参考文献，在此向原著（编）者表示衷心感谢！

由于编写人员水平有限，不足之处在所难免，恳请读者批评指正。

郑晓光

2018 年 6 月于上海

目　录

第1章　绪　　论

1.1　概　　述

改革开放以来，我国交通基础设施建设飞速发展。尤其是近年来我国公路与城市道路建设都实现了跨越式发展。截至2017年底，全国公路总里程477.35万km；高速公路13.65万km，国道35.84万km，省道33.38万km，农村公路400.93万km。《“十三五”现代综合交通运输体系发展规划》数据显示，在“十三五”期间中国公路增加约42万km，其中高速公路增加约3万km。随着道路里程的急剧增加，如何保障路网的完好并不断改善道路服务状况、提高国家巨额资产的经济效益，成为目前道路养护面临的重要任务。

为了维护道路的使用性能，为用户提供一个安全、通畅、舒适的行车环境，公路部门每年都需要投入资金对现有的路面，尤其是高等级沥青路面进行养护。路面的养护质量，一方面取决于养护资金的投入程度，另一方面取决于养护管理工作的科学性、及时性和规范性。由于大量道路的快速建成和路面使用时间的不断累积，公路部门的养护管理任务不断加大。同时，伴随着生活水平的不断提升，人们对路面的养护质量提出了更高的要求。这使得政府对公路养护投资的增加跟不上路面养护工作量和工作质量需求的增长，导致养护资金的缺口巨大。

20世纪70年代末，发达国家公路网已经基本形成，公路养护成了工作重点。很多发达国家用于路面养护维修工作的经费占全部道路事业费用的30%～50%。为适应路面养护工作的需要，发达国家开始致力研究全新的路面养护决策、理念、计划和方法。

1980年Blum和Phang结合加拿大路面管理系统项目提出了路面预防性养护的概念，这是最早关于路面预防性养护概念的报道。1987年，美国公路战略研究计划（SHRP）开展了代号为SPS-3的养护费用－效益（Maintenance Cost-Effectiveness）的柔性路面预防性养护技术试验路的研究项目。该项目对碎石封层、稀浆封层、封缝和薄层罩面等四种预防性养护技术和坑洞修补、裂缝处治修复性养护方法开展研究，其重要成果是确立了预防性养护技术在路面养护工作中的重要地位。

20世纪末期，随着大量预防性养护技术的应用，道路管理部门急需系统性、可量化的预防性养护决策策略理论与方法。2001年，美国路面维护基金会（FP^2，Foundation for Pavement Preservation）研究认为，预防性养护关键是"适当时机采用适当处治技术"，这反映了观念、策略和方向上的巨大转变。2006年，美国AASHTO调查报告显示，在美国和加拿大两国参与调查的34个州和5个省中，有91.3%的州（省）实施了路面预防性养护项目，有69.6%的州（省）颁布了路面预防性养护技术指南。但这些州（省）在制订预防性养护方案时，大多依据经验，基本上没有可量化的方法帮助管理部门选择预防性养护对策。

我国道路沥青路面占据了很大一部分，尤其是高等级道路，90%以上都是采用沥青路面。我国把沥青路面的养护工作分为：日常巡视与检查、小修保养、中修工程、大修工程、改建工程和专项养护工程。公路养护主张以预防为主，防治结合，但在具体的操作中基本都是被动式的养护，即等路面出现了病害、损坏之后再采取相应的措施进行维修。由于现有的养护资金有限，被动式的养护方式导致大量路面得不到及时维修，继而带来路面行驶质量下降迅速，行驶安全得不到保证，公路资产得不到及时维护，车辆的运行费用增加，最终造成国家和人民财产的损失。其原因是缺少一个科学、规范，适合于地区气候、工程特点，便于养护人员实际操作的决策系统，使养护措施得不到正确的使用，影响了养护措施效用的发挥，一定程度上影响了路面行驶质量的维持和养护资金的有效利用。

美国等西方国家将沥青路面的养护维修作业分为：预防性养护（Preventive Maintenance）、修复性养护（Corrective Maintenance）、路面翻修（Pavement Rehabilitation）、路面重建（Pavement Reconstruction）等四类。路面预防性养护（Pavement Preventive Maintenance，简称PPM），是指在不增加路面结构承载力的前提下，对结构完好的路面或附属设施有计划地采取某种有费用效益的措施，达到保养路面系统、延缓损坏、保持或改进路面功能状况的目的。

建立路面保养计划（Pavement Preservation Program）被认为是当前各个国家解决养护资金短缺问题的最好选择。路面保养是指为了维护具有一定服务水平的道路所尝试的各种措施的总和，包括对路面的持续投资、延长路面的使用寿命、提高路面的使用性能、保证费用效益、降低延误等。而路面预养护是路面保养的核心，路面保养计划通过对路面在中长期内持续有计划地实施具有费用效益的预养护措施来达到。

尽管沥青路面养护管理的重要性已经被道路管理部门广泛接受，但是关于养护决策（何时养护、怎样养护）、养护技术（技术的适用性、经济性）以及养护质量评估（评估方法、指标体系）等研究尚欠充分。

“十三五”期间，沥青路面预防性养护工作任务更加繁重、工作要求更高，因此，开展沥青路面预防性养护新技术的综合研究与评估工作，分析各种养护新技术的适用性和经济性，评估其使用效果，建立沥青路面预防性养护决策系统，是道路管理与研究部门面临的一项必要、重要的课题。

1.2 国内外研究发展现状

1.2.1 国外研究发展现状

美国从20世纪70年代就开始采取养护措施，先后采用了20余种预养护方案。到了80年代末90年代初开始系统提出路面预养护计划，对路面的预养护技术展开了系统的研究。

1999年，AASHTO（美国国家公路与运输协会）对美国50个州及哥伦比亚、波多黎各以及加拿大的6个省公路部门的预养护计划和预养护技术进行了大量调查。这次调查的41家公路部门中，36家（85%）已经建立了路面预养护计划，有两家正在建立，所有41家都采用了预养护措施。建立预养护计划的时间少于3年的有7家，3~10年的有9家，超过10年的有17家。大部分预养护计划都与路面管理系统相结合（有31家，3家正在集成）。每年都投入大量的预养护资金，每年的预养护资金投入小于1000万美元的有6家，1000万~2500万美元的有12家，2500万~5000万美元的有6家，5000万~7000万美元的有4家，超过7500万美元的有8家。有26个州已经制定了路面预养护计划纲要。

从1999年AASHTO调查的结果来看，预养护措施和预养护计划在美国的实施已经相当普遍，其所带来的效果也已经得到了政府和社会的认同。近年来，预养护不仅作为一项技术，同时作为路面保养计划的一部分来进行研究。

1998年10月由AASHTO、FHWA、FP2在Kansas City，Missouri举办的未来路面保养论坛，对路面的预养护技术和未来的发展进行了探讨，包括美国32个州和加拿大的一些省的120人参加了本次论坛，形成了会议文集*Pavement Preservation：A Road Map for The Future*。

在1998年会议的基础上，2001年6月AASHTO、FHWA和FP2在California的Sacramento举行了预养护研究规划会议。这次会议确定了包括施工实践、材料选择和混合料设计、处理对策和选择、使用性能评价、培训、政策6大方面21个课题项目，以统一美国路面预养护技术的研究，指导各个地方预养护技术研究的方向和经费申请，以建立系统的预养护技术标准和规范。其中规划的某些项目已经展开了研究。

根据FHWA对法国、南非和澳大利亚的调查，这几个国家也都已经开始大范围地使用预养护措施。与美国情况相似的国家也都根据自己的特点建立了预养护计划，展开对各向关键技术的研究，各个国家又有自己的特点。

总体来说，世界上很多国家都已经全面启动了预养护计划和路面保养的研究，其研究的框架、思路和内容可以为国内开展路面预养护技术研究提供参考。

预养护措施的特点是成本不高，使用寿命也不是很长。根据预养护措施的定义，预养护措施主要是针对路面结构完好的路面采取的表面改善措施，因而虽然国内没有预养护措施的明确提法，但是很多措施都可以归到预养护的范畴。如稀浆封层、微表处、沥青还原剂、改性沥青薄层罩面、单层沥青表处、就地热再生等。

国外大量的使用经验表明，科学合理的预养护计划的实施可以给国家和社会带来巨大的效益。根据美国AASHTO于1997年对各个州的预养护使用效果进行的调查，预养护的效果主要有以下几方面：

（1）预养护计划可以在不对路面进行大中修或改建的情况下获得更长的使用寿命，节省了投资，减少了路面整个生命周期的费用。

Michigan州认为预养护的费用效益是大修或改建的6倍。Michigan州从

1992年开始预养护计划，对辖区内15420km的4260km路段（27.6%）实施了预养护措施，预养护资金投入总额约8000万美元。但是如果不采取预养护措施，估计期间所需的大中修或改建费用将达到7亿美元，是预养护的8倍。因此，他们认为预养护措施能够有效地节省公路部门的长期投资成本。Michigan DOT的运输规划局进一步指出，他们对预养护措施的使用性能的估计还是相当保守的。

California州认为预养护能够提高路面的表面功能，可延长路面的使用寿命5~7年，这5~7年大修或改建时间的延后，可以把本来要用在路面大修或改建的资金投资到其他更需要的地方。

（2）预养护措施可以在短期内施工完成，降低了对交通的干扰，减少了居民出行的不便和交通的延误。

（3）提高了路面的使用性能，给用户提供了使用质量更好的道路。

Georgia州每年基本采用不同的预养护措施（包括薄层加铺）处理10%的路面，每年投入的预养护资金在7000万~8000万美元。道路建设者认为预养护对交通的干扰少，引起的交通延误低，对附近的居民和商业影响小。随着预养护技术的提高，在采取预养护技术后所能达到的路面使用性能大大提高。从1972年到1997年，采取预养护措施后的路面平整度提高了300%，即现在的封层表面处理后的平整度是同样路面20年前处置后的4倍。Georgia州报告说通过预养护计划的实施，当地路面行驶质量已经提高到了相当高的水平，所以采集的平整度数据再也不是衡量预养护计划的关键因素。

加拿大在道路建设及沥青混凝土路面管理方面与美国有许多相似之处，在道路科学的研究领域更是进行了很多合作。加拿大通用标准局（CGSB）给出的沥青混凝土路面表面处理的定义为：将沥青材料裹覆于集料表面，应用于任何类型的道路或路表面，增加的厚度一般不超过25mm。主要类型包括：砂封层（Sand seal），16mm和25mm的级配封层、16mm和25mm的石屑封层、稀浆封层等。实际采用预防性养护措施的种类主要有：填缝、石屑封层、微表处、薄层HMA加铺层等。

澳大利亚各州已经建立起了包括优先次序建模、成本效益分析、需求分析等理论框架。澳大利亚道路建设者的理念是：铺筑深厚的底基层和坚固的无结合料基层，上铺薄层沥青磨耗层。除了采用雾封层、填缝、石屑封层、稀浆封层、微表处、薄层HMA加铺层（<25mm）等预防性养护措施外，还

采用大于25mm的HMA用来进行表面修整、改善抗滑性能及降低噪声。

在法国，铺筑道路的理念是：铺筑足够坚固的基层，以保证每10~15年重铺一层磨耗层，每隔20年进行结构性加铺。所以重建工程较少，仅使用薄层、超薄层等几种加铺类型，沥青混凝土路面保护及养护主要集中在抗滑、降噪、舒适性等功能性方面，养护成本较低，这主要得益于原来沥青混凝土路面有足够的承载力；德国和瑞典主要采用薄层HMA加铺层，也用到微表处、石屑封层等。

韩国广泛采用大于25mm的HMA加铺层，也采用稀浆封层、石屑封层等；泰国采用稀浆封层较多；马来西亚主要采用薄层HMA加铺层（>25mm），也有就地热再生。

南非普遍采用了沥青预裹集料铺筑沥青混凝土路面以防沥青混凝土路面集料脱落。基本的沥青混凝土路面养护措施主要是各种基于研究及经验而选择的表面封层，每个养护项目都是根据已制定的设计指南，包括决策树来策划决定的。而且在PMS系统中，识别沥青混凝土路面病害准则比较保守，使得在沥青混凝土路面寿命周期中较早进行预养护。

1.2.2 国内研究发展现状

在国内预防为主的概念早就被公路养护工作者所认识，预养护措施也在实际的预养护工作中得到了广泛的应用，如裂缝修补、稀浆封层、微表处、薄加铺层、沥青还原剂等预养护措施都已在路面养护工作中得到了初步应用。近年来，上海、广州等地已经相继展开了对沥青路面预防性养护技术的研究。

上海市公路管理处和同济大学合作完成了科研项目“公路沥青混凝土路面预防性养护技术研究”。该研究对目前公路部门有关沥青混凝土路面养护理念存在的问题、实施预防性养护的技术关键、预养护的路况要求、预养护措施的技术特点、预养护对策的确定方法、最佳预养护时间的确定方法、上海市常用预养护措施的设计与施工技术等进行了深入系统的研究，提出了沥青混凝土路面预防性养护的标准和预养护对策选择的方法和流程，建立了上海市沥青混凝土路面预养护对策库，针对上海市不同等级公路计算得到了最佳预养护的时间，提出了最佳预养护时间的确定方法，总结了上海市常用预防性养护措施的技术特征，并提出了相关的设计理论和施工技术。

广东省高速公路有限公司委托华南理工大学交通学院完成了“沥青混凝土路面预防性养护与资产保值成套技术研究”项目，主要针对广东省高速公路有限公司管理的高速公路沥青混凝土路面，寻求沥青混凝土路面状况衰减规律（正常、非正常破损）并建立模型。在此基础上，选择适当的时机及技术手段，在合适的位置，以最低的寿命周期成本，实现有效的养护活动，使得沥青混凝土路面功能得以持续保持良好状况，并制定了各种预防性养护技术实用指南。在市政道路方面，广州市建设委员会立项“广州市城市道路沥青混凝土路面预防性养护成套技术研究”课题，委托华南理工大学道路工程研究所及广州市市政工程维修处，在广州市内开展城市道路预防性养护技术研究。课题组在广州市广汕路实施了雾封层、微表处、超薄磨耗层、薄层 SMA 等养护方案实体工程。

其他各地也在积极开展沥青路面预防性养护技术的应用工作。稀浆封层、微表处、再生技术、同步碎石封层、超薄沥青磨耗层罩面等一些新技术陆续应用于沥青路面养护。

交通运输部印发的《“十三五”公路养护管理发展纲要》中明确要求，全面开展预防性养护，加快制定预防性养护政策和技术标准，明确预防性养护决策依据、技术要求和质量标准。如何保养沥青路面、维护沥青路面的使用性能、延长路面的使用性能已经成为迫切需要研究的一个课题。

1.3 沥青路面预防性养护关键技术

成功实施沥青路面的预防性养护，即对合适的路面，在最佳的时机实施恰当的、费用效益比较好的预防性养护措施。

1）选择合适的路面

基于路面预防性养护的定义可知，预防性养护是一种在路面状况良好的情况下采取的养护措施，而“路面状况良好”的底线是路面未发生结构性损坏，发生结构性损坏的路段已经不符合路面预防性养护的定义，不再适合预防性养护。因此，对路面状况进行定期的调查，根据调查结果，找到需要进行预防性养护的早期信号，同时剔除存在结构性损坏的路段是路面预防性养护的首要问题。

2）选择恰当的措施

沥青路面的预防性养护措施比较多，不同的路况、环境需选择相适应的措施才能取得良好的效果。综合考虑工程技术和工程经济等因素，选择经济合理的预防性养护措施是有效地进行路面预防性养护的关键技术之一。

3）选择最佳的时机

最佳预防性养护时机的确定，应当基于路面的功能性能，在路面结构性能良好的情况下，在路面功能性能加速恶化之前进行。最佳预防性养护时机的确定同样是路面预防性养护成功与否的关键技术之一，因为应用预防性养护太晚会导致路面性能下降过快，难以获得预防性养护预期的效果；而应用预防性养护太早又会引起资金的浪费，难以获得良好的预防性养护效益。

第 2 章　沥青路面病害分类与成因

对沥青路面功能性病害的发生、发展及危害的清晰认识有助于预防性养护措施的合理决策，并通过预防性养护措施的实施最终达到改善或恢复路面的使用品质、降低养护资金投入、延长路面使用寿命的目的。本章对国内各等级道路进行病害调研，在以往经验的基础上，总结沥青路面病害类型，分析沥青路面病害产生的原因，为沥青路面病害处治提供依据，为沥青路面预防性养护做准备。

2.1　沥青路面病害调研与分类

根据沥青路面病害调研结果，将沥青路面损坏现象分成四大类，即**裂缝类**——面层结构完整性破坏；**变形类**——面层虽保持结构完整但形状改变；**表面损坏类**——表层局部或部分材料，如沥青、细集料、粗集料或混合料的散失或磨损；**其他类**，如泛油、各种损坏的挖除修补。以此为基础，将各类损坏再细分为 10 小类，进行这些分类的原则是：①易识别辨认；②考虑损坏原因的异同；③注意目前和今后的普遍存在；④简单、但应满足评价精度要求。详细分类见表 2-1。

沥青路面损坏类型分类　　表 2-1

损坏模式	损坏类型	定　　义	主 要 原 因
裂缝类	纵向裂缝	与路中线大致平行的长直裂缝，有时伴有少量支缝	路基或基层沉陷；施工接缝质量差；结构承载力不足（龟裂初始阶段）
	横向裂缝	与路中线近于垂直的裂缝，有时伴有少量支缝	反射裂缝 低温缩裂
	疲劳开裂	形似龟背的锐多边形网状裂缝	疲劳损坏
	块裂	交错裂缝，把路面分割成近似矩形的块（尺寸为 50cm × 50cm ~ 300cm × 300cm）	温度和沥青老化反射裂缝

续上表

损坏模式	损坏类型	定　义	主 要 原 因
变形类	车辙	在行车作用下沿轮迹带形成的路表凹陷	面层混合料稳定性不足，路基或基层发生剪切破坏
	推挤、拥包	路表面有规则的纵向起伏和局部拥起	面层混合料稳定性不足
表面损坏类	磨损	磨光：集料磨成圆滑或平滑状 麻面：细集料散失，呈麻点状 露骨：主集料外露	正常磨耗；沥青含量少；沥青与集料黏结不良；沥青老化
	松散、坑槽	面层混合料散失后形成的凹坑	龟裂碎块松动脱出；层间黏结不足，表层脱落
其他类	泛油	沥青溢出表面	沥青含量太多或稠度太低
	补丁	各种损坏的挖除修补	

对于每种路面损坏类型，规定了统一的量测方法和计量方法，除纵向、横向裂缝量测其长度外，其余损坏类型均量测其外接矩形的面积，矩形的一边平行于路中线。

各种路面损坏都有一个产生和发展的过程。在这个过程中，处于不同阶段的损坏，对路面使用性能及其变坏速率有不同程度的影响。为了便于评价其影响程度，应按损坏的严重程度和密度大小（在调查区段内出现的范围），将各种损坏划分为若干个等级。

对于裂缝类损坏，划分严重程度等级时主要考虑结构的完整程度，如裂缝的缝隙宽、裂缝边缘的碎落程度、裂缝填封情况、裂缝尺寸和松动程度等。对于变形类损坏，则主要考虑起伏变形量，也即对行车平稳性的影响程度。分级数不宜过多，一般为 2 ~ 3 级；个别类型可不分级。分级的具体指标或标准如表 2-2 所示。

沥青路面损坏严重程度分级　　表 2-2

损 坏 类 型		分 级 标 准	
裂缝类	纵向或横向裂缝	轻	裂缝边缘无或有轻微剥落，无或仅有少量支缝
		重	裂缝边缘有中等或严重剥落，有较多支缝
	疲劳开裂	轻	一条或数条平行的纵向细裂缝，少量交错支缝，裂块尺寸 30 ~ 50cm

续上表

损坏类型		分级标准	
裂缝类	疲劳开裂	中	裂缝边缘有轻度或中度剥落，裂块尺寸 10 ~ 30cm
		重	裂缝边缘严重剥落，碎块出现松动，裂块尺寸小于 10cm
	块裂	轻	裂缝边缘无或有轻微剥落，裂块尺寸 50 ~ 100cm
		重	裂缝边缘有中度或严重剥落，裂块尺寸 100 ~ 300cm
变形类	车辙	轻	2m 直尺量得辙深 ≤25mm
		重	2m 直尺量得辙深 >25mm
	推挤、拥包	轻	波峰和波谷之间高差 ≤25mm，拥包高度 ≤25mm
		重	波峰和波谷之间高差 >25mm，拥包高度 >25mm
表面损坏类	松散、坑槽	轻	坑槽深度 ≤25mm
		重	坑槽深度 >25mm
	磨损	轻	指磨光、麻面
		重	指露骨
其他类	泛油	—	不分级
	补丁	轻	状况良好，或有轻微损坏，对行车无或有轻微影响
		重	有中等或严重损坏，对行车有较大影响

以下分别将各类典型病害通过图例进行示意说明。

2.1.1　纵向开裂

纵向开裂示意图见图 2-1，分为轻度与重度，分别见图 2-2 和图 2-3。

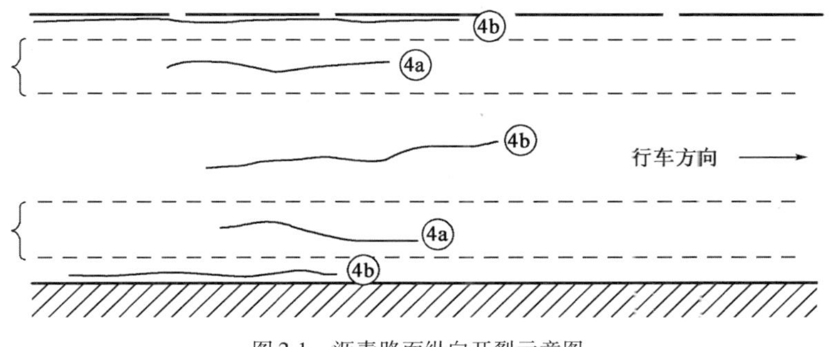

图 2-1　沥青路面纵向开裂示意图

图 2-2 轻度纵向开裂

图 2-3 重度纵向开裂

2.1.2 横向开裂

横向开裂示意图见图 2-4，分为轻度、中度与重度，分别见图 2-5、图 2-6和图 2-7。

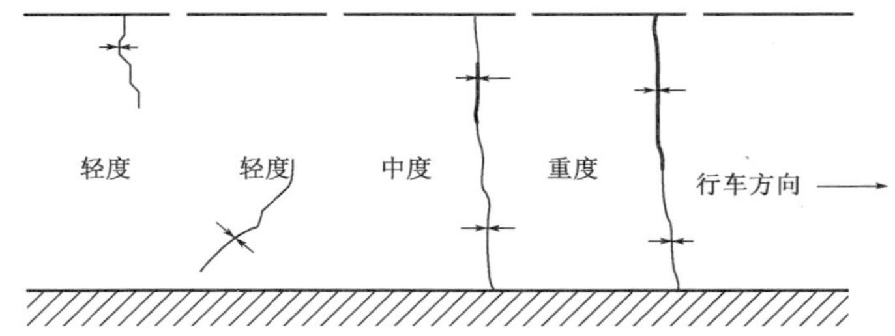

图 2-4 沥青路面横向开裂示意图

图 2-5 轻度横向开裂

图 2-6 中度横向开裂

图 2-7　重度横向开裂

2.1.3　疲劳开裂

疲劳开裂示意图见图 2-8，典型疲劳裂纹如图 2-9 所示。按破坏严重程度分为轻度、中度与重度，分别见图 2-10、图 2-11 和图 2-12。

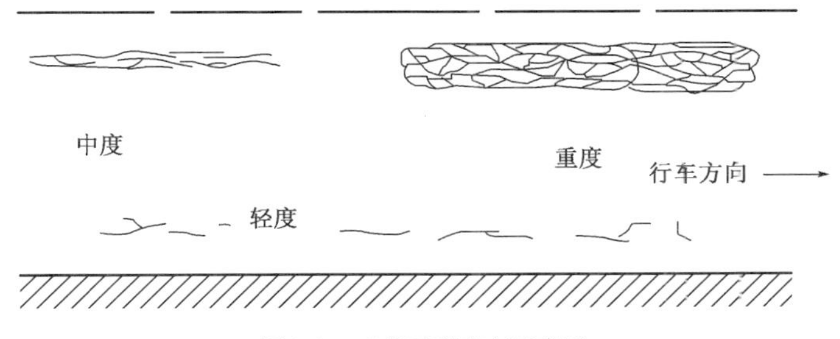

图 2-8　疲劳开裂病害示意图

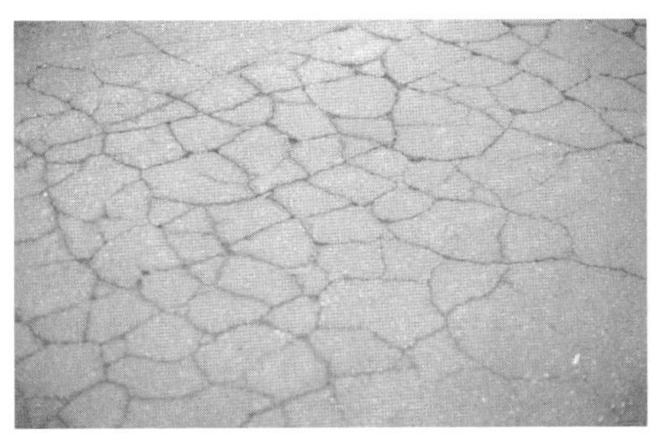

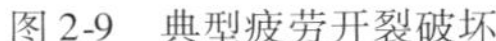

图 2-9　典型疲劳开裂破坏

图 2-10　轻度疲劳开裂

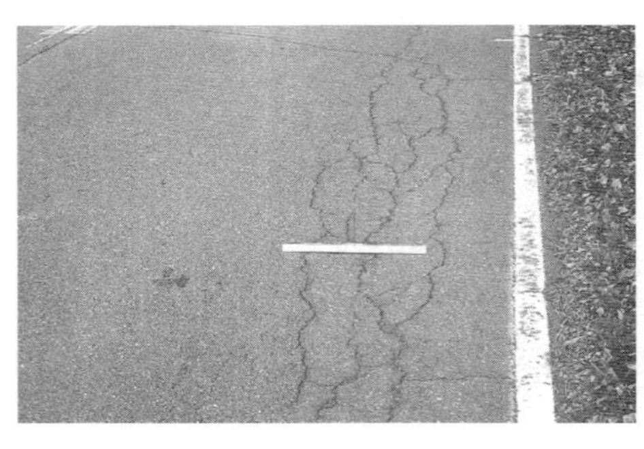

图 2-11　中度疲劳开裂

图 2-12　重度疲劳开裂

2.1.4　块裂

块裂示意图见图 2-13，典型的块裂病害见图 2-14。

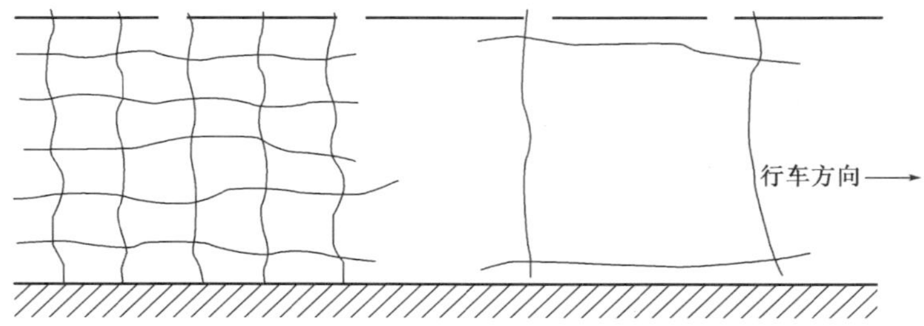

图 2-13　块裂病害示意图

图 2-14　典型沥青路面块裂

2.1.5　车辙

车辙病害示意图见图 2-15，典型的路面车辙病害见图 2-16。

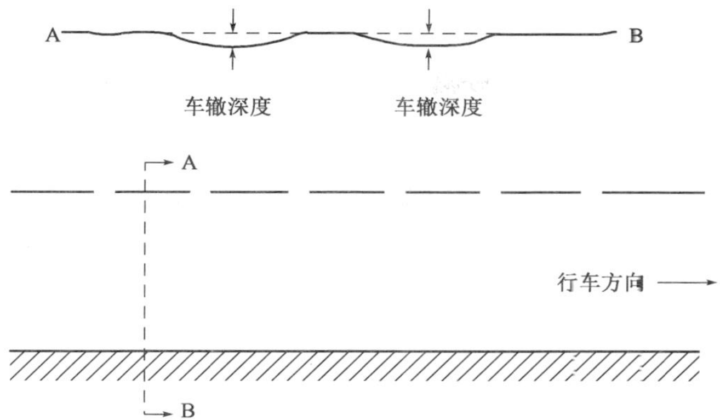

图2-15　车辙示意图

图2-16　典型的车辙病害

2.1.6　推挤、拥包

推挤、拥包病害示意图见图2-17，典型的推挤、拥包病害见图2-18。

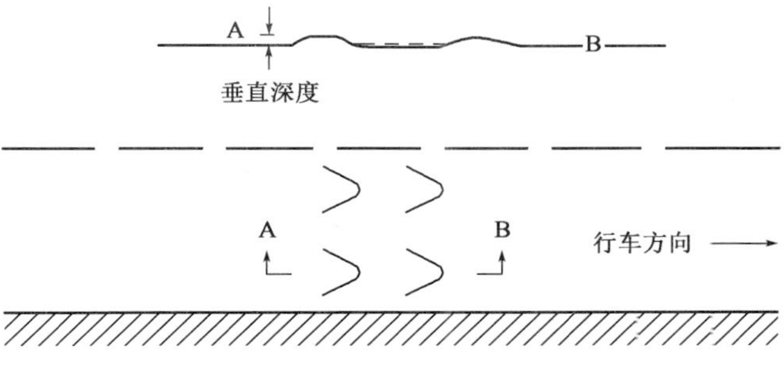

图2-17　推挤、拥包病害示意图

图 2-18　典型的推挤、拥包病害

2.1.7　泛油

各种不同形式的泛油病害见图 2-19 ~ 图 2-21。

2.1.8　磨光

典型的路面的磨光病害见图 2-22。

图 2-19　沥青路面泛油

图 2-20　构造深度损失

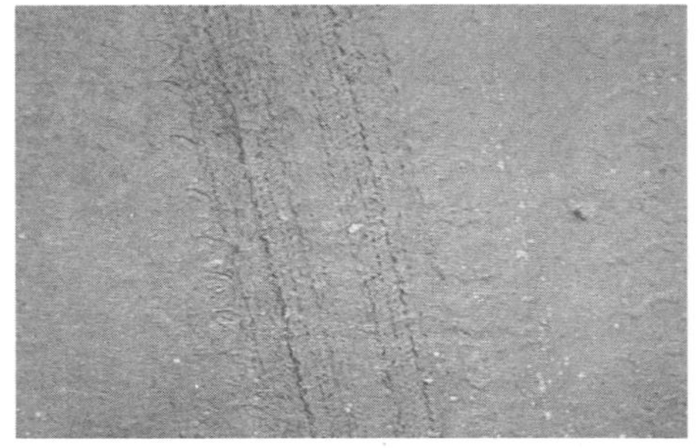

图 2-21　集料被沥青完全覆盖

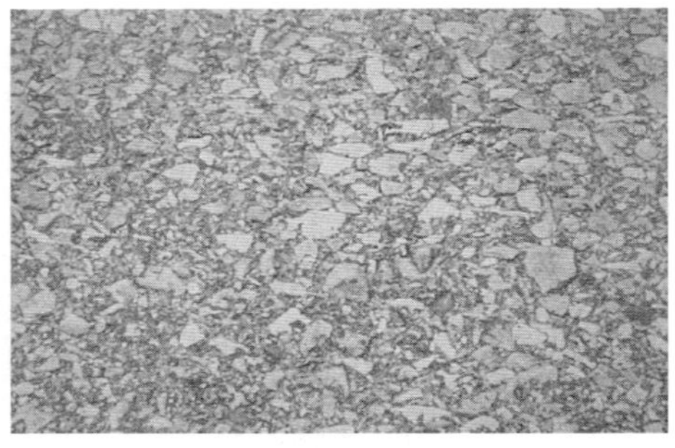

图 2-22　路面磨光

2.1.9　松散

各种形式的路面松散病害见图 2-23 ~ 图 2-25。

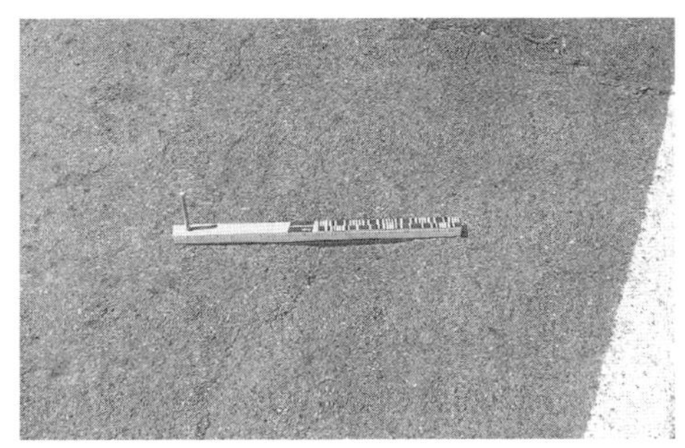

图 2-23　细集料损失

图 2-24　细集料与部分粗集料损失

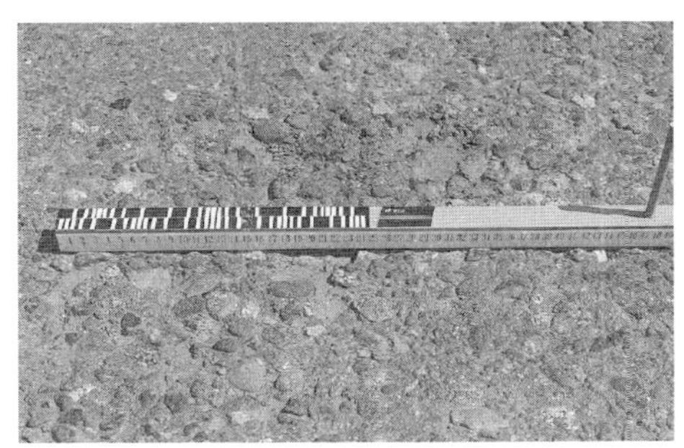

图 2-25　粗集料损失

2.2　沥青路面病害原因分析

经过实地路面的调查，总结沥青路面的早期损坏病害有：车辙、裂缝（横向、竖向、网裂）、松散与坑洞、拥包等，病害的形成原因各有不同。下面对路面的车辙、裂缝、松散与坑洞这三大最主要的早期损坏进行原因分析。

2.2.1　车辙产生原因分析

车辙是沥青路面特有的一种损坏现象。它是在高温条件下，车辆荷载长时间作用的结果，车辙经常发生在车轮经常碾压的轮迹带上，轮迹带逐渐产生下洼形变，并形成两条纵向的槽，即为车辙。车辙损坏是一种普遍的早期损坏形式。沥青混凝土在车辆荷载作用下的变形主要包括体积变形（压密变形）和剪切变形，沥青路面车辙形成的影响因素是多方面的，包括组成材料特性、环境因素、轮载作用、路面结构等。造成路面车辙损坏的原因有以下几点。

1）行车荷载的重复作用

这种典型的结构性车辙是在行车荷载的重复作用下，路面产生累积永久性的带状凹槽，发生在沥青面层以下包括路基在内的各结构层的永久变形。从这一点来看，结构性车辙总是存在的，只能寻求方法来减小这种车辙的深度。

2）车辆的渠化行驶

随着公路迅速发展，对交通安全的日益重视，一般来说，人们对完善公路标志、标线等安全设施能提高公路运输的安全性和运输的经济效益是肯定的。据研究：在高速公路上，63%的车辆能按照标线分道行驶，26%的车辆因超车而越线行驶，不遵守交通规则者为11%，标线对车辆驾驶人起了很大的约束作用。但同时车辆在一个位置的反复作用，客观上加深了路面的车辙。

3）交通量和累计轴载大

目前我国国民经济发展迅速，汽车的保有量呈飞速发展，并且重载、超载车辆屡见不鲜，使得交通量和累计轴载比较大，设计时对未来的交通量和累计轴载预测太小。

4）超载的影响

现在，超载是一个热门话题，超载对路面的影响很大。在重车的反复碾压下，沥青混凝土的空隙率不断减小，密实度进一步提高，有时甚至使路面的密实度超过标准密实度，使永久性变形不断累积而形成车辙。

5）混合料高温稳定性不足，结构组合不够良好

以往高等级公路上面层主要采用的是普通AC-Ⅰ型或沥青混合料，而这种混合料中的粗集料并没有形成骨架结构，因而高温稳定性欠佳，抗车辙能力不强，在交通量比较大的情况下，其不适应性比较明显，这是路面出现车辙的内因。

另外，国内很多省份为了增强路面的抗车辙能力及抗水损害能力而在表

面层使用改性沥青，甚至中面层也采用改性沥青，根据相关研究，相同的集料下，采用改性沥青的稳定度是采用非改性沥青的稳定度的 2 ~3 倍。

6）施工因素——施工时追求平整度，忽视压实度

施工时片面追求平整度，而忽视压实度，这样容易造成通车后的压密性车辙，这种车辙在贵新公路上比较常见。

2.2.2　裂缝产生原因分析

半刚性基层沥青路面开裂的种类很多，有路面表面开裂、网裂、疲劳开裂等。其中表面开裂表现为沥青面层的温度收缩裂缝、疲劳纵向开裂、半刚性基层的横向反射裂缝。

1）温度裂缝

一般情况下，高等级公路半刚性路面的横向裂缝有很多是温度裂缝，这种温度裂缝一般起始于表面，是一种自上而下的裂缝。温度急剧变化会使沥青面层表面产生较大的温度收缩应力。这种应力的反复作用有可能使沥青面层从表面开始产生温度疲劳裂缝。

温度裂缝与路面的结构和厚度关系不大，主要取决于沥青路面材料本身的温度特性，可以通过改善沥青材料来实现，比如使用黏度较大的沥青或者使用改性沥青。

2）交通量大、轴载大，也会使路面产生荷载型裂缝

通过交通检查，某些车辆的实载是核定载重的 1.5 ~5 倍之多，从而使沥青混凝土路面所承受的单位压力大大超过了标准荷载下的压力，这样有时直接会造成路面的拉裂或剪坏，以纵向裂缝居多。

3）半刚性基层反射裂缝

半刚性基层具有良好的整体性，但是半刚性材料也容易产生干缩或者温缩裂缝，这样也会导致路面产生裂缝。路面产生裂缝，又会使雨水侵入到路基中去，而造成恶性循环。

目前，对于不同半刚性材料的低温收缩开裂、干缩开裂及各种减少反射裂缝的措施还缺乏系统的研究。一致比较认同的观点是要控制半刚性基层材料的刚度，抗压强度不能太大。

4）不均匀沉降裂缝

路基填土在横向或纵向不可避免的不均匀性，施工时玉实度不满足要

求，路基差异沉降变形引起路面变形。这种现象在半填半挖路段、结构物与路基衔接处出现得比较多，要从路基施工上入手解决此问题。

2.2.3 松散、坑洞产生原因分析

1）混合料设计中存在的问题

沥青混合料设计中存在的问题主要包括矿料为酸性石料、所用的矿料过湿或所选用的沥青胶结料黏结力差，从而使得沥青膜与集料之间缺乏有效的黏结。或者是设计所用的沥青用量偏少，使得沥青膜的裹覆厚度不足，在外部水的作用下使集料从混合料中脱离形成松散。

2）混合料施工中存在的问题

施工中有两方面的因素如果处理不好，可能引发混合料出现松散：一是混合料的拌和，另一个是混合料的运输。混合料的拌和过程中拌和不均匀，部分混合料集料缺乏有效的胶结料黏结，或者拌和过程中温度过高，使得沥青老化可能使混合料在摊铺后出现松散。另外，运输过程中若混合料出现离析、未进行有效保温或运输距离较长使混合料温度过低，都可能引发施工后混合料出现松散。

3）养护不及时

当路面出现麻面时，若不及时养护则路面会在车辆荷载的作用下出现松散。因为路面出现小麻面后，上层石料间就有了相互移动的余地，在汽车荷载的作用下也就容易被振动脱落而浮散在路表。这些石料在行车的作用下，搓动被沥青黏着的石料，促使后者脱落。此外，小麻面中常常积水，又会使石料表面沥青膜剥离，油石间的黏结力减弱，石料松动脱出，导致路面松散破坏。

2.3 本章小结

（1）根据对各级沥青路面状况的调查，将沥青路面损坏现象分成四大类，即裂缝类——面层结构完整性破坏；变形类——面层虽保持结构完整但形状改变；表面损坏类——表层局部或部分材料，如沥青、细集料、粗集料或混合料的散失或磨损；其他类，如泛油、各种损坏的挖除修补等。以此为基础，将各类损坏再细分为10小类。

（2）为了便于评价其影响程度，应按损坏的严重程度和密度大小（在调查区段内出现的范围），将各种损坏划分为若干个等级。对于裂缝类损坏，划分严重程度等级时主要考虑结构的完整程度，如裂缝隙宽，裂缝边缘的碎落程度、裂缝填封情况、裂缝尺寸和松动程度等。对于变形类损坏，则主要考虑起伏变形量，也即对行车平稳性的影响程度。

（3）对沥青路面典型病害提供图例进行示意，针对沥青路面发生的比较普遍的车辙、开裂和松散等问题，探讨了这些损坏出现的原因。

第 3 章　沥青路面预养护措施与适用范围

在对比国外预防性养护措施的基础上，调研分析沥青路面常用的预防性养护措施，阐述了沥青路面预防性养护措施的基本原理及其所适用的路面病害情况，提出了几类新型的预防性养护措施，建立沥青路面预防性养护对策库。

3.1　国外预防性养护措施

预养护措施是预养护计划实施的手段，在 20 世纪 70 年代，美国就开始使用预防性养护措施。根据预养护的定义，预养护措施主要作用在路面结构完好的路面上，用来改善路面的表面使用性能和耐久性。以美国为代表的国外常用的预防性养护措施主要有：

1）灌缝（Crack Seal）

灌缝是一种裂缝修补方式，采用密封材料填入路面的裂缝内，防止水和杂物进入路面内部加速路面的损坏（图 3-1）。裂缝修补包括裂缝的清理、灌填空间的形成（如切割）和填缝料的灌入。这种措施在国内外都得到了广泛的应用，在国内被列为小修保养的范围，但其使用材料施工工艺需要进一步的规范化。

图 3-1　灌缝

2）雾封层（Fog Seal）

采用机械设备将稀释的慢凝乳化沥青喷洒在路面上，密封细小的裂缝和孔隙，防止路面的松散和老化（图3-2）。

3）碎石封层（Chip Seal）

碎石封层是指在路面上直接洒布沥青（一般为乳化沥青），紧跟着撒布一层集料，然后用轮胎压路机进行碾压形成的一种路面封层方式（图3-3）。碎石封层主要用来防水、修补细小的裂缝（主要为与荷载无关的裂缝）、改善抗滑性能。在美国，碎石封层大量使用在低交通量道路和城市道路。近年来，美国对碎石封层在大交通量道路和高速公路上的应用也展开了研究。碎石封层可以是单层应用也可以是多层应用。

图3-2　雾封层

图3-3　碎石封层

4）砂封层（Sand/Flush Seal）

砂封层与碎石封层的结构和工艺类似，区别在于砂封层在洒布乳化沥青后覆盖的是砂或细集料。砂封层可用于干燥、氧化的沥青路面表面，防止松散，阻止水的渗入，增加路面的抗滑性能。该措施在国内的下封层中有广泛应用，单在面层的使用还缺乏经验。

5）稀浆封层（Slurry Seal）

稀浆封层指在路面上摊铺一层由级配良好的细集料、矿物填料和慢凝乳化沥青组成的混合料。封层的厚度一般在3～12mm。稀浆封层可以有效阻止松散和充填物的损失，改善路面的抗滑性能。稀浆封层适用于由于老化而引起的损坏，不适合于要引起剥落或者路面开裂的情况。

6）微表处（Microsurfacing）

微表处是稀浆封层的一种类型，一般使用聚合物改性的乳化结合料、高质量的填料和一些添加剂。微表处可以有效地改善路面的抗滑性能，修复车辙（≤40mm）和轻微的表面不规则，防止路面的老化和松散。微表处的层厚一般在 10～20mm。

7）复合封层（Cape Seal）

复合封层是指在碎石封层之上再施工一层稀浆封层。稀浆封层的采用可以减少碎石层的石料损失。复合封层可以提供密实防水的表面，并具有很好的抗滑性能和行驶质量。

8）就地热再生（Hot In-Place Recycling）

就地热再生有三种形式：热翻松（Heater-scarification）、重铺处理（Repaving process）和重拌和处理（Remixing process）。翻松在美国的 20 世纪 60 年代和 70 年代早期使用较多，该措施先采用设备加热路面，然后使用机械翻松路面，同时加入回收剂，最后整平压实，处理的厚度不大于 50mm。重铺处理包括加热路面，翻松或洗刨面层到一定深度（一般为 19～25mm），加入再生剂进行混合，整平后摊铺一层新的热拌混合料磨耗层，然后压实。重拌和处理包括加热路面，翻松或洗刨路面，把旧料回收到拌和设备中，加入白料和再生剂重新拌和，然后再摊铺到路面上形成单一、均匀的面层。就地热再生的处理厚度一般为 25～50mm，近年来在上海、江苏等地得到了初步应用。

9）薄热拌沥青混凝土加铺层（Thin Hot-Mix AC Overlay）

薄热拌沥青混凝土加铺层包括密级配、开级配和断级配热拌沥青混合料加铺。HMA 加铺层可以改善路面的行驶质量、提供表面排水和抗滑、修复路面表面的不规则变形。厚度一般在 20～50mm。

10）超薄抗滑层（Ultrathin Friction Course）

超薄抗滑层指采用特殊的设备在相对较厚的聚合物改性乳化沥青涂层上再摊铺一层超薄的断级配 HMA，以提高路面的抗滑性能，厚度一般在 10～20mm。

11）刷入封层（Scrub Seal）

刷入封层指在路面表面喷洒一层聚合物改性沥青，然后用特殊的刷子把沥青刷入路面的裂缝和孔隙中，再均匀地撒一层砂或者细集料，再把集料和沥青的混合物刷一遍，最后用轮胎压路机进行碾压。刷入封层一般适合于在低交通量的道路使用，主要用来填缝和孔隙。国内的在路面表面涂刷沥青还原剂也可以认为是刷入封层的一种。

3.2　国内常用预防性养护措施

通过调研，目前国内常用的预防性养护措施主要是：①雾封层（Fog Seal）；②碎石封层（Chip Seal）；③稀浆封层（Slurry Seal）；④微表处（Microsurfacing）；⑤薄热拌沥青混凝土加铺层（Thin Hot-Mix AC Overlay）；⑥就地热再生（Hot In-Place Recycling）；⑦再生剂喷涂类。具体介绍如下。

3.2.1　雾封层（Fog Seal）

雾封层是将乳化沥青、改性乳化沥青或沥青路面养护剂等流体状的材料，经喷洒机械喷洒在沥青路面上，进而达到封闭路面孔隙，稳定松散集料，修复路面老化的预防性养护目的。主要用来密封面层，防止或减少水分的渗入，阻止路况继续恶化，改善老化变硬的沥青性能。雾封层工作原理见图 3-4。

雾封层适合路面表面贫油、细颗粒脱落等病害情况，也适用于路面出现轻微的纵向、横向或块状裂缝，防止雨水与紫外线对沥青路面的损坏。雾封层的防护机理见图 3-5，实施与应用效果见图 3-6 ~ 图 3-8。

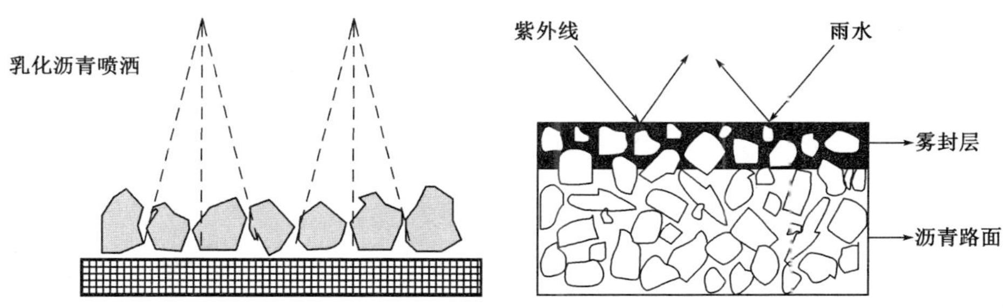

图 3-4　雾封层工作原理　　图 3-5　雾封层的防护机理

雾封层这种养护措施对结构强度没有贡献，但是能降低通过疲劳裂缝而引起的水损坏，这种方法对于选择适当的养护时机非常重要，如果养护时间偏后，病害发展严重，雾封层的使用效果就会大大降低。由于雾封层会使路面摩擦系数降低，因此这种养护技术不适合路面摩擦系数较低的路段。由于雾封层使用的乳化沥青中的乳化剂类型为慢凝型乳化剂，所以需要时间使其凝固，一般是中断 2h 的交通来使其进行养护。

图 3-6 雾封层的实施

图 3-7 沥青路面雾封层施工前后

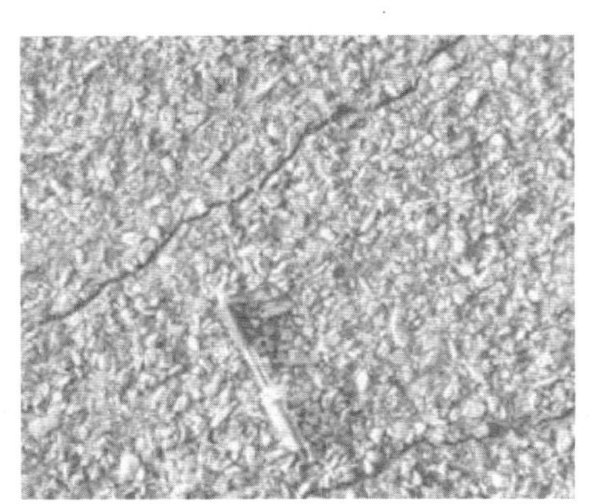
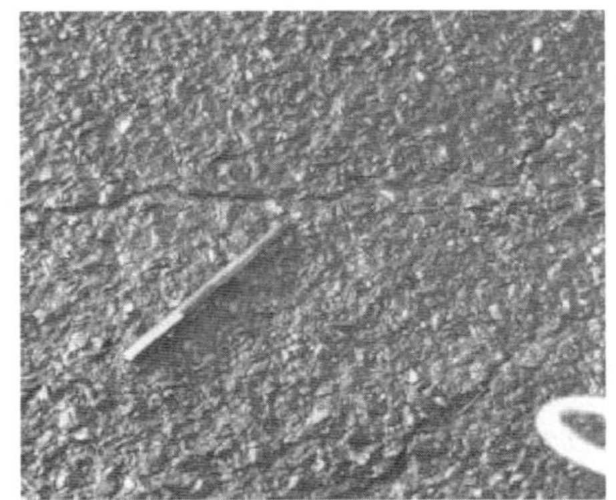

图 3-8 雾封层施工前后沥青路面表面状况对比

含砂雾封层由雾封层技术改造升级而来，在沥青路面预防性养护中应用较为广泛。它是由特种沥青材料、细集料、聚合物改性剂等雾封层材料与砂组成的混合料。施工时采用专用的含砂雾封层高压喷洒车，在沥青路面上喷洒形成薄层，可渗入到集料缝中去，流入到孔隙中去，从而恢复路表沥青黏附力，填补微小裂缝和空隙，防止路表水下渗，同时喷洒的细集料提供了很好的抗滑能力。含砂雾封层作为一种预防性路面养护技术，在公路、城市道路、停车场及机场道面等各种路面中，能够防止路表沥青膜剥落引起的各种病害，延缓路面老化，降低沥青路面温度、保持路面抗滑性能，达到显著改善路面外观甚至美化路面的作用。含砂雾封层对沥青基质材料的技术要求如表3-1所示。

含砂雾封层材料技术要求 表3-1

项目		技术要求	试验方法
蒸发残留物含量（%）		47~53	T 0651—1993 T 0614—2011 ASTM D2939
蒸发残留物灰分（%）		30~60	
干燥时间（h）	表干	2~4	
	终干	≤8	
耐热性		无凸起和凹陷	
黏结性和防水性		不渗透、不丧失黏结	
密度（25℃）（g/mL）		≥1.15	
黏度（20r/min，5min）（cPs）		2000~4000	T 0625
筛上剩余（%）		<0.1	T 0327

注：干燥时间均是在满足施工天气条件时的时间。

含砂雾封层所采用的砂材料为石英砂或玄武岩砂，经机制筛选，由一定级配组成，且应满足表3-2和表3-3的技术要求。

石英砂材料技术要求 表3-2

项目	技术要求	试验方法
表观密度（g/cm^3）	≥2.50	T 0328
含水率（%）	≤1	T 0332
含泥量（%）	≤0.5	T 0333
二氧化硅含量（%）	≥99	SJ 3228.4
粒径要求	30~70目	筛分

玄武岩砂技术要求　　表 3-3

项　目	技术要求	试验方法
	玄　武　岩	
表观密度（g/cm^3）	≥2.50	T 0328
含水率（%）	≤1	T 0332
含泥量（%）	≤0.5	T 0333
二氧化硅含量（%）	≥45	SJ 3228.4
粒径要求	30～70 目	筛分

含砂雾封层具有以下特点：

（1）含砂雾封层含有一定掺量的细砂，可提高路面的抗滑性能。沥青砂混合物流动性很好，还可能渗透、填入到路面微裂缝中或空隙中，起到填充和封水的作用。

（2）含砂雾封层含有聚合物改性剂等材料，可以延缓路面胶结料的老化，使路表沥青材料的性能得到一定恢复，能够保持或加强沥青与集料的黏结性能。

（3）含砂雾封层各种材料组成具有合理的配方，形成一层很好的保护层，抗磨耗性能很强并保持长久。

（4）含砂雾封层可减少路面受到紫外线的侵袭和影响，对改善和恢复路面色泽作用持久。

（5）含砂雾封层采用环保的沥青技术，在生产和施工过程中不会对环境和人体产生有害的挥发物质。

含砂雾封层应用实例如图 3-9 所示。

3.2.2　碎石封层（Chip Seal）

碎石封层，是指在路面上直接洒布沥青，紧跟着撒布一层集料，然后用轮胎压路机进行碾压。

碎石封层主要用来防水、修补细小的裂缝（主要为与荷载无关的裂缝）、改善抗滑性能，在美国大量使用在低交通量道路和城市道路。近年来美国对碎石封层在大交通量道路和高速公路上的应用也展开了研究。按照采用的沥青种类，可分为乳化沥青、稀释沥青、改性沥青等类型。按照应用工程，可分为沥青路面封层、桥面防水封层、与稀浆封层/微表处结合施工形成的开普封层、沥青路面防反射裂缝应力吸收层 SAMI 等类型。按照施工顺序，可分为异步与同步碎石封层。按照铺装层数与材料，可分为单层、双层、嵌挤式、开普与纤维封层等类型。

a）青岛S203省道

b）上海内环高架桥

c）沪宁高速公路（江苏段）

图 3-9　含砂雾封层应用

1）单层同步碎石封层

单层同步碎石封层是指在原有路面上仅喷洒一层黏结层及一层碎石层的碎石封层技术，如图3-10所示。单层碎石封层要求撒布的碎石接近100%覆盖率，并使沥青包裹石料粒径70%。单层同步碎石封层是最为常用的形式，广泛应用于沥青路面预防性养护、桥面防水封层等工程。

图3-10　单层同步碎石封层

2）双层同步碎石封层

双层同步碎石封层是指在原有路面上先后进行两次单层碎石封层的碎石封层技术，如图3-11所示。通常第二次封层采用较小粒径的碎石，以形成嵌挤结构。通常这种形式的封层施工是分阶段完成的，即第一次封层施工后2～3周后进行第二次封层。这种方式将使第一层的碎石处于稳定自锁的“马赛克”镶嵌状态，为第二层封层提供一个牢固的基础。双层同步碎石封层适用于交通量大的沥青路面养护，可延长封层使用寿命，尽可能减少日常养护。

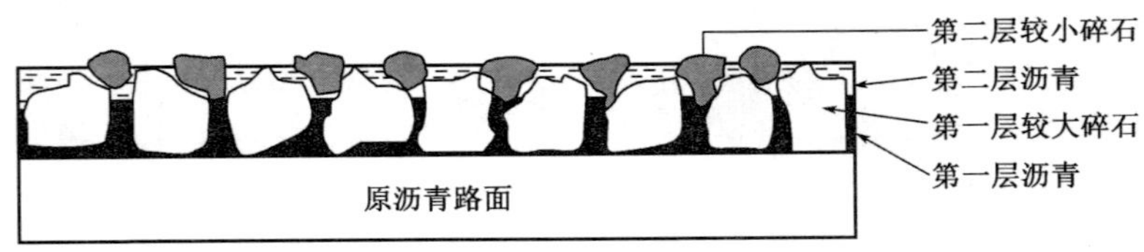

图3-11　双层同步碎石封层

3）嵌挤式碎石封层

嵌挤式碎石封层是指在喷洒一层厚的沥青后，在其上撒布一层大粒径的碎石，这层碎石层要覆盖沥青层为90%左右。紧随其后，撒布一层较小的碎石，用于镶锁大的碎石，形成稳定的马赛克结构，如图3-12所示。嵌挤式碎石封层所用的沥青量要多于单层碎石封层所用的沥青量，而又比双层碎石封层所用的沥青量少。嵌挤式碎石封层降低了大碎石剥离的风险，同时由于良好的机械自锁性，早期稳定性好，适用于交通量大且车速快的路段。

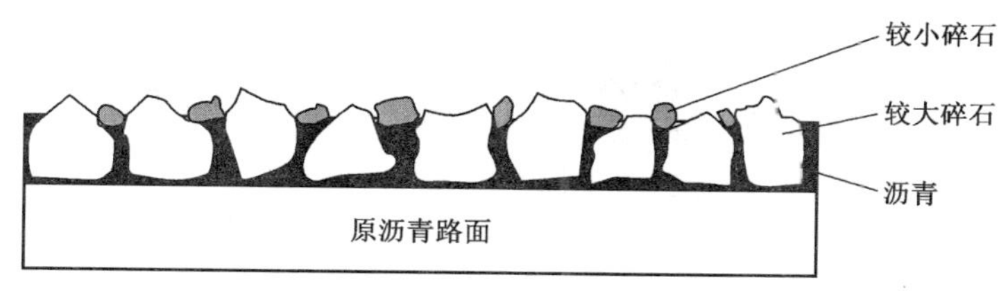

图 3-12　嵌挤式碎石封层

4）开普（Cape）封层

开普封层起源于南非，是在单层同步碎石封层上再进行一层稀浆封层或微表处，如图 3-13 所示。开普封层兼具碎石封层抗滑耐磨和稀浆封层密水抗剥落等优点，可显著降低石料脱落的可能性并提高稀浆封层的抗剪切强度。但是其造价较高，施工工艺相对复杂，目前仅在南非和美国重交通道路、城市主干道路、高速公路等养护工程得到了应用。

图 3-13　开普（Cape）封层

5）纤维碎石封层

纤维封层技术是指纤维封层摊铺设备同时洒布沥青黏结料和玻璃纤维，然后在上面撒布碎石经碾压后形成新的磨耗层或者应力吸收中间层的一种新型道路建设施工和养护技术，如图 3-14 所示。纤维碎石封层主要用于道路面层或黏结层的施工，由于破碎纤维细丝形成不规则网状结构与沥青结合同时洒布在路面上，极大增加了沥青黏结层的强度，有效解决路面裂缝反射的问题，有效吸收应力和分散应力，防止裂缝产生，起到防水、防滑、平整、耐磨等作用。

纤维碎石封层技术在英国、美国、澳大利亚、法国等国家均已得到普遍应用。20 世纪 90 年代，美国得克萨斯州 A&M 大学（Texas A&M University）进行一项长达 15 年之久、分布于四个不同国家的性能跟踪试验。跟踪测试结果表明，纤维封层能够明显改善沥青路面的质量：抗拉强度提高 30% 以上，抗疲劳性能增加 30 % 以上，抗车辙性能增加 300 % 以上，如图 3-15所示。

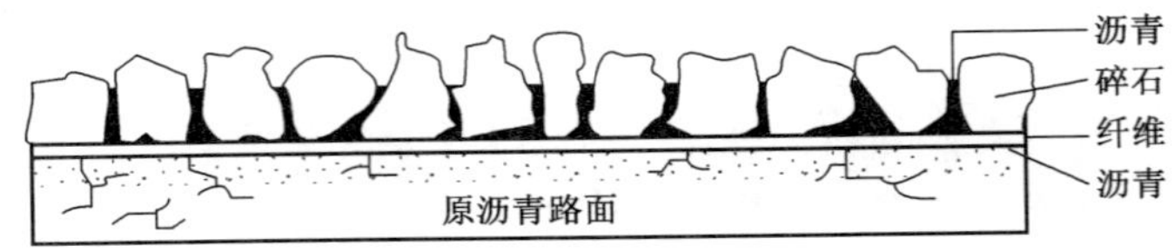

图 3-14　纤维碎石封层

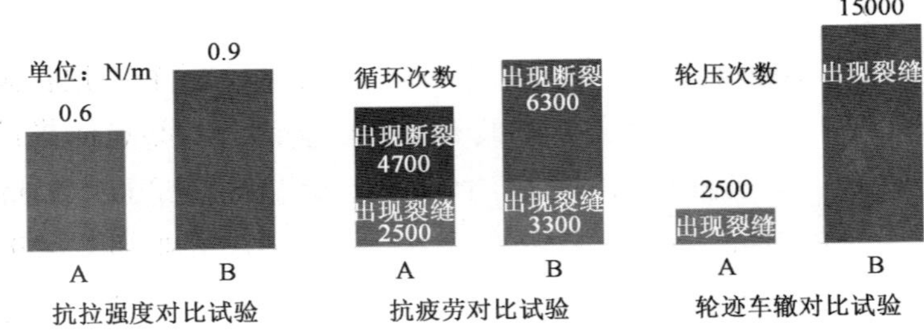

图 3-15　纤维封层性能观测

注：A 为未使用纤维封层沥青混凝土试件试验数据；
B 为使用纤维封层沥青混凝土试件试验数据。

碎石封层按采用的沥青种类可分为乳化沥青、稀释沥青、改性沥青等类型。

图 3-16 列出了北美与加拿大碎石封层采用的沥青种类的比例。由图可见，在北美乳化沥青是碎石封层主要采用的沥青类型。值得注意的是，在加拿大不采用普通沥青作为同步碎石封层的黏结料。国内主要采用乳化沥青与改性乳化沥青作为黏结料。

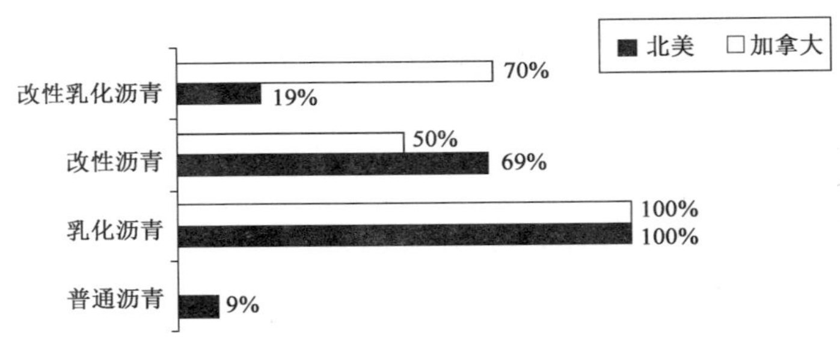

图 3-16　北美与加拿大碎石封层采用的沥青比例

碎石封层已经在国外得到了广泛应用，图 3-17 为国外碎石封层使用里程，使用寿命见图3-18。碎石封层预养护技术目前在国内主要应用在普通公路上，其中杭州等地区已经生产出国产化的同步碎石封层车，同时有地方公路局也引进了纤维碎石封层车，在国省道公路已经有所应用。虽然许多方法可以提高这种养护技术的性能，但应用在大交通量的高速公路，表面颗粒容易脱落，影响使用效果。

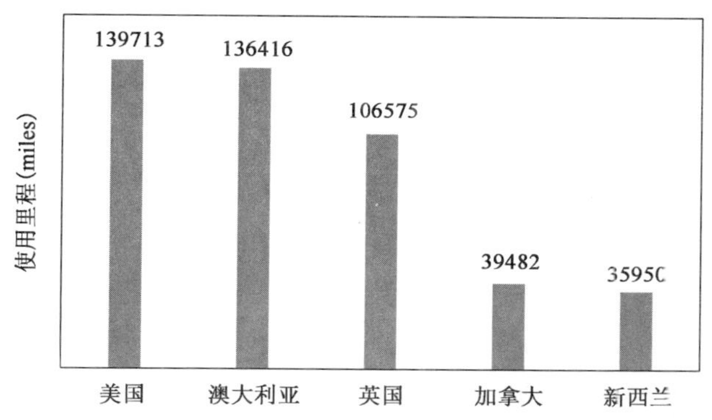

图3-17　国外碎石封层使用里程

注：1mile = 1.609m。

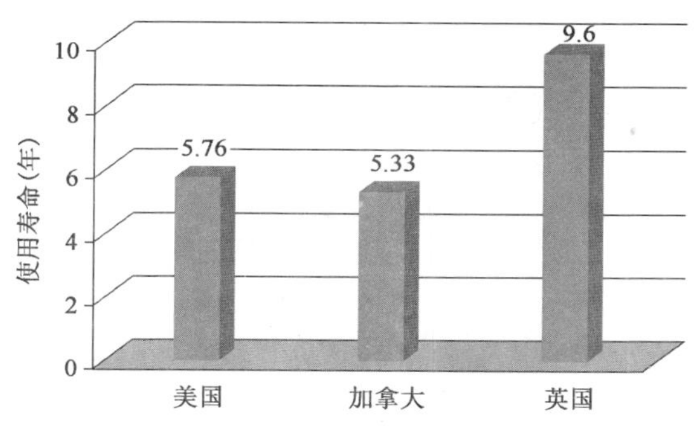

图3-18　碎石封层使用寿命

碎石封层适用的病害类型有：

（1）路面横向、纵向裂缝；

（2）轻微破损、沥青老化；

（3）摩擦力降低；

（4）路表贫油、泛油；

（5）路面渗水。

碎石封层不能增加路面承载能力，不适用路面出现的严重结构性病害，如严重的疲劳裂缝、结构性破损和严重的车辙。施工时路表必须清洁，石屑撒布机必须紧跟沥青洒布机，压路机紧跟石屑撒布机，施工后使公路恢复交通，大约需要2h。在预防性养护的情况下，期望寿命为3～5年。

3.2.3 稀浆封层（Slurry Seal）

稀浆封层技术是将级配良好的集料（优质细集料和矿物填料）和乳化沥青组成的混合料均匀地撒布在整个路面上（图3-19）。这项技术最大的优点是可以有效地封闭路面表层裂缝，提高面层的防水性，并且可以提高表面层的抗滑能力。根据混合料最大工程粒径的不同，稀浆封层混合料分为Ⅰ型、Ⅱ型和Ⅲ型，摊铺厚度为5～10mm。

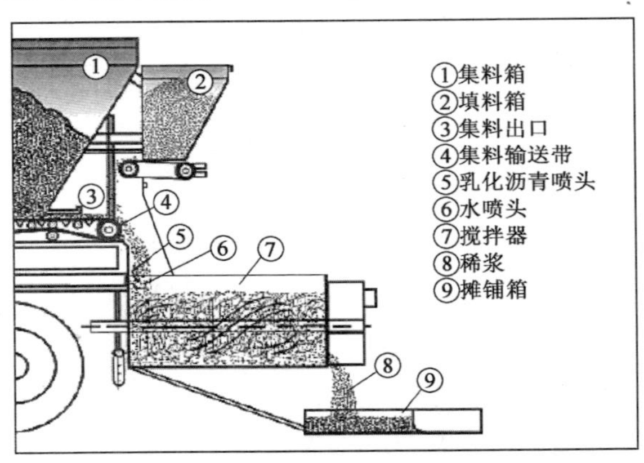

图3-19 稀浆封层工作原理

稀浆封层适用的路面病害类型有：

（1）路面横向裂缝，纵向裂缝，非结构性的块状裂缝；

（2）路面轻微破损（要求摊铺前清理脱落下来的材料）；

（3）沥青路面表面的沥青老化、贫油；

（4）路表摩擦系数降低；

（5）路表渗水。

稀浆封层技术对路面结构强度没有贡献，当路面出现较大的疲劳裂缝或者严重车辙时，不能应用此项养护技术进行养护。为了使乳化沥青硬化，常常需要将公路封闭2h。

施工中应注意路表必须保持干净，石料要求选择有棱角、耐用，并且级配良好的石料，同时拌和前必须清洗干净。应避免在炎热的气候条件下施工，根据乳化剂的类型要保持足够的开放交通的时间。稀浆封层技术在预防性养护的情况下，期望寿命一般为 3 ~5 年。

3.2.4　微表处（Microsurfacing）

微表处是一种特殊的稀浆封层技术，是较传统的稀浆封层技术，微表处混合料的黏结材料选用改性乳化沥青（图 3-20）。整个混合料由聚合物改性乳化沥青、级配石料、矿物填料、水和添加剂组成。

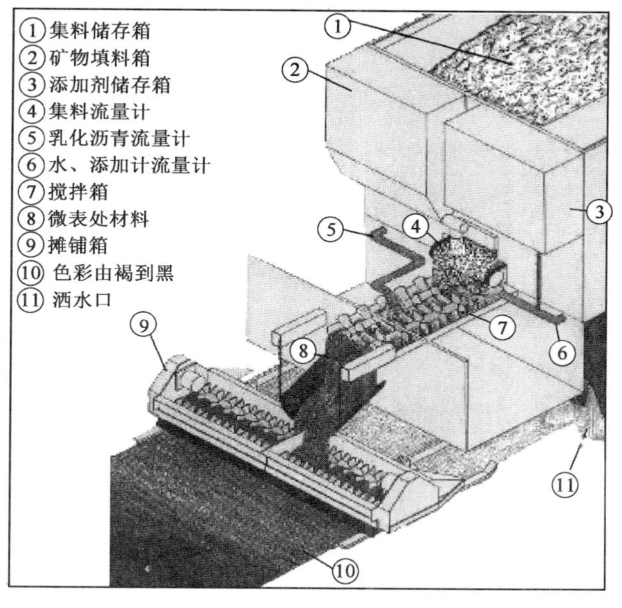

图 3-20　微表处工作原理

微表处技术能够解决沥青路面老化、贫油、非结构性破损、裂缝、路表渗水、摩擦力下降等病害。另外，微表处除了进行罩面具有的以上优点外，还可以单独进行填补车辙，对车辙较深的路段可以采取两次填补的办法。微表处的施工可适合于所有的气候条件。但在温暖的气候条件下会有更好的使用效果。如果施工温度较低，强度会上升的较慢。

微表处混合料配制以及原材料的质量控制要求严格，任何一个组成部分出现了差异，都将显著影响混合料的性能。

改性乳化沥青是微表处混合料的关键材料，其技术要求如表 3-4 所示。

改性乳化沥青技术要求 表3-4

序号	试验项目		单位	技术要求
1	破乳速度		—	慢裂
2	粒子电荷		—	阳离子（+）
3	筛上剩余量（1.18m筛），不大于		%	0.1
4	黏度	恩格拉黏度 E	—	3~30
		沥青标准黏度 C	s	12~60
5	蒸发残留物	含量，不小于	%	60
		针入度	0.1mm	40~100
		软化点，不小于	℃	53
		延度（5℃），不小于	cm	20
		溶解度（三氯乙烯），不小于	%	97.5
6	储存稳定性	1d，不大于	%	1
		5d，不大于	%	5

微表处使用的集料一般采用质量较好的玄武岩。集料一般可分为3档，即0~3mm、3~5mm和5~8mm。集料检测时，应将集料中超粒径的石块筛除。集料的主要技术要求如表3-5所示。

集料技术要求 表3-5

0~3mm碎石		
1	坚固性（%），不大于	12
2	砂当量（%），不大于	65
3~5mm碎石		
1	坚固性（%），不大于	12
5~8mm碎石		
1	石料压碎值（%），不大于	26
2	洛杉矶磨耗损失（%），不大于	28
3	磨光值（%），不小于	42

续上表

5～8mm 碎石		
4	坚固性（%），不大于	12
5	针片状颗粒含量（%），不大于	15
6	软石含量（%）	实测值

微表处对增加结构承载能力一般认为很有限。对路面出现的疲劳裂缝等结构性破坏，施工前要求做预先处理，处理完毕后再进行微表处罩面。在预防性养护的情况下，期望寿命为4～6年。

3.2.5 薄层加铺（Thin Hot-Mix AC Overlay）

薄层加铺可以定义为：采用细粒式、间断级配或开级配沥青混合料，用普通摊铺机与压路机施工，厚度小于30mm并具有良好抗滑功能的沥青罩面层。按照实施的材料不同，可分为普通沥青混凝土薄层罩面（AC系列）、SMA罩面、OGFC罩面等类型。

法国薄层沥青混凝土分为三类：薄层TAC（30～50mm）、很薄VTAC（20～30mm）、超薄UTAC（10～20mm）。南非将铺筑厚度小于30mm的各种级配沥青面层定义为薄层路面，包括传统沥青混合料（连续级配、开级配等）铺筑的小于30mm的沥青面层、SMA混合料铺筑的小于25mm的沥青面层和沥青砂铺筑的小于30mm的沥青面层。美国《HMA Pavement Mix Type Selection Guide》中要求中等与重交通道路的SMA-10混合料铺筑厚度为25～37.5mm，OGFC-10铺筑厚度为19～25mm。可见超薄磨耗层的厚度没有统一的规定，一般为20～30mm。

为适应薄层铺装，要求采用较小粒径的沥青混合料。对于超薄沥青磨耗层，为防止摊铺时大粒径形成划痕，保证达到压实度要求，通常铺装厚度为沥青混合料最大公称粒径的2～2.5倍。对于密级配沥青混合料，可采用最大公称粒径为6mm、9.5mm或13mm。对于开级配和间断级配可采用9.5mm或13mm。但是，采用传统级配如AC型或沥青砂铺筑的超薄沥青磨耗层，由于这种混合料的抗车辙能力有限，而且抗滑性能不足，仅适用于低交通量的道路养护。目前，国际上多采用间断级配或开级配沥青混合料，常用的混合料类型如SMA-10、OGFC-10等。美国国家沥青研究中心（NCAT）已开展采用最大公称粒径为4.75mm的SMA沥青混合料铺筑超薄沥青磨耗层。另外为增加超薄沥青磨耗层的耐久性，采用聚合物改性沥青也是一个发展趋势。

美国2000年版HMA路面沥青混合料类型选择指南提出不同最大公称粒径混合料推荐的铺装厚度，见表3-6。可见，铺筑25mm厚度的磨耗层，一般要求选择最大公称粒径小于9.5mm。

不同级配沥青混合料推荐铺装厚度　　表3-6

混合料类型	密级配	密级配	SMA	SMA	OGFC	OGFC
最大公称粒径（mm）	4.75	9.5	9.5	12.5	9.5	12.5
推荐铺装厚度（mm）	12.5～19	25～37.5	25～37.5	37.5～50	19～25	25～37.5

随着薄层沥青磨耗层的发展，为保证路面的抗滑性能及其良好的耐久性，并提高抗车辙性能，沥青混合料逐步由密级配向开级配与间断级配发展。目前应用较多的有两种类型：一种是骨架密实结构，以SMA为代表；另一种为骨架孔隙结构，以OGFC为代表。前者具有耐久性好、强度高、密实不透水等优点，适用性较好，是国际上应用较为广泛的级配类型；后者具有排水性好、雨天抗滑性能优良，并具有降噪性能，在国外发达国家应用较多。

目前，国际上普遍采用的级配以OGFC和SMA为代表（表3-7、表3-8）。OGFC是一种开级配沥青混合料。由表3-7可见，对于最大公称粒径为9.5mm的混合料，其2.36mm以上集料含量超过80%，但是矿粉含量只有5%左右。与SMA相比，其粗集料含量更多，但矿粉与沥青用量相对较少，因此OGFC形成一种骨架孔隙结构。

部分国家OGFC级配范围（%）　　表3-7

筛孔（mm）	12.5	9.5	4.75	2.36	0.075
美国AASHTO	100	95～100	30～50	5～15	2～5
德国	100	90～100	25～50	10～20	2～6
英国	100	90～100	30～40	17～23	3～5
中国	100	90～100	50～70	10～22	2～6

SMA是一种间断级配的沥青混合料，它是一种由沥青、纤维稳定剂、矿粉及少量细集料组成的沥青玛蹄脂，并填充间断级配的粗集料骨架间隙形

成的沥青混合料，是最适合于罩面工程的材料，适用于病害种类很多、病害较严重的路段。由表 3-8 可见，对于最大公称粒径为 9.5mm 的 SMA 混合料，其 2.36mm 以上集料占 70% 以上，同时矿粉含量超过 10%。SMA 中粗集料含量较高，粗集料之间形成嵌挤结构，因此具有良好的抗车辙能力并具有较高的抗滑性能。同时，SMA 中矿粉和沥青含量较高，形成较为丰富的马蹄脂用来填充粗集料骨架之间的孔隙，因此 SMA 的空隙率较低而称为密实结构。SMA 作为表面层和罩面材料已在各地得到广泛应用，具有表面构造深度大、抗滑性能好、耐磨耗、良好的水稳定性和耐久性等特点。

部分国家 SMA 级配范围（%）　　表 3-8

筛孔（mm）	12.5	9.5	4.75	2.36	0.075
美国 AASHTO	100	90 ~ 100	26 ~ 60	20 ~ 28	8 ~ 10
德国	100	90 ~ 100	30 ~ 40	20 ~ 27	9 ~ 13
中国	100	90 ~ 100	28 ~ 60	20 ~ 32	8 ~ 13

几种薄层沥青混合料级配粗集料含量与性能比较见表 3-9。其中，OGFC-10 级配中 4.75mm 以上粗集料含量高达 80%，是一种典型的开级配混合料。由于细集料含量少、沥青用量低，形成较大空隙率，一般可达到 18% ~ 20%。因此可形成丰富的表面纹理，其构造深度可达到 1.5mm 以上。而 SMA-10 级配中 4.75mm 以上粗集料含量在 70% 左右，矿粉含量高达 10% ~12%，这样 0.075 ~4.75mm 之间的集料仅为 15% 左右，形成一种间断级配。SMA 路面构造深度一般在 1.0mm 左右。SAC 级配介于 OGFC 与 SMA 之间，构造深度一般为 0.8mm 左右。而对于传统的连续密级配混合料，其 4.75mm 以上粗集料含量不足 30%，尽管混合料的密实性能良好，但是其构造深度不足，一般在 0.2 ~0.4mm。

几种薄层沥青混合料级配粗集料含量与性能比较　　表 3-9

级配	AC-10L	AC-10H	SMA-10	OGFC-10	SAC-10
4.75mm 以上含量（%）	2.5	29	71	80	65
2.36mm 以上含量（%）	43	46	77	85	73
构造深度（mm）	0.2 ~0.3	0.3 ~0.4	0.6 ~1.0	1.0 ~1.5	0.6 ~0.8
抗滑性能	差	差	良	优	良
抗水害能力	良	良	优	差	良
抗车辙能力	差	差	优	优	良

超薄沥青混合料一般选择间断级配，通过增加沥青混合料中的粗集料含量来提高其所铺筑路面的构造深度。目前可以分为 NOVACHIP-A、OGFC-5 与骨架密实类（GT-TECH）三大类技术。

法国 NOVACHIP-A 超薄沥青磨耗层是比较成熟的技术，是一种半开级配混合料，空隙率在 10% ~15%。OGFC-5 是一种开级配沥青混合料，空隙率大于 15%，由粗集料相互嵌挤提供的较高结构稳定性，又具有较大的空隙率，以满足排水、抗滑的要求。GT-TECH 是骨架密实结构，空隙率为 3% ~4%，具有良好的抗车辙能力、耐久性和抗滑性能。OGFC-5 与 NOVA-CHIP-A 具有较好的排水效果，雨天减少路表径流，提高行车安全性与舒适性，但是大孔隙沥青混合料存在耐久性差、后期维护困难等问题。

美国国家沥青研究中心（NACT）、Maryland 州、Georgia 州等开展了关于最大公称粒径 4.75mm 的沥青混合料研究。最大公称粒径为 4.75mm 的沥青混合料级配及结构组成可见表 3-10 和图 3-21。

最大公称粒径 4.75mm 沥青混合料级配（%） 表 3-10

筛孔（mm）	12.5	9.5	4.75	2.36	0.075
NCAT	100	100	90 ~100	28 ~65	12 ~15
Maryland 州	100	100	80 ~100	36 ~76	2 ~12
Georgia 州	100	90 ~100	75 ~95	60 ~65	4 ~12
Superpave	100	95 ~100	—	30 ~54	6 ~12

图 3-21 SMA-5 结构组成

采用 4.75mm 最大公称粒径混合料作为超薄沥青混合料的优点如下：由于粒径进一步减小，可降低摊铺厚度到 1.5 ~2.0cm，因而可降低工程造价；通过适当的级配调整和选择黏度较高的沥青，亦可满足抗滑、抗车辙性能的要求，而且由于表面致密粗糙，抗松散能力较强，并具有较好的降低噪声效果。

薄层加铺技术施工效率较高、施工速度快、在短时间内即可开放交通。这种方法适用的路面病害类型有：

（1）横向、纵向和块状裂缝（裂缝深度较浅）。

（2）路面较严重的破损（摊铺前必须清理脱落下来的材料）。

（3）路面摩擦力降低。

（4）路面贫油、泛油。

（5）路面渗水。

薄层加铺对路面结构能稍微增加承载能力，并能延缓疲劳裂缝。但对于路面出现严重的结构性病害，如严重的疲劳裂缝和严重的车辙，在施工前必须做好预先处理。这种技术在预防性养护的情况下，期望寿命为 5～8 年，目前已经在一些国省道得到了较为广泛应用。

3.2.6　就地热再生（Hot In-Place Recycling）

就地热再生（HIR）也可称为现场热再生，主要用于矫正或处理路表病害而不移除原路面材料。到目前为止，国内外应用较普遍的 HIR 技术有三类，即热翻松（Heater-scarification）、重铺处理（Repaving process）和重新拌和处理（Remixing process）。

热翻松是早期使用的 HIR 技术。其施工过程主要有对原路面的加热、利用疏松齿对原路面的翻松处理、加入再生剂后拌和、整平及碾压成型。其疏松深度一般在 19～25mm，最大可达到 50mm。此过程中不需加入新的集料，但是一般会在其后摊铺一层新的磨耗层。其处治过程见图 3-22。

重铺处理，首先对现有路面进行加热，疏松或铣刨 19～25mm 后与再生剂拌和，然后将再生材料作为整平层摊铺于路面，再用新的沥青混合料摊铺一层磨耗层。再生利用的旧料及新的磨耗层材料可利用特殊设备一次完成，也可利用加热疏松设备和传统铺路设备分两次完成。其处治过程见图 3-23。

重新拌和处理是将原路面材料加热疏松后与一定量新的沥青混合料（可根据需要加或不加再生剂）在车载拌和器中拌和成新的沥青混合料并摊铺成单一、均质路面层的过程。此过程改变了混合料的级配、调整了胶结料的品质，因此使原路面的性能得到了改善。其处治过程见图 3-24。

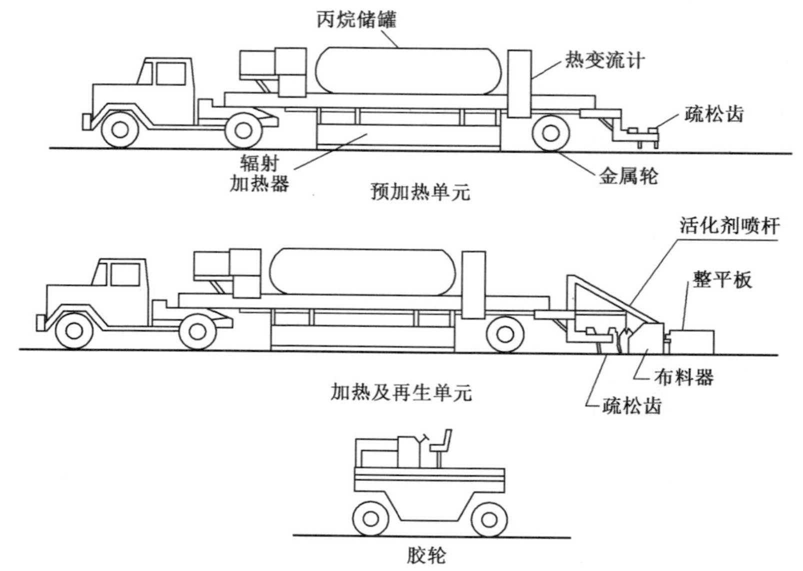

图 3-22 加热疏松处治过程

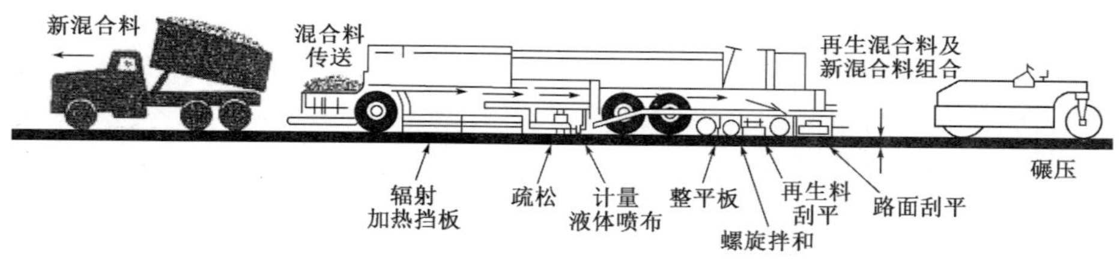

图 3-23 路面重铺处治过程

图 3-24 重新拌和处治过程

HIR 可处治大部分的路面病害，包括车辙、波浪拥包、松散、泛油、表面抗滑性能不足、轻微温度裂缝及轻微疲劳裂缝等，但是路面结构性必须完好。浙江省引进了“时代再生列车”用于沥青路面就地热再生，已经在杭金衢高速公路与部分国省道推广应用，应用效果良好。

加热疏松处治路面的使用寿命一般在 3 ~ 5 年，路面重铺的使用寿命一般在 8 ~ 10 年，重新混合处治使用寿命一般在 8 ~ 12 年。

3.2.7　再生剂喷涂类

沥青再生剂是一种能够在一定程度上恢复沥青性能的产品。国内外常用的沥青再生剂主要有：TL2000、RejuvaSeal™、PDC、RD-105 等。沥青再生剂或还原剂能渗入路面，将老化沥青激活，不改变或降低路面的摩擦系数。密封路面的细小裂缝，防止水、汽油和化学剂等杂质渗入路面，使路面呈均匀的黝黑色，改善沥青路面的外观。

1）TL2000 路面强化剂

TL2000 路面强化剂是一种黑色液体单一成分微沥青聚合物，由白云石粉末、苯乙烯、优质沥青、添加剂组成，可以抵抗硫酸、盐酸、硝酸、醋酸、磷酸以及碱性物质及矿物质溶液的腐蚀。这种强化剂喷洒于沥青混凝土面层的表层上，形成薄膜层，15～90min（取决于环境温度）固化，即可开放交通。这种薄膜层不仅可以防止水渗透到沥青面层内，即使在多次结冰解冻后仍有防水作用，而且还可以使沥青面层免受太阳紫外线和红外线的辐射。由于该聚合物蒸汽渗入沥青硅大约 30mm 深处，会形成使已老化的沥青还原的共聚物，进而可延长路面的使用寿命。除此而外，这种强化剂还具有很好的抗滑性能，并使橡胶轮胎与路面的附着力提高 20%～30%，缩短刹车距离，促进交通安全。TL2000 路面强化剂具有价格低廉，使用简便，无需特殊设备，不要预热，不要稀释，清洁材料易得（如煤油、柴油）等优点。

TL2000 路面强化剂主要是通过其中的活性气体成分与沥青作用形成共聚沥青聚合物来达到与路面的黏合。这种聚合物具有必要的塑性和弹性性能，可有效地防止沥青老化或改善已老化沥青的使用性能。因此，旧路面的已破损程度及沥青老化程度都极大地影响了 TL2000 的使用效果。一般来讲，TL2000 路面强化剂适宜处理那些性能既遭受破坏，但又可以复原的沥青路面，应用 TL2000 的时机最好是在沥青路面建成后，尚未出现大面积水损害、明显的裂缝之前。

2）沥再生 RejuvaSeal™

沥再生 RejuvaSeal™ 具有轻微挥发性气味，为黑色油状液体，是一种用于沥青路面的三合一维护剂，其主要成分为 35%～50% 的煤焦油、32%～42% 的石油蒸馏液和 15%～40% 的三合一煤焦油再生剂（人造树脂石油乳剂、经提炼的煤焦油和主要由煤焦、煤焦油、石油溶剂合成的渗透剂)。

沥再生 RejuvaSeal™是一种极其高效的具有渗透性的沥青再生密封剂，其特点主要有：

(1) 具有抵抗汽油、防水、防化学品侵蚀和抵抗其他损害性杂质影响的特性。

(2) 具有不改变沥青表面结构就能起到密封和再生作用的特性。

(3) 能渗透到沥青表层，变成沥青层整体的一部分，与之共同收缩和膨胀，不像普通表面密封剂那样易于剥落、开裂和脱层，因而具有较强的温度适应性，十分耐久。它不仅是一种高效密封剂，而且是一种充满活性、能渗透沥青表层，并将沥青激活的结合剂，可使沥青路面表层约 15mm 厚的沥青的硬化程度和脆性显著降低，从而可增强路面的柔韧性和弹性。

再生剂涂刷类宜在温暖干燥的气候使用，道路要求路面结构强度足够，路面稳定，可适用的路面损坏包括：

(1) 细小裂缝。

(2) 细微的松散、老化、氧化、变硬。

(3) 路面渗水。

再生剂涂刷类不宜在下列情况使用：

(1) 结构性损坏。

(2) 中等程度的泛油。

(3) 中等到严重程度的抗滑损失。

(4) 严重程度的温度裂缝、松散。

沥青再生还原技术有以下优点：

(1) 还原剂渗透能力强，为沥青还原而定制，且还原剂因保护层保护持久发挥效力，将表层老化最严重的部分沥青再生还原，恢复表层沥青黏附性能和柔韧性，延长使用寿命。

(2) 还原剂渗入、吸收后，在交通的作用下，表层混合料二次压密，非结构性裂纹自愈合，与保护层材料一道，形成深层和多层次的表面封闭。

(3) 保护剂与还原剂的共同作用强化保护层与老路面胶结料的结合，保护剂和黑色还原剂的残留量小，其本身对路面构造和摩擦系数的影响小且可控，形成安全、耐久的黑色路面。

3.3　沥青路面预防性养护新技术

3.3.1　可降解汽车尾气的路面封层技术

随着汽车工业的迅猛发展，我国汽车保有量持续攀升，汽车带来的便捷与舒适使它逐渐走进千家万户。与此同时，源源不断的汽车尾气对城市的环境与人类的健康造成了严重的危害。机动车尾气污染是造成城市光化学烟雾、灰霾的重要原因，也是我国空气污染的重要来源。据统计资料表明，城市中每天每千辆汽车约排出一氧化碳（CO）3000kg，碳氢化合物（HC）200～400kg，氮氧化合物（NO_x）50～150kg。汽车尾气污染对大城市大气污染指数的贡献率高达 60%。譬如美国的大气污染物排放量中 CO 的 66%、NO_x的 43%、HC 的 31%、CO_2的 33%、微粒的 20% 均来自于汽车的排放。

当前，世界上解决汽车尾气污染的措施主要包括：

（1）行政措施，如强制性机动车尾气排放标准法规的颁布，制造过程中严格执行国家质量技术标准，进行交通限制措施，完善交通体系，提倡绿色出行等。

（2）机内净化措施，包括改进发动机的燃烧设计，使用新型燃料等。

（3）机外净化措施，即采用三元催化剂在尾气排出汽缸并且还没有进入大气之前，与 CO、HC 以及 NO_x等气体进行一系列氧化还原反应，从而转化为无害气体。

（4）可降解汽车尾气的新材料，采用有催化功能或吸收汽车尾气功能的新型材料作为建筑材料，可以应用于道路路面，实现对尾气的净化。

近年来，采用新的环境治理技术，研究开发与汽车尾气频繁接触的路面材料，以控制和减少汽车尾气污染成为大家关注和研究的新方向。如在修建路面材料中加入具有光催化性能的添加剂，如光催化活性高、无毒的二氧化钛（TiO_2），已经成为解决问题的一种办法。国内外对于其加入到水泥混凝土中的研究取得了一定的效果，而加入到主要路面材料的沥青中，效果不是很理想。此外，有研究在高速公路护栏、桥梁、建筑物、广告牌的表面涂覆含二氧化钛的光触媒，或将二氧化钛调成渗透液喷洒在路面等方式实现了降解路面汽车尾气的效果。

图 3-25　二氧化钛渗透液喷洒到路面表面

微表处、稀浆封层、雾封层等技术是道路预防性养护常用方案，多采用乳化沥青配制的浆料洒布于路面面层，形成直接接触汽车尾气的养护层。通过调整养护材料的成分，添加可降解汽车尾气的新材料，应可实现一定的降解汽车尾气的效果，见图 3-25。

目前，可降解汽车尾气路面封层设计方案为在微表处、稀浆封层和雾封层等预防性养护方案的基础上，添加有光催化作用的纳米二氧化钛粉末，制备成具有复合养护和降解汽车尾气效果的封层。

1）二氧化钛及其光催化机理

二氧化钛（TiO_2），又称为钛白粉，有板钛矿、锐钛矿、金红石三种晶型。板钛矿在自然界中比较少见，也不具备光催化活性。锐钛矿、金红石都属于四方晶系，性质较稳定，应用范围比较广。锐钛矿相二氧化钛对紫外线的吸收能力低于金红石，光催化活性则比金红石相二氧化钛高，所以锐钛矿相二氧化钛常常用于光催化反应的催化剂。

锐钛矿及金红石所属四方晶系结构所具有的共同特点为：都是由钛氧八面体 TiO_6 组成晶体结构的基本单元。两种晶体结构间所存在差异在于每一个八面体的组装和分布方式不同。如图 3-26 所示为锐钛矿型和金红石型纳米二氧化钛晶体结构。

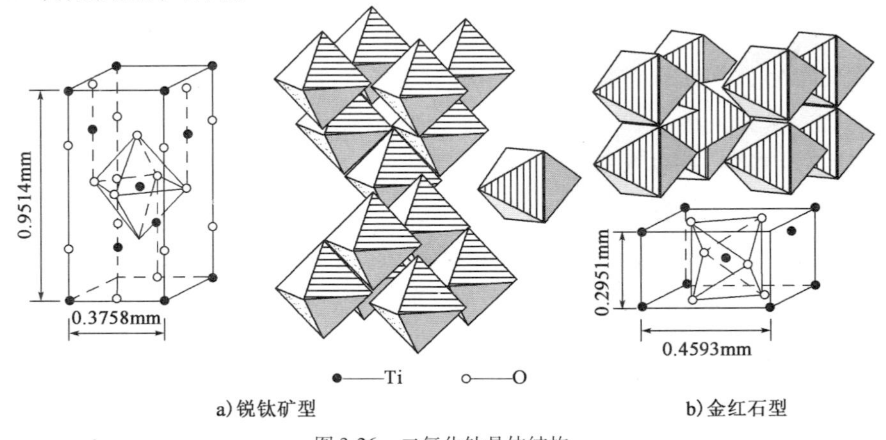

图 3-26　二氧化钛晶体结构

半导体光催化活性主要取决于价带和导带的氧化—还原电位，在原子中存在两种能带，充满电子且能级较低的叫作价带（VB），未填满电子且能级较高的叫作导带（CB），存在于价带与导带之间的能量空隙叫作禁带，也就是带隙。价带与导带的氧化—还原电位相差越多，则原子中光生电子—空穴对的氧化还原能力就越强，从而光催化能力也越强。图 3-27 所示为常见半导体光催化剂的带隙宽度及能带位置。

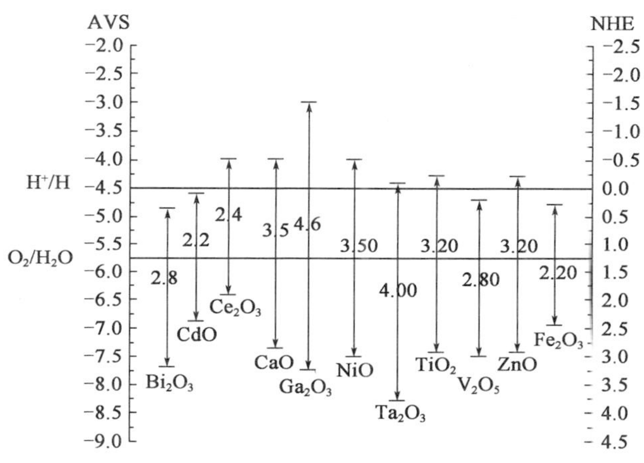

图 3-27　常见半导体光催化剂的带隙宽度及能带位置

（AVS-绝对真空能级；NHE-标准氢电极电势）

如图 3-27 所示，价带顶与导带底之间存在一个能量差，也即所谓半导体的禁带宽度。由图可知，锐钛矿型二氧化钛的禁带宽度为 3. 2eV，根据量子力学，光子的能量 E 与波长 λ 之间存在关系 $E = hC/\lambda$，其中 h 为普朗克常数，C 为光子速度，通过计算锐钛矿二氧化钛需要波长小于 387. 5nm 的光源激发。因此，当锐钛矿二氧化钛作为光催化剂受到大于或等于其禁带宽度，即波长小于 387. 5nm 的光源照射后，价带上的电子（e^-）便会受到激发并跃迁到相应的导带，从而在价带上产生空穴（h^+），最后形成电子（e^-）—空穴（h^+）对。光生电子和空穴在空间电荷层的作用下，发生分离，空穴（h^+）转移到二氧化钛原子表面，与二氧化钛表面上的 - OH 基团作用产生高活性的 · OH 自由基，该 · OH 自由基具有很强的氧化性，可以将几乎所有的有机物氧化分解为水或二氧化碳等无机物小分子。

二氧化钛光催化机理如图 3-28 所示。

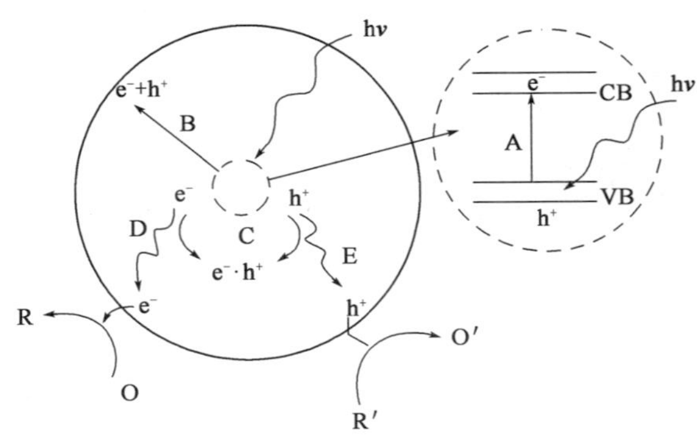

图 3-28　二氧化钛的光催化机理

图 3-28 中，A 即为电子（e^-）受光子（hν）激发，从价带（VB）向导带（CB）产生跃迁，形成电子（e^-）—空穴（h^+）对，电子（e^-）—空穴（h^+）对存在时间极短，并从产生开始就向粒子表面迁移。但是在迁移过程中，部分电子（e^-）—空穴（h^+）对又会发生复合从而失去催化活性。图中，B 为电子空穴在向表面迁移的过程中，发生复合，一般称为表面复合。C 是指电子和空穴还没来得及迁移到表面，即发生复合，称为体内复合。B、C 两种途径皆因电子空穴对的结合而失活。D 过程为光生电子（e^-）转移到粒子表面，并与电子受体进行还原反应。E 过程为光生空穴（h^+）转移到粒子表面，与电子给体进行氧化反应。

二氧化钛的光催化反应式如下：

$$TiO_2 + h\nu \rightarrow h^+ + e^-$$

$$h^+ + e^- \rightarrow \text{复合} + \text{能量}$$

当催化剂体内的电子（e^-）—空穴（h^+）对的复合得到抑制时，就会在催化剂粒子表面发生氧化还原反应。光生空穴（h^+）氧化性能极强，大多数光催化氧化反应都是利用空穴（h^+）的氧化性能，一般空穴（h^+）与吸附在二氧化钛粒子表面的 OH^- 和 H_2O 反应，形成氧化性极强的羟基自由基（·OH）。

$$H_2O + h^+ \rightarrow \cdot OH + H^+$$

$$OH^- + H^+ \rightarrow \cdot OH$$

在空气中游离的氧可以与表面光生电子（e^-）相结合，氧被还原为超氧负离（$\cdot O^{2-}$）。

$$O_2 + e^- \rightarrow \cdot O^{2-}$$

超氧负离子 $\cdot O^{2-}$ 与羟基自由基（$\cdot OH$）一样具有强氧化还原活性，它们可以氧化和降解其附近的细菌及其他有机物。

在对汽车尾气中氮氧化物的催化降解过程中，可以将一氧化氮及二氧化氮转化为硝酸根离子 NO^{3-}，并附着在催化剂表面，反应产物遇水会被带走，而催化剂本身并不会发生变化。

其反应式如下：

$$NO + 2OH \rightarrow NO_2 + H_2O$$

$$NO_2 + \cdot OH \rightarrow HNO_3$$

$$NO + \cdot O^{2-} \rightarrow NO_3^-$$

纳米二氧化钛受光能激发产生电子（e^-）和空穴（h^+），催化氧化有机物，这种现象在任意粒径的锐钛型二氧化钛中都会发生。但因为纳米二氧化钛的粒径较小，在粒子内部电子（e^-）和空穴（h^+）从产生到向表面迁移过程所需时间大大缩短，这也就显著降低了两者的复合概率，因而与普通尺寸的二氧化钛相比纳米二氧化钛粒子的光催化活性更加优异。

常用的纳米二氧化钛的技术要求如表 3-11 所示。

纳米二氧化钛技术指标　　表 3-11

杂　质	最高含量（%）	杂　质	最高含量（%）
水溶物	0.05	盐酸可溶物	0.1
硫酸不溶物	0.5	灼烧失重	0.5
干燥失重	0.5	氯化物	0.005
硝酸盐	合格	硫酸盐	0.02
磷酸盐	0.005	铁	0.005
重金属（以 Pb 计）	0.002	砷	0.0005

2）尾气检测技术

我国目前城市中主要以轻型汽车为主，部分地区市区也存在重型汽车通行的现象，以燃料划分为汽油车、LPG（液化石油气）车、NG（天然气）车、柴油车等。汽车尾气检测分析仪的选择应当适用于汽车尾气浓度的测量，且测量量程能够涵盖各类汽车的最大排放标准。

表 3-12 和表 3-13 中分别列出了新生产的汽车以及在用汽车的排气污染物排放限值。

新生产汽车排气污染物排放限值（体积分数） 表 3-12

车型	类别			
	怠速		高怠速	
	CO（%）	HC(10^{-6})	CO（%）	HC（10^{-6}）
2005 年 7 月 1 日起新生产的第一类轻型汽车	0.5	100	0.3	100
2005 年 7 月 1 日起新生产的第二类轻型汽车	0.8	150	0.5	150
2005 年 7 月 1 日起新生产的重型汽车	1.0	200	0.7	200

在用汽车排气污染物排放限值（体积分数） 表 3-13

车型	类别			
	怠速		高怠速	
	CO（%）	HC(10^{-6})	CO（%）	HC（10^{-6}）
1995 年 7 月 1 日前生产的轻型汽车	4.5	1200	3.0	900
1995 年 7 月 1 日起生产的轻型汽车	4.5	900	3.0	900
2000 年 7 月 1 日起生产的第一类轻型汽车	0.8	150	0.3	100
2001 年 10 月 1 日起生产的第二类轻型汽车	1.0	200	0.5	150
1995 年 7 月 1 日前生产的重型汽车	5.0	2000	3.5	1200
1995 年 7 月 1 日起生产的重型汽车	4.5	1200	3.0	900
2004 年 9 月 1 日起生产的重型汽车	1.5	250	0.7	200

为了准确检测汽车尾气的排放，在选择分析仪时，最低量程应当不低于 CO（5% vol）、HC（2000×10^{-6}vol）。汽车尾气中危害最大的除了 CO、HC 以外，还包括 NO，所以汽车分析仪还需要能够测量 NO 的浓度，根据相关管理办法中规定，对所有车型 NO 的最高准许排放限值为不大于 4200×10^{-6}vol。综上所述，形成如下汽车排气分析仪的最低测量范围：CO（5% vol）、HC（2000×10^{-6}vol）、NO（4200×10^{-6}vol）。

经综合考虑，选用佛分 FGA-4100（5G）汽车排气分析仪，见图 3-29。设计搭载该气体分析仪的尾气检测系统如图 3-30 所示。

3）纳米二氧化钛在路面养护中的应用

纳米二氧化钛颗粒的表面积较大。随着粒径的减小，颗粒表面原子的比例迅速增加。当粒径降至 1nm 时，表面原子比例高达 90% 以上，原子几乎全部集中到颗粒的表面，处于高度活化状态，导致表面原子配位数不足，表面能变大，从而使这些原子极易与其他原子相结合而稳定下来，造成颗粒的团聚现象。因此，纳米二氧化钛的应用过程中，应特别注意其颗粒分散情况。

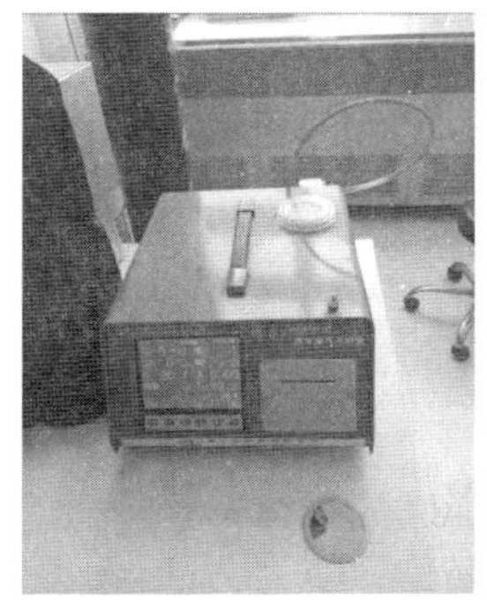

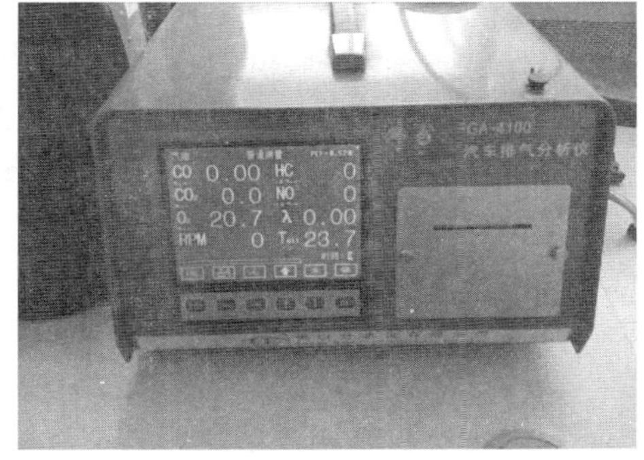

图3-29 佛分FGA-4100（5G）汽车排气分析仪

纳米二氧化钛常用的分散方法有两种：机械搅拌法和超声波分散法。

①机械搅拌法

机械搅拌分散法属于机械力强制解团方法，主要通过机械高速运动所产生的强劲的离心力、压力以及剪切力，将纳米颗粒均匀地分散于液体介质中。纳米二氧化钛的机械分散过程如图3-31所示。

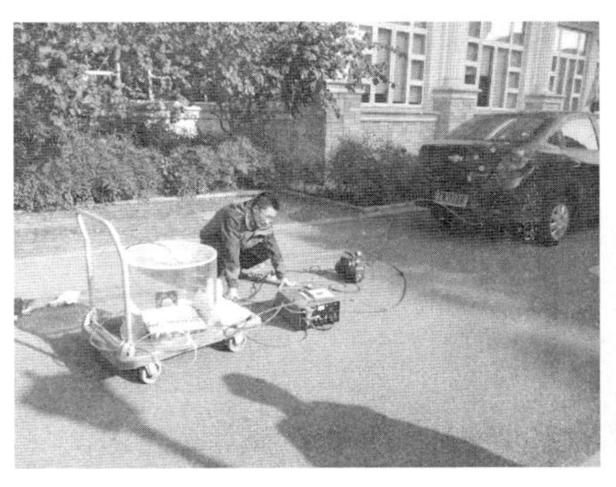

图3-30 尾气测试系统

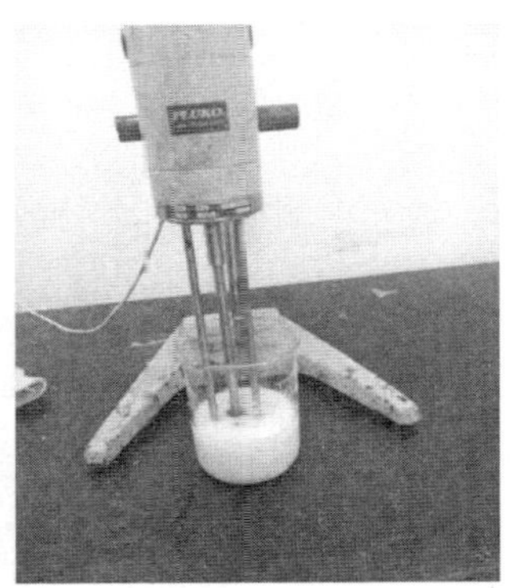

图3-31 纳米二氧化钛机械分散

纳米二氧化钛分散百分比随机械搅拌时间变化试验结果如图3-32所示。高速剪切搅拌使得溶液中纳米二氧化钛粒子的分散效昊随着分散时间的延长而变好，在40～60min的时间段内达到最佳。

②超声波分散法

超声波是指频率集中在20～106kHz的机械波，其具有波长短、近似直线传播、能量容易集中等特点。在超声波的作用下，溶液中的微气泡迅速成核、生长、振动。在声压力足够大的情况下，气泡会突然爆炸，并产生巨大的冲击波和高速的微射流，在气泡局部范围内产生 5000K 以上高温和 100MPa 高压，这些条件构成了物质进行物理化学变化的特殊环境，有效防止纳米粒子团聚。

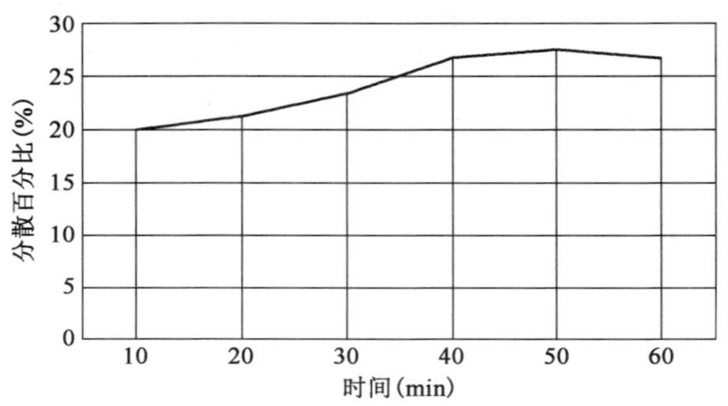

图 3-32 纳米二氧化钛机械分散效果

可采用超声波清洗器（图 3-33），作为纳米二氧化钛溶液分散装置。在 100mL 蒸馏水中加入 1g 纳米二氧化钛，并以 40kHz 的频率超声波分散 10min、20min、30min、40min、50min 和 60min 后，静置 8h，倒掉上层分散均匀溶液并烘干称重。最后将纳米二氧化钛沉淀连同烧杯放入烘箱中烘干，称重。

图 3-33 超声波清洗器

超声波对纳米二氧化钛的分散效果如图 3-34 所示。

从图 3-34 可以看出，超声分散在 20 ~ 40min 都能达到较良好的分散效果。分散时间太短，纳米二氧化钛粒子团聚不能完全打开，分散不够完全；作用时间过长则会使得溶液温度升高，这反而会增加粉体间的碰撞概率，造成纳米粒子团聚增多。

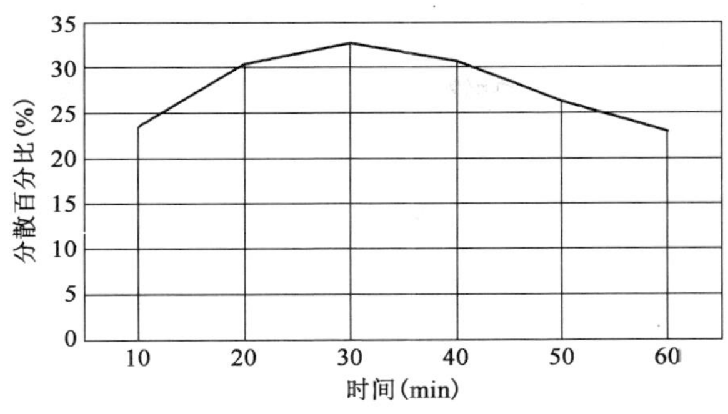

图 3-34　超声波分散效果

比较两种分散方案，超声波分散速度快，效果好。综合考虑设备条件，若将经机械分散后的纳米二氧化钛溶液再经超声波分散，可以取得更好的分散效果。

5nm 和 10～15nm 两种粒径的纳米二氧化钛材料，加水分散后，涂于混合料试件表面（图 3-35），其光催化降解汽车尾气效果见表 3-14。

a) 5nm涂覆表面

b) 10~15nm涂覆表面

图 3-35　光催化材料涂覆于车辙板表面

不同粒径材料尾气降解效果　　表 3-14

光触媒粒径（nm）	降解率（%）			
	CO（%vol）	HC（10^{-6}vol）	CO_2（%vol）	NO（10^{-6}vol）
10～15	7.62	25.47	10.96	42.22
5	12.47	49.80	12.36	69.71

不同粒径的光催化材料对尾气降解效果有较大的影响，尤其是对碳氢化合物（HC）和氮氧化合物（NO）的降解效果影响非常明显。

因此，应优选颗粒尺寸小的纳米二氧化钛作为尾气降解用光催化材料。

二氧化钛光催化材料需要紫外线的照射作为反应条件，才可以起到分解汽车尾气的作用。通过控制灯管的数量可以模拟不同的光照强度，进而研究不同光照强度对尾气降解效果影响。可分别在没有照射、一支灯管照射和两支灯管照射三种条件下模拟不同光照强度，在混合料表面测试降解尾气效果，如表 3-15 所示。

不同光照强度下对尾气的降解率 表 3-15

紫外灯个数	降解率（%）			
	CO_2（% vol）	HC（10^{-6}vol）	CO（% vol）	NO（10^{-6}vol）
0	5. 87	7. 97	10. 39	15. 38
1	9. 86	24. 21	10. 99	43. 85
2	11. 47	32. 8	12. 36	64. 71

从以上试验数据可以得出，尾气中 NO 和 HC 的降解率随着光照强度的增大而增大。当灯管由一支增加到两支时，HC 和 NO 的降解率分别为 32. 8% 和 64. 71%，对 NO 降解率的增加幅度变小，但整体呈增大趋势。紫外线照射强度的增大对 CO 和 CO_2 的降解效果增加不明显，增加幅度为 1% ~ 2%，说明光照强度对光催化材料降解尾气的性能有影响。应用到路面上时，天气晴朗更有利于对尾气的分解。

纳米二氧化钛掺量对乳化沥青的性能影响规律，见表 3-16。

纳米二氧化钛掺量对乳化沥青性能影响 表 3-16

纳米二氧化钛用量（%）		5	10	15	20	25	规范要求
筛上剩余量（%）		0. 01	0. 01	0. 01	0. 03	0. 06	≤0. 1
沥青标准黏度 $C_{25,3}$（s）		24. 7	25. 8	26. 7	28. 9	29. 1	12 ~60
蒸发残留物	5℃延度（cm）	71. 4	65. 7	61. 3	55. 6	50. 5	≥20
	25℃针入度（0. 1mm）	74. 4	71. 7	70. 8	70. 3	68. 4	40 ~100
	软化点（℃）	54	54. 7	54. 8	56. 2	56. 3	≥53
1d 储存稳定性（%）		0. 3	0. 4	0. 4	0. 6	0. 7	≤1

从表中的数据可以看出，纳米二氧化钛的加入，一定程度上会影响沥青的乳化性能，掺量与乳化程度成反比。随着掺量的增加，乳化沥青的筛上剩余量会有所升高，掺量为 25% 时，依然满足规范要求。乳化沥青的标准黏

度、蒸发残留物软化点增加，延展性有所降低，稳定性稍有所下降。总体上，二氧化钛的加入对乳化沥青的品质影响不大。

（1）纳米二氧化钛微表处混合料制备

纳米二氧化钛微表处混合料采用SBR改性乳化沥青，其中乳化剂采用MWV生产的INDULIN MQ3乳化剂，改性剂采用INDULIN 1468 SBR胶乳，其技术指标如表3-17所示。

INDULIN MQ3、1468 SBR胶乳物理性质 表3-17

指　标	测试条件	单　位	测试值
物理形态	常温	—	乳白色液体
固含量	—	%	65
密度	25℃	g/cm³	7.8
pH值	25℃	—	4.3
闪点	—	℃	149

纳米二氧化钛乳化沥青试验的具体乳化过程为：将基质沥青置于电炉上加热至180～200℃，将水加热至约50℃，加入纳米二氧化钛、乳化剂、pH调节剂，用玻璃棒不断搅拌，继续加热至80℃以上，进入超声分散仪中进行超声分散。将乳化剂、纳米二氧化钛水溶液、SBR胶乳分几次缓缓注入热沥青中，以防瞬间大量发泡溢出容器，同时进行人工搅拌，搅拌几分钟均匀后，将高速剪切机定子置入乳液当中，调整转速，开启开关进行剪切40～50min。一般乳化结束时，乳液温度宜保持在60℃以上。利用高速剪切机进行乳化，是一个开放系统，期间会有水分蒸发散失。根据经验，水分蒸发量占乳液的10%～20%。因此，在进行配方时，需多加一部分水，一来是为了保证使纳米二氧化钛分散均匀，二来是为了保证所需求的蒸发残留物含量。

图3-36 生产乳化沥青用的高速剪切机

制备乳化沥青所用高速剪切机如图3-36所示。制备出的改性乳化沥青指标检测结果如表3-18所示。

改性乳化沥青检测指标　　表 3-18

序号	试验项目		单位	技术要求（JTG F40—2004）	检测结果	结果判定
1	破乳速度		—	慢裂	慢裂	合格
2	粒子电荷		—	阳离子（+）	阳离子（+）	合格
3	筛上剩余量（1.18m 筛），不大于		%	0.1	0.01	合格
4	黏度	恩格拉黏度 E	—	3～30	—	—
		沥青标准黏度 C	s	12～60	21	合格
5	蒸发残留物	含量，不小于	%	60	62	合格
		针入度	0.1mm	40～100	61	合格
		软化点，不小于	℃	53	58.5	合格
		延度（5℃），不小于	cm	20	36	合格
		溶解度（三氯乙烯），不小于	%	97.5	97.81	合格
6	储存稳定性	1d，不大于	%	1	1	合格
		5d，不大于	%	5	4.1	合格

微表处混合料所使用的集料检测结果如表 3-19 所示。

集料特性检测结果　　表 3-19

0～3mm 碎石				
序号	检测项目	要求	检测结果	结果判定
1	坚固性（%），不大于	12	1	合格
2	砂当量（%），不大于	65	80	合格
3～5mm 碎石				
序号	检测项目	要求	检测结果	结果判定
1	坚固性（%），不大于	12	1	合格

续上表

5～8mm 碎石				
序号	检 测 项 目	要求	检测结果	结果判定
1	石料压碎值（%），不大于	26	—	—
2	洛杉矶磨耗损失（%），不大于	28	13	合格
3	磨光值（%），不小于	42	—	—
4	坚固性（%），不大于	12	0.4	合格
5	针片状颗粒含量（%），不大于	15	5.9	合格
6	软石含量（%）	实测值	0.8	—

按集料级配设计不同，微表处混合料可分为 MS-Ⅱ和 MS-Ⅲ型。

目前，规范对纤维微表处没有明确定义，也未对纤维质量制定相应的客观评价指标。不同品质的纤维经过摊铺机搅拌，与混合料混合后的分散情况如图 3-37 和图 3-38 所示。在实际过程中，应尽量避免使用图 3-37 所示纤维，而使用图 3-38 中纤维。该纤维为玻璃纤维，其性能指数见表 3-20。

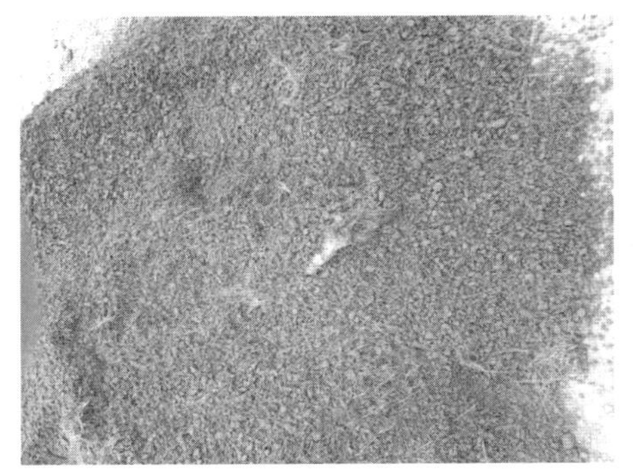

图 3-37　分散状况较差的纤维

图 3-38　分散状况较好的纤维

玻 璃 纤 维 特 性　　表 3-20

指　　标	技 术 要 求
纤维直径（μm）	17
线密度	1200～2400 号
产品形状	缠绕捆装

(2) 纳米二氧化钛含砂雾封层材料制备

掺加纳米二氧化钛光催化材料的含砂雾封层，采用改性乳化沥青，其制备过程与微表处用改性乳化沥青制备过程类似。含砂雾封层所采用的砂材料选择石英砂，其质量检测如表 3-21 所示。按含砂雾封层相关材料要求，优选沥青基材料，配制雾封层浆料并进行质量检测，结果如表 3-22所示。

石英砂质量检测结果　表 3-21

项　目	检测结果	结果判定
表观密度（g/cm^3）	2.61	合格
含水率（%）	0.30	
含泥量（%）	0.11	
二氧化硅含量（%）	99.4	
粒径要求	40～60 目	

含砂雾封层材料检测结果　表 3-22

项　目		检测结果	结果判定
蒸发残留物含量（%）		52	合格
蒸发残留物灰分（%）		41	
干燥时间（h）	表干	2.8	
	终干	4	
耐热性		无凸起和凹陷	
黏结性和防水性		不渗透、不丧失黏结	
密度（25℃）（g/mL）		1.21	

注：干燥时间均是在满足施工天气条件时的时间。

(3) 路用性能评价

①纳米二氧化钛 MS-Ⅲ型纤维微表处混合料性能评价

MS-Ⅲ型混合料的级配设计时，按照 2006 年交通部颁《微表处和稀浆封层技术指南》(以下简称《指南》) 中给出的级配范围来控制，级配整体曲线靠近《指南》级配范围的下限。具体级配见图 3-39。

采用合成矿料质量 5% 的用水量，合成矿料质量 10% 的乳化沥青用量，可拌和时间试验结果如表 3-23 所示，微表处混合料的可拌和时间满足《指南》的要求。

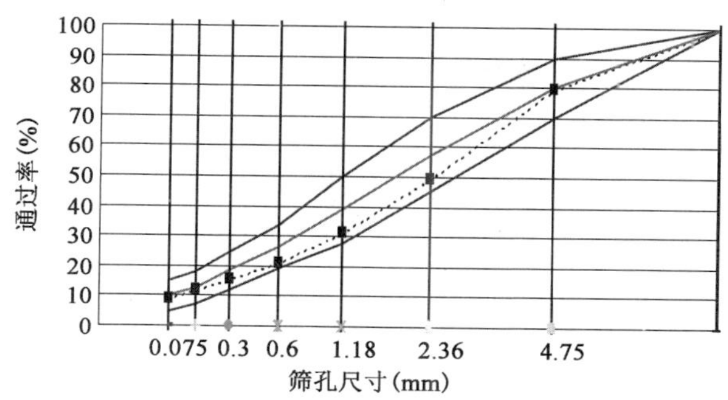

图 3-39　MS-Ⅲ型纤维微表处混合料矿料组成曲线

可拌和时间试验结果　　表 3-23

试验次数	1	2
可拌时间（s）	125	120
平均值（s）	123	

试验按照合成矿料质量 10% 的乳化沥青用量进行黏结力试验，试验结果见表 3-24，微表处混合料的早期强度和成型强度均满足要求。

黏结力试验结果　　表 3-24

养护时间（min）	30	60
黏结力（N·m）	1.3	2.2

在保证拌和时间和黏结力的前提下，以 10% 的乳化沥青为基准，前后变化用量，制备了 5 个乳化沥青用量的微表处混合料，并按照《指南》的规定，制备了磨耗试验用的试件，测试浸水 1h 的磨耗值。依据规范，进行不同乳化沥青用量的湿轮磨耗试验，以确定乳化沥青的最小用量，试验结果如表 3-25 所示。

湿轮磨耗试验结果　　表 3-25

乳化沥青用量（%）	6.0	7.0	8.0	9.0	10.0
磨耗值（g/m^2）	693.7	531.5	401.9	254.7	173.1

根据《指南》的要求，纤维微表处混合料湿轮磨耗损失浸水 1h 不大于 $540g/m^2$，由试验结果可以确定乳化沥青的最小用量为 7.3%。

依据《指南》进行不同乳化沥青用量的负荷车轮砂黏附量试验，以确定乳化沥青的最大用量，试验结果如表 3-26 所示。

负荷车轮砂黏附量试验结果 表3-26

乳化沥青用量（%）	6.0	7.0	8.0	9.0	10.0
砂黏附量值（g/m²）	167.7	244.3	323.1	403.8	503.8

根据《指南》的要求，纤维微表处混合料负荷车轮砂附黏量不大于450g/m²。由试验结果可以确定乳化沥青的最大用量为9.6%。

绘制不同乳化沥青用量的纤维微表处混合料湿轮磨耗值、砂黏附量曲线图，如图3-40所示。

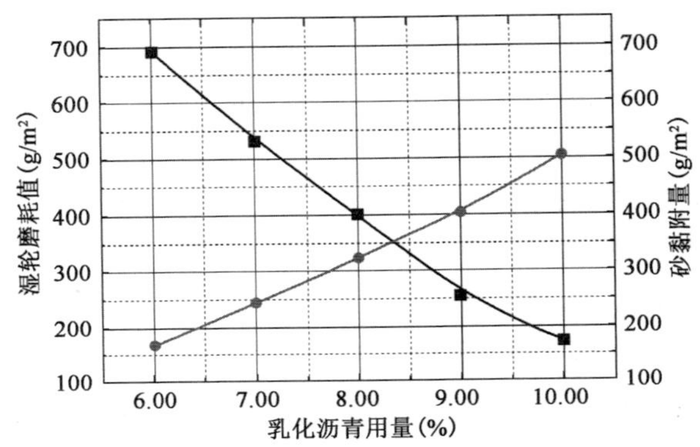

图3-40 MS-Ⅲ型纤维微表处最佳乳化沥青用量确定图

取两条曲线的交叉点处对应的乳化沥青用量作为最佳乳化沥青用量，由试验结果可以确定乳化沥青的最佳用量为8.3%。

按照最佳沥青用量8.3%的配比配置混合料，用于测试其6d浸水湿轮磨耗损失如表3-27所示。

6d湿轮磨耗损失 表3-27

试验项目	最佳乳化沥青用量下试验结果		
	1	2	3
6d湿轮磨耗值（g/m²）	317.5	354.7	342.3

由试验结果可知，最佳乳化沥青用量下的6d浸水湿轮磨耗损失满足不大于800g/m²的技术要求。

②纳米二氧化钛MS-Ⅱ型纤维微表处混合料性能研究

MS-Ⅱ型混合料的级配设计时，按照《指南》中给出的级配范围来控制添加了部分的5～8mm的集料，使得级配整体曲线靠近《指南》级配范围的下限。具体级配如图3-41所示。

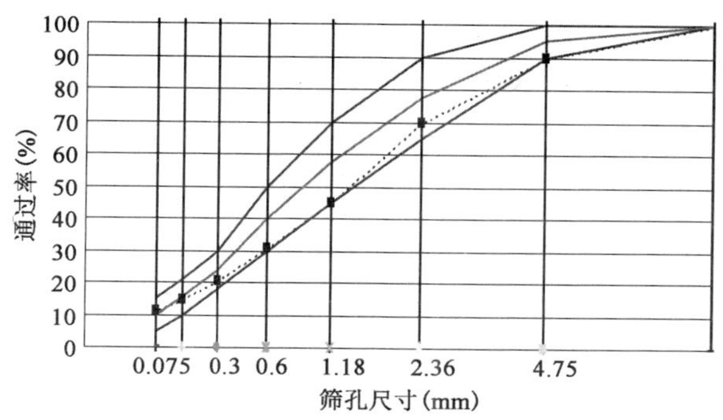

图 3-41　MS-Ⅱ型纤维微表处混合料矿料组成曲线

MS-Ⅱ型混合料采用合成矿料质量 5% 的用水量，合成矿料质量 10.5% 的乳化沥青用量，可拌和时间试验结果如表 3-28 所示。从表中数据可以看出，试验设计的 MS-Ⅱ型混合料的可拌和时间恰好符合《指南》的要求。

可拌和时间试验结果　　表 3-28

试验次数	1	2
可拌和时间（s）	122	120
平均值（s）	121	

黏结力试验的目的是验证纤维微表处混合料在一定时间里具有的黏结力，表征其早期强度，并确定混合料的初凝时间和开放交通时间。要求黏结力 30min（初凝时间）时应不小于 1.2N·m，60min（开放交通时间）时应不小于 2.0N·m。按照合成矿料质量 10.5% 的乳化沥青用量进行黏结力试验，试验结果如表 3-29 所示。从表中数据可以看出，MS-Ⅱ型混合料的早期强度满足《指南》的要求，这与乳化沥青的颗粒粒径分布有关。良好的颗粒分布可提高混合料的强度成型速度。

黏结力试验结果　　表 3-29

养护时间（min）	30	60
黏结力（N·m）	1.3	2.2

在保证拌和时间和黏结力的前提下，以 10.5% 的乳化沥青为基准，前后变化用量，制备 5 个乳化沥青用量的微表处混合料，并按照《指南》的规定，制备了磨耗试验用的试件，测试浸水 1h 的磨耗值。

试验所用仪器的磨耗头胶管磨耗面积为 $0.0343m^2$，经不同乳化沥青用量的湿轮磨耗试验，确定乳化沥青的最小用量，试验结果如表 3-30 所示。

表 3-30

湿轮磨耗试验结果

乳化沥青用量（%）	7.0	8.0	9.0	10.0	11.0
磨耗值（g/m^2）	602.9	526.4	447.3	391.7	343.4

按照《指南》的要求，微表处混合料湿轮磨耗损失浸水 1h 不大于 $540g/m^2$，由试验结果可以确定乳化沥青的最小用量为 7.8%。

在保证拌和时间和黏聚力的前提下，以 10.5% 的乳化沥青为基准，前后变化用量，制备了 5 个乳化沥青用量的微表处混合料，并按照《指南》的规定，制备了负荷车辙试验用的试件，测试砂黏附量，以确定乳化沥青的最大用量，试验结果如表 3-31 所示。

表 3-31

负荷车轮黏附砂量试验结果

乳化沥青用量（%）	7.0	8.0	9.0	10.0	11.0
砂黏附量值（g/m^2）	123.7	214.9	297.9	373.4	453.7

按照《指南》的要求，微表处混合料负荷车轮砂黏附量不大于 $450g/m^2$。由试验结果可以确定乳化沥青的最大用量为 10.9%。

绘制不同乳化沥青用量的纤维微表处混合料湿轮磨耗值、砂黏附量曲线图，如图 3-42 所示。

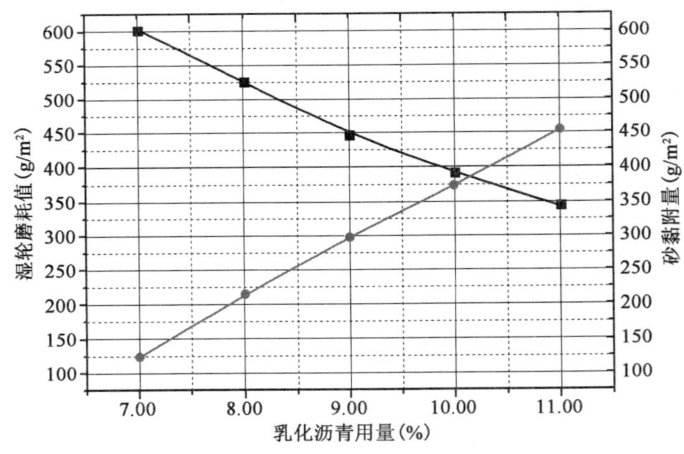

图 3-42　MS-Ⅱ型纤维微表处最佳乳化沥青用量确定图

取两条曲线的交叉点处对应的乳化沥青用量作为最佳乳化沥青用量，由试验结果可以确定乳化沥青的最佳用量为 9.2%。

按照最佳沥青用量 9.2% 的配比配置混合料，用于测试其 6d 浸水湿轮磨耗值。测试结果如表3-32所示。

最佳沥青用量下的6d湿轮磨耗损失 表3-32

试验项目	最佳乳化沥青用量下试验结果		
	1	2	3
6d湿轮磨耗值（g/m²）	297.3	315.1	320.9

由试验结果可知，最佳乳化沥青用量下的6d浸水湿轮磨耗损失满足《指南》中不大于800g/m^{2}的技术要求。

将掺有纳米二氧化钛的含砂雾封层浆料喷洒于混合料试件表面，形成薄层罩面，如图3-43所示。试验测定其表面抗滑性能以及高温稳定性能。

图3-43 含砂雾封层喷涂后

①表面抗滑性能

路面的一个重要功能就是保证车辆驾驶者的安全，在行车荷载和自然因素的作用下，表面特性比结构特性衰减更快，所以表面特性应该通过预防性养护予以保证。因此，所实施的预防性养护材料应具备良好的抗滑性能。抗滑性能测试的方法主要有摩擦系数试验法和表面构造深度试验法。

含砂雾封层将集料直接投放到乳化沥青中，并加入特殊成分的添加剂使之稳定悬浮，然后通过高压设备均匀喷洒在路面上，省去了事后撒砂和胶轮碾压的两步工序，而且由于充分被材料包裹，相对撒砂和碾压效果更加牢固和稳定。高黏附性的黏结材料和高耐磨性的集料充分结合，保证了路面必要的抗滑性能。

a. 摩擦系数试验法

摆式摩擦仪测定沥青路面的抗滑值，用以评定路面在潮湿状态下的抗滑性能，采取的评价指标为 BPN，其不仅可在室内试验采用，也可用于测量室外路面范围的抗滑性能，表面摩阻力（抗滑性能）越大，回摆高度越小，摆值 BPN 越大。试验过程如图 3-44 所示。

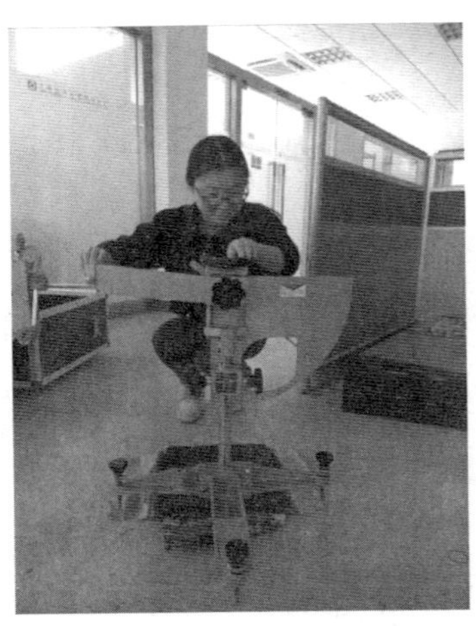

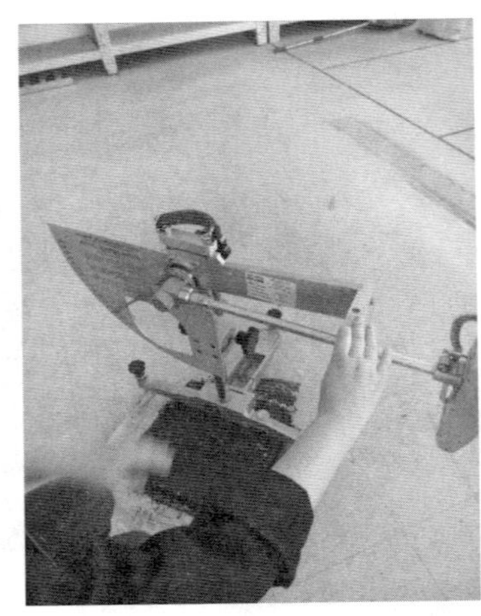

图 3-44　表面摩擦系数试验

b. 表面构造深度试验法

根据沥青混合料的试验规范，采用人工铺沙法测定沥青混合料的表面构造深度，以构造深度值 TD（ mm）表征沥青混合料表面的抗滑性能。TD 值越大，沥青混合料表面越粗糙，沥青路面的抗滑性能越好。表面构造深度试验如图 3-45 所示。

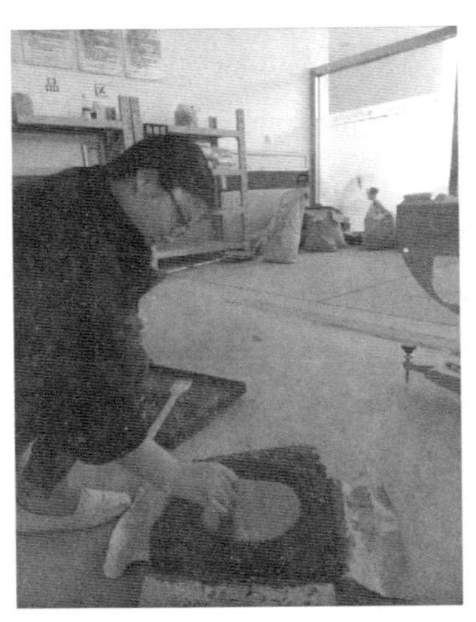

图 3-45　表面构造深度试验

摩擦系数试验和表面构造深度试验测定结果列于表3-33中。

沥青混合料表面抗滑性能试验结果　　表3-33

混合料级配类型	喷涂量（kg/m^2）	BPN	构造深度 TD（mm）
AC-13	0.8	77	0.586
	1.2	67	0.573
	1.5	63	0.568
	1.8	58	0.549
	2.0	52	0.545

从试验结果来看，随着在沥青混合料上涂抹的涂料用量的增加，会使得混合料表面的摩擦系数和构造深度有略微的下降。摩擦系数的最低标准控制为50，构造深度的最低控制为0.54mm，根据上述的试验结果，说明纳米二氧化钛涂料在路面的抗滑性能基本满足要求。

②高温稳定性能

高温稳定性是沥青路面非常重要的一个指标，它反映了沥青混合料在高温下的变形性能，通常可采取改性沥青、添加抗车辙剂等方法来提高其高温稳定性。纳米二氧化钛涂料的涂抹或喷涂范围包含沥青混凝土，因此应考虑其涂抹后的高温稳定性问题，这不仅是技术方面必须考虑的问题，在后续的推广方面，从经济角度也是必须考虑的。

试验结合道路工程的特点和试验设备，对纳米二氧化钛环保涂料的高温稳定性进行分析和评价。试验方法用沥青混合料常规车辙试验仪，将试验轮（轮压0.7MPa）作用于涂膜光触媒材料后的标准车辙方形试件（300mm×300mm×50mm）上反复行走。评价指标采用动稳定度，即采用45～60min内的车辙变形来评价沥青混合料的抗永久变形能力。试验结果见表3-34。

沥青混合料车辙试验结果　　表3-34

沥青类型	沥青表面	动稳定度（次/mm）
AC-13	未涂抹	4981
	涂抹	4715

从表3-34中结果可以看出，涂抹纳米二氧化钛环保涂料后的沥青混合料试块的抗滑性能稍有下降，但仍能满足规范关于动稳定度不小于2800次/mm的技术要求。

（4）封层光催化降解汽车尾气效果

将5nm二氧化钛分别添加到含砂雾封层和微表处混合料中，光催化材料添加量为200g/m^2。2h后的尾气降解效果见图3-46，具体试验数据见表3-35。

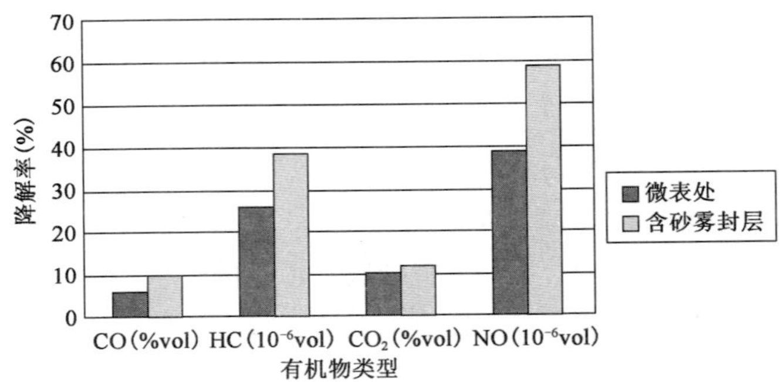

图3-46 二氧化钛在不同混合料中尾气降解效果

不同载体混合料尾气降解效果试验 表3-35

载体类型	降解率（%）			
	CO（% vol）	HC（10^{-6}vol）	CO_2（% vol）	NO（10^{-6}vol）
微表处	6.42	26.42	10.66	39.12
含砂雾封层	10.37	38.76	12.26	59.21

从表3-35中数据可以看出，纳米二氧化钛在不同的养护封层混合料中对尾气降解效果有所差别。尤其是对于碳氢化合物（HC）以及氮氧化合物（NO）影响明显。

将不同掺加量的二氧化钛（粒径5nm）添加到微表处混合料中，摊铺于试件表面，测定降解尾气效果。两小时后的尾气降解效果见图3-47，具体试验数据见表3-36。

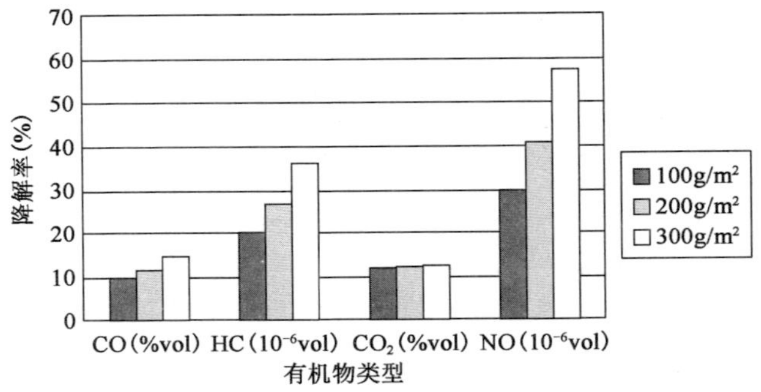

图3-47 不同纳米二氧化钛用量尾气降解效果

二氧化钛不同用量对降解尾气效果　　表3-36

钛粉掺量（g/m^2）	降解率（%）			
	CO（% vol）	HC（10^{-6}vol）	CO_2（% vol）	NO（10^{-6}vol）
100	9.86	20.14	12.09	30.00
200	11.47	26.80	12.36	40.71
300	14.90	36.11	12.50	57.67

通过对试验数据的分析可以得出，随着纳米二氧化钛用量的增多，沥青混合料对尾气的降解率也有增大的趋势。但对尾气中CO和CO_2的降解效果不明显。纳米二氧化钛用量由100g/m^2增加到200g/m^2时，NO和HC的降解率增加幅度较大，纳米二氧化钛用量由200g/m^2增加到300g/m^2时，两者的降解率也增大，但是增加的幅度变小。

理论上纳米二氧化钛是不会减少的，可以长期使用。试验对添加光催化材料的微表处混合料的尾气降解试验进行连续4个小时测试（二氧化钛的粒径为5nm）。尾气降解效果见图3-48，具体试验数据见表3-37。

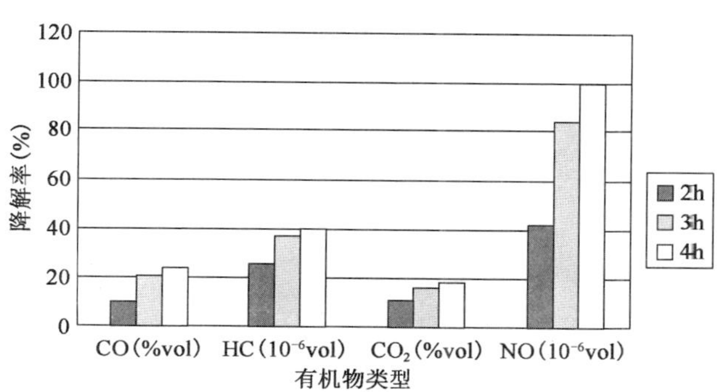

图3-48　时间对降解尾气效果的影响

降解时间对降解尾气效果的影响　　表3-37

降解时间	降解率（%）			
	CO_2（% vol）	HC（10^{-6}vol）	CO（% vol）	NO（10^{-6}vol）
2h	10.96	25.99	11.24	42.71
3h	21.25	37.41	16.85	84.12
4h	24.45	40.51	19.10	100.00

由表3-37中数据得出，随着反应时间的延长，尾气的降解率逐渐增大。各气体降解率的变化曲线走向与纳米二氧化钛不同用量下的曲线走向大体一

致。相对于 CO_2、CO 气体的降解率变化不大，但总体呈上升趋势；通过试验数据可以得出在 3h 时，NO 的浓度下降 84.12%；实际在道路上汽车排出的尾气不会在路面停留很长时间，但是会有不断的车辆驶过并排除尾气，通过研究可知，添加光催化材料的微表处混合料对尾气的降解效果随反应时间的延长而增大。

（5）实体工程应用

根据纳米二氧化钛微表处混合料降解汽车尾气的研究成果，选择在宁杭高速公路南京方向 K2241 + 600 ~ K2241 + 700 行车道进行实体工程铺筑。施工现场如图 3-49 和图 3-50 所示。

图 3-49 项目后场

图 3-50 项目前场

①施工控制目标

a. 降噪

改善微表处混合料级配方面，主要是针对 MS-Ⅲ型级配中较粗的颗粒含量，4.75～9.5mm粒径范围的集料中，适当降低合成级配的通过率，以提高大颗粒集料的支撑作用，增加小颗粒集料的填充作用，从而减少行车噪声。

b. 耐久性

微表处在高速公路养护工程中使用，主要想解决的问题为填补车辙、减缓裂缝发展、提高路表抗滑能力、提高路表抗渗能力等。

增强微表处减缓裂缝能力的方案主要是添加纤维。在MS-Ⅲ型混合料中添加玻璃纤维，达到抵抗原路面横向裂缝、纵向裂缝、网裂向上反射的目的。

②施工工艺

a. 施工前的准备

对确定进行微表处的路段进行检查是施工前期准备工作的重点，对全线进行勘察，对原路面的泛油等病害要求提前处理好，以免直接影响到微表处施工质量和进度等需要，并合理安排施工方案。

b. 施工工序

彻底清除原路面的杂物→施画导线，以保证摊铺车顺直行驶；有路线石、车道线等作为参照物的，可不施画导线→摊铺车摊铺微表处混合料→手工修复局部施工缺陷→初期养护→开放交通。

微表处一般情况下不用碾压，但是在特殊地方需要进行人工夯实，即在混合料初凝之后固化之前采用人工夯实处理方式处理。

微表处施工完成之后，在微表处混合料固化前进行交通管制，禁止一切车辆、行人通行。

现场交通管理微表处施工和养护过程中进行交通管制，在未达到开放交通条件时（混合料黏结力达到200N·cm时初期养护结束），严禁任何车辆、行人通过。当达到开放交通条件时，即可开放交通。

铺筑路段的抽查结果如表3-38和表3-39所示。

摩擦系数检测表 表3-38

桩号	摆值					平均值（BPN）
	1	2	3	4	5	
K2261+610	60	61	61	61	62	61
K2261+620	62	62	61	61	61	61
K2261+630	62	61	62	63	63	62
K2261+640	60	60	62	62	60	61

续上表

桩号	摆值					平均值(BPN)
	1	2	3	4	5	
K2261 +650	60	61	62	62	61	61
K2261 +660	60	60	61	60	60	60
K2261 +670	60	61	61	60	60	60
K2261 +680	60	63	62	63	63	62
K2261 +690	63	62	64	64	62	63
结论	试验合格					

由表 3-38 可以得出，试验路段路面抗滑指标满足要求。

现场取样试件测试结果 表 3-39

载体类型	降解率（%）			
	CO（% vol）	HC（10^{-6}vol）	CO_2（% vol）	NO（10^{-6}vol）
微表处	5.96	18.32	9.76	33.02

由表 3-39 可以得出，现场含纳米二氧化钛的微表处封层技术具有显著的降解尾气效果。

汽车尾气排放的氮氧化物是重要的大气污染源之一，对人类生存环境及健康带来严重危害。将光催化技术应用于乳化沥青中，研究纳米二氧化钛乳化沥青混合料的制备工艺与技术及其光催化能力，以期减少汽车尾气对空气的污染。主要有如下结论：

①光催化活性是决定光催化反应速率的主要因素，光催化活性主要从两个方面理解：一方面是光催化剂二氧化钛本身，包括二氧化钛的晶型、粒径、缺陷等因素；另一方面是反应过程中条件，包括光源类型及光照强度、反应物浓度等因素。

②纳米二氧化钛的加入对乳化沥青的性能有一定的影响，但总体来说影响不是很大，可以满足规范的要求。纳米二氧化钛含砂雾封层抗滑性能和高温稳定性满足行业有关标准。添加纳米二氧化钛后，微表处混合料的性能满足行业有关标准。

③不同粒径的纳米二氧化钛光催化材料对尾气降解效果有较大的影响，尤其是对碳氢化合物和 NO 的降解效果影响非常明显。

④纳米二氧化钛在不同的养护封层混合料中对尾气降解效果有差别，其中对碳氢化合物和 NO 的降解效果影响明显。

⑤不同用量的纳米二氧化钛对尾气中 CO 和 CO_2 降解效果增加不明显，但对 NO 和 HC 的降解效果明显。

⑥光照时间的延长对 CO_2、CO 气体的降解率影响不大，但整体呈增加趋势。随着降解时间的延长混合料对尾气的降解效果也越明显。

⑦宁杭高速公路纳米二氧化钛微表处现场试验段表明，添加纳米二氧化钛后微表处的现场施工质量满足相关行业标准，并具有显著的降解尾气效果，对于氮化物的降解率超过 30%。

3.3.2　高强耐久超薄沥青透水磨耗层

我国公路及城市道路在里程数快速增加和质量快速提升的同时，也依然存在着各种各样的问题。主要表现在：

①雨天行驶易出现飞溅、眩光、水漂等现象，部分铺装抗滑性能衰减迅速，存在安全隐患。

②随着车辆的增多，城市人口密度的增大，交通噪声对居民的生活、工作以及学校的教学环境造成严重的影响。

③城市热岛效应带来很大环境问题。

与此相对的是，党的十八大报告明确提出“面对资源约束趋紧、环境污染严重、生态系统退化的严峻形势，必须树立尊重自然、顺应自然、保护自然的生态文明理念，把生态文明建设放在突出地位”；习近平总书记在党的十九大报告中又强调了加快生态文明体制改革，建设美丽中国的要求。为此，如何改善已建高等级道路的使用功能，使其在满足路面使用性能的同时符合生态、环保、绿色的理念是道路养护的重要课题之一。

透水性沥青路面可以迅速排除路表积水，防止雨天驾驶易产生的飞溅、眩光、水漂等现象，提高雨天驾驶的安全性，可以有效降低交通噪声，调节环境温度，提高人们出行的舒适性，还可以降低雨水径流总量和延迟径流峰值，所以，在道路养护中选用透水沥青罩面是一种满足安全、生态、绿色发展理念的养护方式。

路面使用性能有结构性能和功能性能之分。由于我国大部分沥青路面使用的都是半刚性基层，水泥路面和桥面作为刚性路面，具有很大的结构强度。所以目前许多高等级道路主要出现的是表面功能缺陷，养护时沥青罩面层无须太厚。若沥青层铺得太厚，一方面不经济节约，另一方面，对于桥面的加铺，会增加桥梁的自重，对隧道路面而言则会影响路面的高程，使净空降低。

通过减小集料的公称最大粒径，可适当减薄透水沥青罩面的厚度。如将透水沥青混合料的集料公称最大粒径减小为4.75mm，可将透水沥青罩面的厚度从30～40mm减薄为15～20mm。从经济上说将很有价值，它可以节省价格昂贵、稀缺的优质石料，也能保证道路良好的表面功能。

透水沥青路面虽然有上述诸多优点，但是根据我国的使用经验来看，当透水沥青路面应用于重载较多的路段时，容易出现路表集料剥离、路面结构松散等病害。所以目前许多机构对透水路面的耐久性提出了质疑。这是因为透水沥青混合料在雨天需要承受动水冲刷，所以对集料与沥青的黏附性提出很高要求，因此要解决强度较低的突破点是寻找优质石料。

同时，用作透水沥青混合料的优质石料经过几十年破坏性的开采，现已成为稀缺资源。目前，部分省份已相继开始限制天然石料的开采，甚至有地区已经禁止了开山采石。天然石料的日趋紧俏也将会阻碍道路事业的正常发展。

为了缓解道路建设对天然石料的消耗，目前国内外学者主要围绕两个方面开展研究工作：一是将低品位石料应用到沥青混凝土中，如片麻岩、花岗岩等酸性石料；二是开展固体废弃物在沥青混凝土中的再生利用研究，利用钢渣这种工业废弃物制备沥青混凝土就是其中一个典型的代表。钢渣是炼钢过程中排出的熔渣，是冶炼行业的主要固体副产物。我国是钢铁工业生产第一大国，钢渣的年产量和累计堆存量呈逐年递增的趋势。这些钢渣若得不到综合治理，势必会占用越来越多的土地，对生态环境造成很大的压力。学者普遍认为钢渣的力学性能较轧制的碎石好，不仅耐磨、颗粒级配形状好，而且与沥青有良好的黏附性。钢渣的利用可很好地解决优质集料的不足。

综上所述，为了适应新时代的发展需求，需要开发一种用于提高道路表面功能的超薄透水沥青路面。同时，如何将钢渣固体废弃物的资源化利用与透水沥青混合料强度、耐久性不足以及优质石料缺乏的问题协同考虑，研发一种具有安全、环保、节约、生态、绿色的新型道路铺装材料，已是当务之急。

超薄透水沥青混合料首先是一种透水沥青混合料，所以其必须满足透水沥青混合料的基本路用性能指标。其次，为满足超薄透水沥青磨耗层特殊性能的需求，提出其他技术指标。

（1）足够的高温稳定性

沥青混合料的劲度模量随温度升高而降低，为了保证沥青路面在高温季节不产生诸如波浪、推移、车辙、泛油、黏轮等病害，沥青混合料应具有足够的高温稳定性。

为提高沥青混合料的高温稳定性，可以通过增加混合料中强度和硬度较大的粗集料含量，使粗集料形成空间骨架结构，或者使用改性沥青结合料。

（2）良好的水稳定性

水是造成沥青路面损坏的大敌。当沥青与矿料之间的黏附性较差时，在水的作用下，沥青会从矿料表面脱落下来，在车轮的滚压下将石料带走形成松散脱落，并逐渐形成坑槽。为了防止沥青路面的水损害，通常使用与沥青黏附性好的碱性矿料。钢渣呈碱性且有表面微孔，可以与沥青有效黏结，提高沥青混合料的水稳定性。

（3）良好的抗滑性

超薄透水沥青磨耗层需具有良好的抗滑性能，并需保证抗滑性能的耐久性，这一点在车辆经常加减速和转弯路段尤为重要。为满足这一特性，混合料的级配组成中必须有表面纹理良好的集料，以提供良好的表面纹理和构造深度。

雨天车辆行驶时，在路面上滞留的积水会使路面跟轮胎之间形成一层水膜，导致轮胎与路面之间的摩擦力下降，容易出现打滑现象；且车辆在高速行驶时，会溅起路面上的积水，形成水雾，进而影响后面驾驶者的视线。雨天路面积水是导致路面抗滑性能降低的一个重要不利因素，所以，超薄透水沥青混合料需要足够的连通空隙率保证雨水即时下渗。

（4）降低噪声

据有关研究表明，交通噪声中典型频率500Hz的吸声系数与空隙率关系的经验公式如下：

$$a = 1.655VV - 6.058 \tag{3-1}$$

式中：a——声波垂直入射时对500Hz的平均吸声系数；

VV——空隙率。

这表明，大空隙的混合料有利于降低噪声，在保证其他路用性能良好的条件下可尽量提高混合料的空隙率。

（5）良好的耐久性

沥青混合料的耐久性是疲劳性能、水稳定性、抗老化性能的综合反映。耐久性好的路面，可以提高道路使用寿命，减少维修次数。从而可以提高道路的运行效率，降低造价。

超薄透水沥青混合料马歇尔设计方法以空隙率作为主要设计指标。由于超薄沥青磨耗层的功能性和工艺性特点，对混合料提出了大空隙的要求。究竟空隙率为多大时，混合料连通空隙率才能满足透水性能的需要？这就需要对不同空隙率的沥青混合料进行研究，以得到一个合适的空隙率。

下面选择10种不同空隙率的级配，研究不同空隙率与连通空隙率的关系，以确定一个合适的空隙率范围。空隙率与连通空隙率的关系见表3-40。

空隙率与连通空隙率的关系　　表3-40

级　配	空隙率（%）	连通空隙率（%）
1	3.52	1.4
2	7.35	3.41
3	10.85	5.80
4	13.70	8.20
5	15.2	10.05
6	17.64	12.70
7	18.57	13.60
8	19.21	15.91
9	20.81	16.20
10	23.05	18.00

根据以上数据，绘制空隙率与连通空隙率的相关关系曲线，见图3-51。

空隙率与连通空隙率有良好的正相关关系，随着空隙率的增大，连通空隙率几乎直线增大，如需连通空隙率满足规范要求大于14%，则空隙率一般应大于18.5%。

沥青混合料是由石料相互嵌挤形成的级配和沥青结合料两部分组成的混合体系。在沥青混合料配合比设计体系中原材料选择、级配设计和油石比确定都是极其重要的环节。

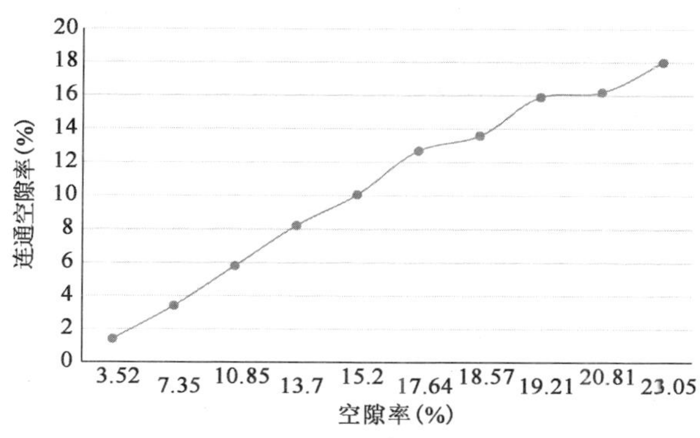

图 3-51　空隙率与连通空隙率的关系

对于透水性铺装所使用的材料，需要从两方面来研究其材料性能：即与透水保水功能相关的透水性和与材料整体强度、稳定性相关的路用性能。由于透水铺装设计核心内容之一是保证其透水功能得到最大的发挥，因此在材料设计时会对材料的组成设计进行特别处理，如选择间断级配、减少细集料用量等，这通常会造成材料本身的路用性能很难达到正常水平。且相对于一般的公路、城市道路所使用的材料，透水铺装材料经常处于十分严酷的使用条件之下。由于透水铺装的特殊功能决定材料必然较长时间地处于浸水、饱水的环境中，这对铺装材料的性能影响是十分恶劣的。故而透水沥青混合料对原材料的选择和混合料组成有其特殊和严苛的要求。

透水沥青混合料中原材料性质对混合料使用性能有重要影响，选取性能优良的原材料至关重要。通常组成透水沥青混合料的基本原材料包括集料、矿粉以及高黏改性沥青等。本研究中采用了钢渣作为主要集料，玄武岩作为钢渣的对比材料。沥青采用 A 级 70 号道路石油沥青，此外还有矿粉、高黏沥青改性剂。下面介绍各原材料的具体要求和性能。

1） 材料

与普通沥青混合料相比，透水沥青混合料中粗集料占有的比例较多，同时细集料的比例相对较少。粗细集料的组成比例决定了透水沥青混合料具有较大的空隙率，大空隙的存在一方面可以使其功能性得到充分发挥，另一方面大空隙结构容易受到环境因素，如：水、温度、阳光等的影响。为了保证透水沥青路面的耐久性，必须选择优质材料，使集料与沥青胶结料之间有良好的黏附性，保证透水沥青混合料具有良好的路用性能。

透水沥青混合料中，粗集料所占比例比密级配沥青混合料中粗集料所占比例增加 40% ~50%，而细集料所占比例却比密级配沥青混合料细集料减少了约 70%，这种粗、细集料比例的巨大变化引起了混合料中沥青用量的变化，透水沥青混合料中沥青用量相对减少。同时，粗、细集料比例的变化使集料之间的接触面积减少，当路面承受相同的车辆荷载时，透水沥青混合料集料接触点处所承受的应力会明显大于普通沥青混合料集料接触点所承受的应力。因此，透水沥青混合料中的粗集料应具有良好的力学强度，才能够承受较大的接触应力。

上海市地方标准《道路排水性沥青路面技术规程》（DG/T J08-2074—2016）中的规定：排水性沥青混合料用粗集料应采用石质坚硬、清洁、不含风化颗粒、近似立方体颗粒的碎石。粗集料宜采用反击式破碎机轧制的玄武岩或辉绿岩碎石，当所用粗集料与沥青的黏附性等级低于 5 级时，应采取抗剥落措施，抗剥落剂的品种与掺量应通过试验确定。其具体要求见表 3-41。

透水沥青混合料粗集料技术要求 表 3-41

技术指标		单位	技术要求		试验方法
			上面层	其他层	
石料压碎值		%	≤18	≤20	T 0316
高温压碎值		%	≤20	—	DB/T J08-2074—2016 中附录 B
洛杉矶磨耗损失		%	≤28	≤30	T 0317
石料磨光值		—	≥42	—	T 0321
表观相对密度		—	≥2.60	≥2.50	T 0304
吸水率		%	≤2.0	≤2.0	T 0307
坚固性		%	≤8	≤10	T 0314
针片状颗粒含量（混合料）		%	≤10	≤15	T 0312
水洗法小于 0.075mm 颗粒含量	粒径 ≥9.5mm	%	≤0.6	≤1.0	T 0310
	粒径 4.75 ~9.5mm	%	≤0.8	≤1.0	T 0310
	粒径 2.36 ~4.75mm	%	≤1.0	≤1.0	T 0310
软石含量		%	≤3	≤5	T 0320
与沥青的黏附性等级（掺加抗剥落剂后）		级	5	5	T 0616

由于天然砂与沥青的黏附性较小，并且天然砂的球形颗粒在高温下易于推移变形，影响混合料的高温抗车辙性能。因此，在欧美等国家，一般不使用天然砂，而使用质地坚硬的轧制砂。我国《公路沥青路面施工技术规范》（JTG F40—2004）中规定：SMA 和 OGFC 混合料不宜使用天然砂，同时要求细集料要采用干燥洁净、无风化的集料。上海市地方标准《道路排水性沥青路面技术规程》（DG/T J08-2074—2016）中规定：排水性沥青混合料用细集料应采用坚硬、洁净、干燥、无风化、无杂质，并有适当级配的机制砂，禁止采用料场的下脚料。细集料技术要求具体见表 3-42。

透水沥青混合料细集料质量要求　　表 3-42

技术指标	单位	技术要求	试验方法
表观相对密度	—	≥2.60	T 0328
坚固性（>0.3mm 部分）	%	≤10	T 0340
含泥量（小于 0.075mm 颗粒含量）	%	≤1	T 0333
砂当量	%	≥65	T 0334
亚甲蓝值	g/kg	≤2.5	T 0349
棱角性（流动时间）	s	≥30	T 0345

钢渣在应用于沥青混凝土时，其体积膨胀性是人们最为关注的问题。国内外已有一些规范来指导和约束钢渣集料的使用。日本已制定了《筑路用钢铁炉渣》（JISA 2015—1992）等规范。美国在规范 ASTM D5106—2003 中对沥青筑路混合料用钢渣集料标准做了规定。

我国国家标准《道路用钢渣》（GB/T 25824—2010）规定了钢渣粗集料在公路路面、基层和路基应用中的使用标准。这些标准以及我国《公路沥青路面施工技术规范》（JTG F40—2004）对于钢渣的规定基本相同。如游离氧化钙含量不大于 3%，浸水膨胀率不大于 2%；吸水率可根据实际的项目施工细则适当放宽。

这些要求主要是从集料的体积安定性和多孔性来考虑的。另外《道路用钢渣》（GB/T 25824—2010）中，特别规定了用于沥青混合料的钢渣粗集料的表观相对密度必须大于 2.90，吸水率放宽至 3%，且洛杉矶磨耗损失不得大于 26% [而《道路排水性沥青路面技术规程》（DG/T J08-2074—2016）中此指标为不大于 28%]。这是根据钢渣密度相对较大，且耐磨的性质优良而进行修改的。上述的这些规范均对钢渣应用的某一方面做了详细的规定。研究采用的钢渣集料是否合格的标准，依据主要来源于《公路沥青路面施工技术规范》（JTG F40—2004）和《道路排水性沥青路面技术规程》（DG/T J08-2074—2016）。除此之外，将吸水率的上限值提到3%，将洛杉矶磨耗损失上限值降低到26%，将表观相对密度下限值提升到2.90。某钢厂的滚筒钢渣及其密度测试如图3-52和图3-53所示。表3-43和表3-44显示了钢渣集料的基本性能。

图3-52 钢渣

图3-53 集料密度测试

钢渣密度指标 表3-43

钢渣粒径（mm）	表观密度（g/cm³）	毛体积密度（g/cm³）	技术要求
10～15	3.608	3.372	≥2.90
5～10	3.619	3.346	
3～5	3.634	3.277	
0～3	3.556	—	

钢渣技术性能指标　　　　表 3-44

<table>
<tr><th colspan="2" rowspan="2">试 验 项 目</th><th colspan="3">钢渣粒径（mm）</th><th rowspan="2">技术要求</th></tr>
<tr><th>10 ~ 15</th><th>5 ~ 10</th><th>3 ~ 5</th></tr>
<tr><td colspan="2">针片状颗粒含量（%）</td><td>9.3</td><td>6.07</td><td>—</td><td>≤10</td></tr>
<tr><td colspan="2">压碎值（%）</td><td>15.4</td><td>—</td><td>—</td><td>≤18</td></tr>
<tr><td colspan="2">洛杉矶磨耗值（%）</td><td>13</td><td>10.2</td><td>—</td><td>≤28</td></tr>
<tr><td colspan="2">吸水率（%）</td><td>1.21</td><td>1.52</td><td>2.41</td><td>≤3.0</td></tr>
<tr><td colspan="2">黏附性（级）</td><td>5</td><td>5</td><td>—</td><td>≥5</td></tr>
<tr><td rowspan="2">放射性
（建筑主体材料）</td><td>内照射指数 I_{Ra}</td><td colspan="3">0.04</td><td>≤1.0</td></tr>
<tr><td>外照射指数 I_{γ}</td><td colspan="3">0.04</td><td>≤1.0</td></tr>
</table>

钢渣与 70 号基质沥青的黏附性试验（图 3-54）表明，钢渣与沥青的黏附极好，经沸水浸煮 3min 后，钢渣颗粒上沥青膜的元明显剥落现象。

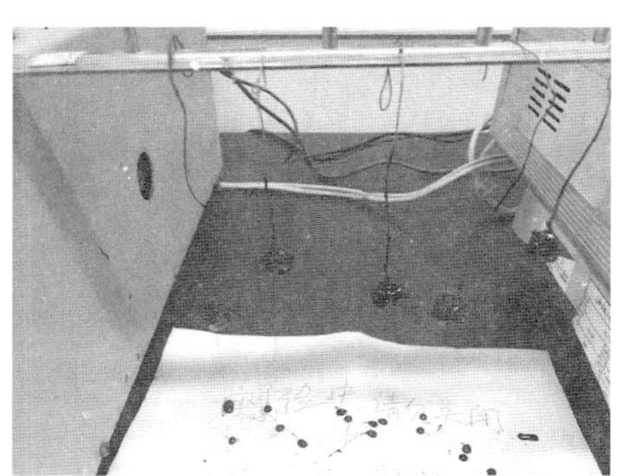

图 3-54　钢渣与沥青黏附性试验

根据筛分结果可以发现，钢渣的颗粒粒径集中分布在 2.36mm 筛孔和 4.75mm 筛孔上面，9.5mm 筛孔以上和 2.36mm 筛孔以下颗粒均较少，根据钢渣的组成特性，将其分成 10～15mm、5～10mm、3～5mm、0～3mm 四档料进行级配组成设计，如图 3-55 所示。

图 3-55 钢渣分档

测试结果表明，钢渣性能均满足用于透水沥青混合料的技术要求。

根据筛分结果可以看到，钢渣的颗粒主要集中于 5～10mm，3～5mm 之间，研究可集中于细粒式和砂粒式透水沥青混合料的应用研究。

作为对照试验的沥青混合料采用的集料为：10～15mm 玄武岩碎石，5～10mm 玄武岩碎石，3～5mm 玄武岩碎石，0～3mm 石灰岩机制砂。按照试验规程规定的试验方法，对集料进行了相关技术指标的测试，试验结果见表 3-45～表 3-47，对比相应技术要求，粗细集料及矿粉的技术要求均满足。

石料和矿粉密度的测试结果 表 3-45

筛孔（mm）	毛体积相对密度	表观相对密度	技术要求
10～15（玄武岩）	2.87	2.95	≥2.60
5～10（玄武岩）	2.83	2.94	
3～5（玄武岩）	2.78	2.95	
0～3（石灰岩）	2.71	2.71	

粗集料技术指标 表 3-46

试 验 项 目	集料粒径（mm）			技术要求
	10～15	5～10	3～5	
针片状颗粒含量（%）	5	8	—	≤10
压碎值（%）	16.6	—	—	≤18
洛杉矶磨耗值（%）	14	15	—	≤28
吸水率（%）	0.6	1.02	1.34	≤2.0
黏附性（级）	5	5	—	≥5

细集料技术指标　　表3-47

实验项目	试验结果	技术要求
表观相对密度	2.825	≥2.6
坚固性（>3mm）（%）	9.1	≤10
砂当量（%）	86.2	≥65

在透水沥青混合料中，填料的作用很重要，它与沥青结合在一起，增加了沥青油膜厚度，有助于提高混合料的耐久性和稳定性。透水沥青路面空隙率较大，因此填料的用量较少，但品质必须好。透水沥青混合料所用填料一般为石灰岩经粉碎加工成的矿粉。有时为了提高沥青与集料间的黏附性，增强混合料的水稳定性，用水泥或消石灰代替部分矿粉。本次选用矿粉性能如表3-48所示。

矿粉技术指标　　表3-48

试验项目		试验结果	技术要求
表观密度（g/cm^3）		2.72	≥2.50
含水率（%）		0.1	≤0.5
通过率（%）	<0.6mm	100	100
	<0.15mm	92.8	90~100
	<0.075mm	75.1	85~100
亲水系数		0.72	<1
塑性指数（%）		3.3	<4

在透水沥青混合料中，粗集料所占比例多，能吸收的沥青很少，为了确保混合料的稳定性，增加沥青与集料间的黏结力，应使用性能优良的沥青材料。同时，混合料的空隙率大，易于受到阳光、空气以及水分的作用而使其性能劣化。对于这样的混合料而言，为保证其有良好的水稳定性、抗飞散性能和耐久性，就需要采用高黏改性沥青，其技术性能见表3-49。

高黏改性沥青技术指标　　表3-49

技术指标	单位	试验结果	技术要求
针入度（25℃）	0.1mm	42.3	≥40
动力黏度（60℃）	Pa·s	86000	≥40000
软化点（环球法）	℃	93	≥85
黏韧性	N·m	23	≥20
延度（5℃）	cm	35.4	≥30

2）透水沥青混合料配合比设计方法

透水沥青混合料配合比设计包括原材料的选择、目标空隙率确定、矿料级配的确定以及沥青用量的确定。下面分别对一些国家的配合比设计方法进行说明。

美国联邦公路管理局（Federal Highway Administration）在1974年曾发布一套排水混合料配合设计方法供各州公路局使用，但因没有规定最小空隙率及沥青最大析漏，因此成效并不佳，美国大多数州已经停止使用该方法。

1990年，美国联邦公路管理局建议设计空隙率为15%，并要求使用析漏试验进行配合比设计，但其建议的析漏试验并非用于确定最佳沥青含量，而是为了校正混合料的拌和温度，此方法同样存在使用效果不佳。

1999年，美国国家沥青研究中心（National Center for Asphalt Technology，简称NCAT）发布了新一代排水混合料设计方法，被美国各州采用。NCAT设计方法步骤如下：

（1）选择材料

选择适用于排水混合料设计的材料，包括集料、沥青及附加剂等。

（2）选择设计级配

选用三个混合级配，一个在级配范围上限，一个在级配范围下限，另一个在范围中间；依据AASHTO T19测定每一级配的粗集料在干捣状态下的骨架间隙率VCA_{DRC}，另以6.0%～6.5%沥青加入级配内，用Superpave的旋转压实仪压实50转制作试件，测定每个压实混合料的粗集料骨架间隙率VCA，如果成型混合料的VCA小于或等于VCA_{DRC}，存在石对石接触，并选为设计级配。

（3）决定最佳沥青含量

依据表3-50设计准则。

此外，美国各州可根据本州具体情况制定相应的配合比设计方法。例如，美国得克萨斯州公路局根据本州特点确定了相应的配合比设计方法，即TxDOT设计法。如前文所述，此方法仅在沥青性能等方面与NCAT方法存在一定区别，但在油石比确定方法，以及混合料性能要求等方面与NCAT方法区别不大。

NCAT 设计方法　　表 3-50

性　　质	准　　则
黏结料（高强度改质沥青）含量（%）	6.0~6.5
空隙率（%）	18~20
未老化试件肯塔堡飞散（%）	<20
老化试件肯塔堡飞散（%）	<30
析漏量（%）	<0.3
室内透水率（m/d）	>100

日本排水混合料配合比设计步骤为：

（1）初选混合料级配

在规定的级配范围内调整各种矿料比例，设计 3 组不同级配组成的初选混合料。初选混合料配合比宜以粒径 2.36mm 通过百分率处于设计级配范围中值、中值 ±3% 进行控制。

（2）计算初始沥青用量

对每组初选混合料，首先按照式（3-2）计算集料的表面积 A，然后根据设计沥青膜厚度，按照式（3-3）计算初始沥青用量 P_b，初始沥青膜厚度一般选为 14μm。

$$A = (2 + 0.02a + 0.04b + 0.08c + 0.14d + 0.3e - 0.6f + 1.6g)/48.74 \tag{3-2}$$

$$P_b = \text{设计沥青膜厚度} \times \text{集料表面积} A \tag{3-3}$$

式中：a、b、c、d、e、f、g——4.75mm、2.36mm、1.18mm、0.6mm、0.3mm、0.15mm、0.075mm 筛孔的通过百分率（%）。

（3）确定设计配合比

制作排水混合料试件，马歇尔标准击实次数为每面 50 次。进行马歇尔试件密度试验，以确定试件体积参数。

绘制排水混合料试件空隙率与矿料 2.36mm 筛孔通过百分率的关系曲线。根据目标空隙率确定矿质混合料的设计配合比。

（4）确定最佳油石比

对设计配合比进行混合料析漏试验，以析漏量—油石比曲线拐点确定最佳沥青用量。如由析漏拐点确定的最佳油石比不满足混合料析漏要求，进行混合料飞散试验，确定飞散损失—油石比曲线拐点，并在飞散损失拐点与析漏拐点之间确定最佳沥青用量。

进行混合料性能检验，具体要求如表 3-51 所示。

日本排水混合料配合比设计规范　　表 3-51

项　目	单　位	目 标 值
空隙率	%	20
透水系数	cm/s	$\geqslant 10^{-2}$
马歇尔稳定值	kg	≥350
动态稳定值	次/mm	≥1500

西班牙排水混合料设计原则如下：

为确保排水混合料足以承受交通荷载，不易发生混合料松散与集料剥离，应有足够沥青膜厚以包裹集料，以此确定配合比设计的最小沥青含量。

为避免排水混合料施工过程中沥青析漏，并保证混合料具有良好排水能力，应规定沥青混合料的最大沥青量。

混合料抗松散性能由肯塔堡飞散试验进行评价，试件以马歇尔击实仪每面击实 50 次，为考虑耐久性，有一最少沥青含量限制，设计沥青含量由表 3-52确定。

西班牙沥青含量设计规范　　表 3-52

沥青含量	相关混合料性质	规范要求
最小值	抗松散性能	飞散损失 <25%
	耐久性	油石比 >4. 5%
最大值	沥青结合料析漏量	观察并实测
	排水性能	空隙率 20%

3）透水沥青混合料测试方法

我国透水沥青混合料配合比设计方法基本与日本设计方法相同。其中，沥青及沥青混合料相关试验方法按《公路工程沥青及沥青混合料试验规程》（JTG E20—2011）进行测试。沥青和矿粉的称取以及沥青混合料拌和如图 3-56和图 3-57 所示。将集料加热至 190℃，放入高黏度改性沥青，搅拌 90s；最后放入矿粉搅拌 90s。

马歇尔试验法用于混合料密度、空隙率、稳定度等常规指标的测定。我国《公路沥青路面施工技术规范》（JTG F40—2004）及上海市地方标准《道路排水性沥青路面技术规程》（DG/T J08-2074—2016）中，对透水沥青混合料规定的击实次数都规定为双面各 50 次。

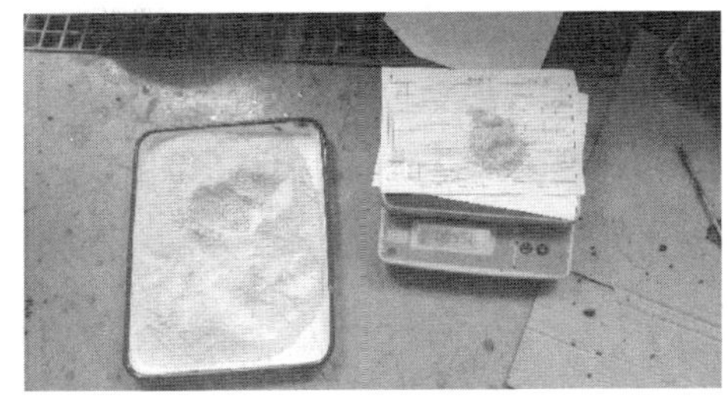

图 3-56　称取沥青和矿粉

试验过程如图 3-58 和图 3-59 所示。相同级配、相同油石比的试件应制备 4 个以上平行试件。在成型过程中严格控制温度和用油量，拌和温度控制在 165 ~ 175℃，击实温度为 160℃ ± 5℃。试件毛体积密度按《公路工程沥青及沥青混合料试验规程》（JTG E20—2011）中体积法测定，通过计算法获得理论最大相对密度，进而计算空隙率、矿料间隙率等体积指标。

图 3-57　沥青混合料拌和

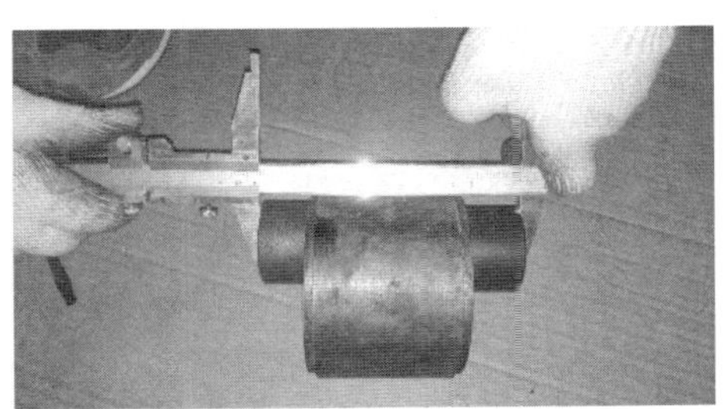

图 3-58　马歇尔试件成型

图 3-59　稳定度和流值测试

车辙试验是模拟车轮荷载在路面行驶形成车辙的工程试验方法。由于其试验结果直观并且与实际路面车辙具有良好的相关性，试验操作也比较简单，易于在实际工程之中推广，因此在世界许多国家得到了广泛的应用。

试验使用的试件为 300mm × 300mm × 50mm 的板块试件，试验温度为 60℃，轮压为 0.7MPa，如图 3-60 所示。由于车辙试验开始时机械装置有一个调整的过程，会有虚假变形，故一般不以试件的总变形来评价混合料的抗车辙性能，而以变形趋于稳定的 45 ~ 60min 这段时间的轮辙变形计算混合料的抗永久变形能力，以动稳定度 DS 表示：

$$DS = \frac{t_2 - t_1}{d_2 - d_1} \times N \tag{3-4}$$

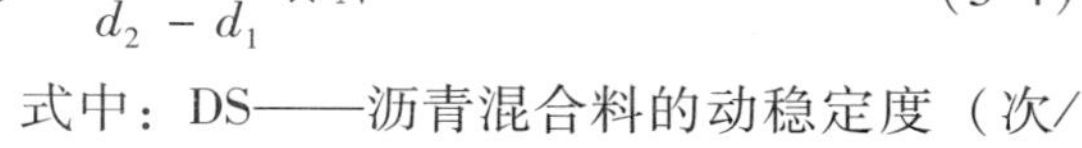

式中：DS——沥青混合料的动稳定度（次/mm）；

d_1——对应于时间 t_1 的变形量（mm）；

d_2——对应于时间 t_2 的变形量（mm）；

N——试验中轮子的往返速度（次/min），通常为 42 次/min。

图 3-60　车辙板试件成型

析漏试验用以检测沥青结合料在高温状态下从沥青混合料中析出多余游离沥青的数量，供检验最大沥青用量，如图 3-61 所示。

试验时每次只拌和一个试件，一组试件分别拌和 4 份，每 1 份为 1kg。第 1 锅拌和后即予废弃不用，使拌和锅黏附一定量的沥青结合料，以免影响后面 3 锅油石比的准确性。试验步骤如下：

图 3-61　析漏试验仪具

（1）洗净烧杯，干燥，称取烧杯质量 m_0。

（2）将拌和好的 1kg 混合料，倒入 800mL 烧杯中，称烧杯及混合料的总质量 m_1。

（3）在烧杯上加玻璃板盖，放入 170℃ ±2℃烘箱中，持续 60min。

（4）取出烧杯，不加任何冲击或振动，将混合料向下扣倒在玻璃板上，称取烧杯以及黏附在烧杯上的沥青结合料、细集料的总质量 m_2，准确至 0.1g。

沥青析漏损失按式（3-5）计算：

$$\Delta m = \frac{m_2 - m_0}{m_1 - m_0} \times 100 \tag{3-5}$$

式中：m_0——烧杯质量（g）；

m_1——烧杯及试验用沥青混合料总质量（g）；

m_2——烧杯及黏附在烧杯上的沥青结合料以及细集料等的总质量（g）；

Δm——沥青析漏损失（%）。

肯塔堡飞散试验用以评价由于沥青用量或黏结性不足，在交通荷载作用下，路面表面集料脱落而散失的程度；以马歇尔试件在洛杉矶试验机（图 3-62）中旋转撞击规定的次数，测定试件散落材料的质量百分率表示。

图 3-62　洛杉矶磨耗试验机

试验步骤如下：

（1）按目标配合比成型马歇尔试件，击实成型次数为双面各50次，一组试件的数量为4个。第1锅拌和后即予废弃不用，使拌和锅黏附一定量的沥青结合料，以免影响后面油石比的准确性。

（2）测定试件的密度、空隙率、沥青体积百分率、沥青饱和度、矿料间隙率等物理指标。

（3）将恒温水槽调节至20℃ ±0.5℃，将试件放入恒温水槽中养护20h。

（4）从恒温水槽中逐个取出试件，称取试件质量 m_0，准确至0.1g。

（5）立即将一个试件放入洛杉矶试验机中，不加钢球，盖紧盖子（一次只试验一个试件）。启动洛杉矶试验机，以30r/min的速度旋转300转。

（6）打开试验机盖子，取出试件及碎块，称取试件的残留质量。

沥青混合料的飞散损失按式（3-6）计算：

$$\Delta S = \frac{m_0 - m_1}{m_0} \times 100 \tag{3-6}$$

式中：ΔS——沥青混合料的飞散损失（%）；

m_0——试验前试件的质量（g）；

m_1——试验后试件的残留质量（g）。

沥青混合料渗水试验（图3-63）方法步骤如下：

（1）将试件放置于稳定的平面上，将塑料圈置于试件中央的测点上，用粉笔分别沿塑料圈的内侧和外侧画上圈，在外环和内环之间的部分就是需要用密封材料进行密封的区域。

图3-63　渗水试验

（2）用密封材料对环状密封区域进行密封处理，注意不要使密封材料进入内圈；如密封材料不小心进入内圈；必须用刮刀将其刮走。然后再将搓成拇指粗细的条状密封材料摞在环状密封区域的中央，并且摞成一圈。

（3）用适当的垫块或木块在左右两侧架起试件，试件下方放置一个接水容器。将渗水仪放在试件的测点上，注意使渗水仪的中心尽量和圆环中心重合，然后略微使劲将渗水仪压在条状密封材料表面，再将配重加上，以防压力水从底座与试件间流出。

（4）将开关关闭，向量筒中注满水，然后打开开关，使量筒中的水下流，排出渗水仪底部内的空气；当量筒中水面下降速度变慢时，用双手轻压渗水仪使渗水仪底部的气泡全部排出。关闭开关，并再次向量筒中注满水。

（5）将开关打开，待水面下降至100mL刻度时，立即开动秒表开始计时，每间隔60s，读记仪器管的刻度一次，至水面下降500mL时为止。测试过程中，如水从底座与密封材料间渗出，说明底座与路面密封不好，应重新密封。当水面下降速度较慢，则测定3min的渗水量即可停止；如果水面下降速度较快，在不到3min的时间内到达了500mL刻度线，则记录到达了500mL刻度线时的时间；若水面下降至一定程度后基本保持不动，说明基本不透水或根本不透水，在报告中注明。

（6）按以上步骤对同一种材料制作3块试件测定渗水系数，取其平均值作为检测结果。

沥青混合料试件的渗水系数按式（3-7）计算，计算时以水面从100mL下降到500mL所需的时间为标准；若渗水时间过长，也可以采用3min通过的水量计算。

$$C_w = \frac{V_2 - V_1}{t_2 - t_1} \times 15 \tag{3-7}$$

式中：C_w——路面渗水系数（mL/min）；

V_1——第一次计时的水量（mL），通常为100mL；

V_2——第二次计时的水量（mL），通常为500mL；

t_1——第一次计时的时间（s）；

t_2——第二次计时的时间（s）。

钢渣沥青混合料膨胀量测定方法如下：

（1）按使用钢渣的沥青混合料的实际配合比制作标准马歇尔时间，数量为4个，用卡尺在直径方向仔细测定3个断面，在高度方向测定4处，计

算试件体积 V_1。

（2）将试件在 60℃ ±1℃的恒温水域中浸泡养护 72h。

（3）取出试件冷却至室温，观察有无裂缝或鼓包，立刻按相同方法测量试件体积 V_2。

（4）钢渣沥青混凝土膨胀量按式（3-8）计算：

$$C_1 = \frac{V_2 - V_1}{V_1} \times 100 \tag{3-8}$$

式中：C_1——钢渣沥青混凝土膨胀量（%）；

V_1——浸泡养护前试件体积（cm^3）；

V_2——浸泡养护后试件体积（cm^3）。

4）透水沥青混合料制备及性能分析

沥青混合料是由石料相互嵌挤形成的级配和沥青结合料两部分组成的混合体系。在沥青混合料配合比设计体系中，级配设计和油石比确定都是极其重要的环节。从实际运用看来，选择良好的级配是提高沥青混合料路用性能的有效方法，而且不会提高道路的工程造价。为便于比较钢渣超薄透水沥青混合料 PAC-05 的性能，研究对照组设置了玄武岩配制的透水沥青混合料 PAC-05 和 PAC-13。

（1）集料级配设计

透水沥青混合料中要有一定数量的粗集料才能保证大空隙的形成，根据已有经验中 2.36mm 筛孔通过率与空隙率之间的相应关系，确定其级配组成。

钢渣 PAC-05 初试级配设计如表 3-53 所示，级配曲线如图 3-64 所示。

钢渣 PAC-05 初试级配（%） 表 3-53

筛孔尺寸（mm）	9.5	4.75	2.36	1.18	0.6	0.3	0.15	0.075
下限	100	80	10	5	4	3	3	2
上限	100	100	30	15	15	10	10	6
合成级配 1	100	84.0	14	6.8	5.8	5.3	4.7	3.2
合成级配 2	100	90.0	21	10.2	8.7	8.0	7.1	4.8
合成级配 3	100.0	95.0	25.0	12.4	10.6	9.8	8.7	6.0

预估沥青用量为 5.0%，沥青用量为基质沥青与改性剂质量之和与混合料的比值。用马歇尔方法双面各击实 50 次成型试件。用计算法计算其理论最大相对密度，用体积法测定并计算其毛体积相对密度，然后计算空隙率，如图 3-65、图 3-66 所示。计算结果见表 3-54。

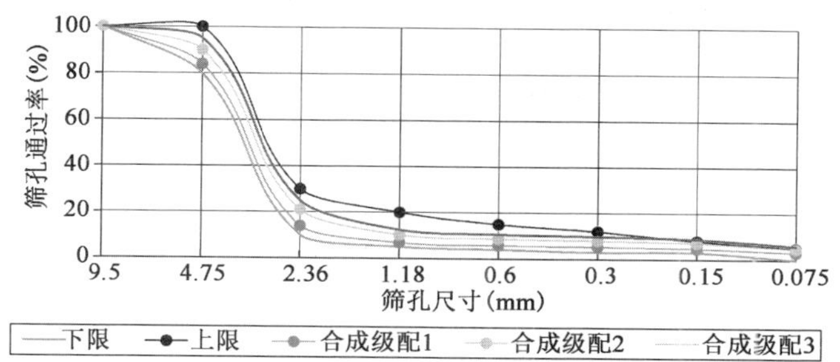

图 3-64　钢渣 PAC-05 级配曲线

图 3-65　三个级配马歇尔试件

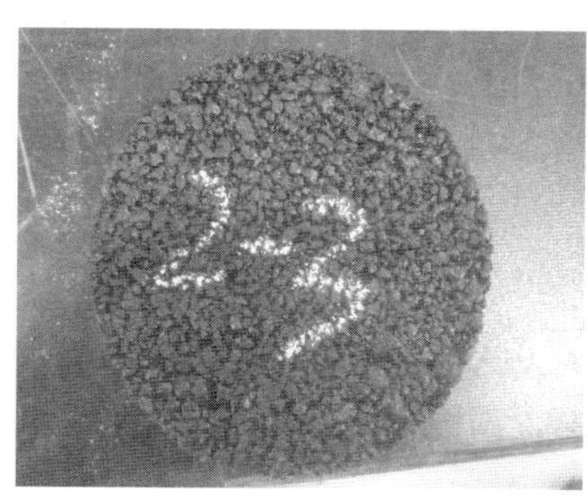

图 3-66　体积法测定空隙率

钢渣 PAC-05 不同级配空隙率　　表 3-54

级配		空隙率（%）	平均空隙率（%）	稳定度（kN）
级配一	1－1	23.7	23.5	4.57
	1－2	24.2		
	1－3	22.9		
	1－4	23.127		
级配二	2－1	18.4	19.2	6.32
	2－2	19.8		
	2－3	20.3		
	2－4	18.4		
级配三	3－1	18.2	18.6	6.86
	3－2	18.9		
	3－3	18.8		
	3－4	18.3		

根据计算结果可见，级配二的空隙率为 19.2%，将其作为目标级配。

对照组石料 PAC-05 级配设计：

通过调整 2.36mm 筛孔通过率得到石料组的 PAC-05 级配，目标空隙率与钢渣 PAC-05 目标级配的空隙率接近，如图 3-67 所示。

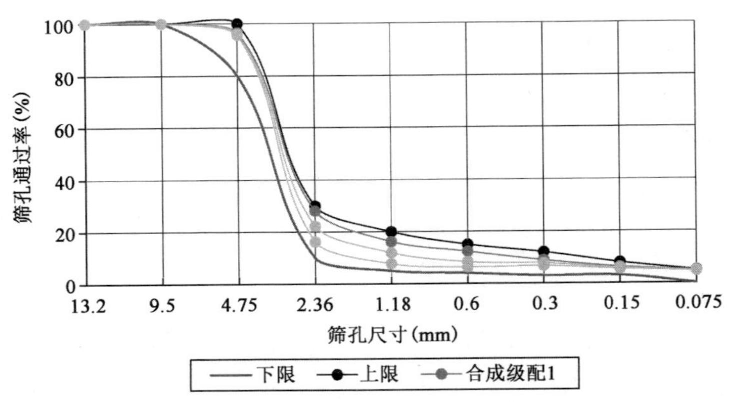

图 3-67　石料 PAC-05 级配曲线

分别成型马歇尔试件，通过测量计算得出各级配的空隙率和其他性质指标，确定矿料级配。各级配混合料试验结果见表 3-55。

石料 PAC-05 三个级配混合料试验结果　　表 3-55

级　配	空隙率（%）	稳定度（kN）
1	16.7	6.88
2	19.5	6.13
3	20.6	5.74

级配 2 与钢渣 PAC-05 目标级配的空隙率接近，因此选取级配 2 为目标级配。

对照组石料 PAC-13 级配设计：

通过调整 2.36mm 筛孔通过率得到石料组的 PAC-13 级配，目标空隙率与钢渣 PAC-13 目标级配的空隙率接近，如图 3-68 所示。

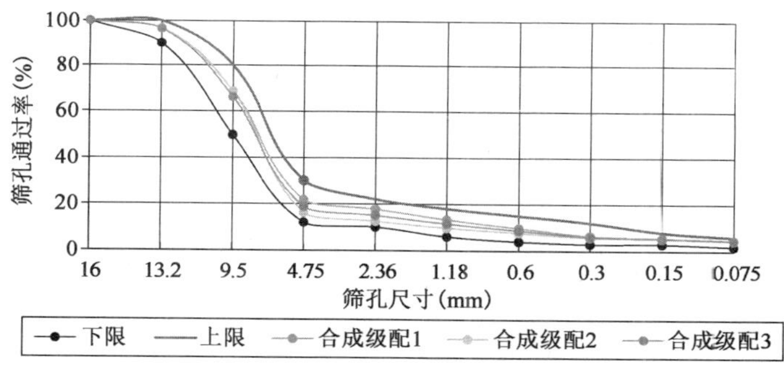

图 3-68　石料 PAC-13 级配曲线

分别成型马歇尔试件，通过测量计算得出各级配的空隙率和其他性质指标，确定矿料级配。各级配混合料试验结果见表 3-56。

石料 PAC-13 三个级配混合料试验结果　　表 3-56

级　配	空隙率（%）	稳定度（kN）
1	23.1	5.42
2	18.2	5.84
3	19.2	6.20

级配 3 与钢渣 PAC-05 目标级配的空隙率接近，因此选取级配 3 为目标级配。

沥青的用量很大程度上影响着沥青混合料的使用性能，沥青用量过少，不能很好地黏结各集料；若沥青用量过多，则在道路施工时，会出现泛油等问题，降低沥青混合料的高温稳定性。因此，确定最佳油石比是研究沥青混合料性能的基础。一般通过谢伦堡沥青析漏试验和肯塔堡飞散试验相结合的方法来确定最佳油石比。

钢渣 PAC-05 的初试沥青用量 4.8% 为基准，扩大沥青用量范围，上下分别以 0.5% 的幅度增加两组数据，油石比分别为 3.8%、4.3%、4.8%、5.3%、5.8%，再分别对五组沥青用量进行析漏试验和肯塔堡飞散试验。析漏试验及结果如图 3-69 ~ 图 3-71 和表 3-57 所示；肯塔堡飞散试验及结果如图 3-72 ~ 图 3-75 和表 3-58 所示。

不同沥青用量与析漏损失值　　表 3-57

沥青用量（%）	3.8	4.3	4.8	5.3	5.8
析漏损失（%）	0.008	0.03	0.19	0.39	1.27

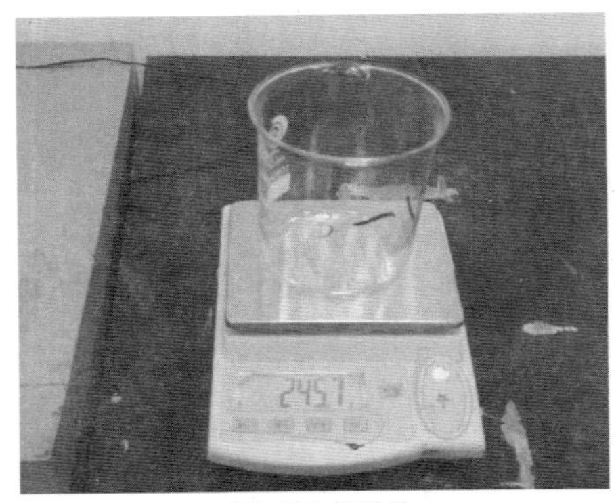

a) 称量烧杯质量

b) 称量烧杯及沥青混合料总质量

c) 烘箱中加热

d) 称量烧杯及残留沥青混合料总质量

图 3-69　谢伦堡沥青析漏试验

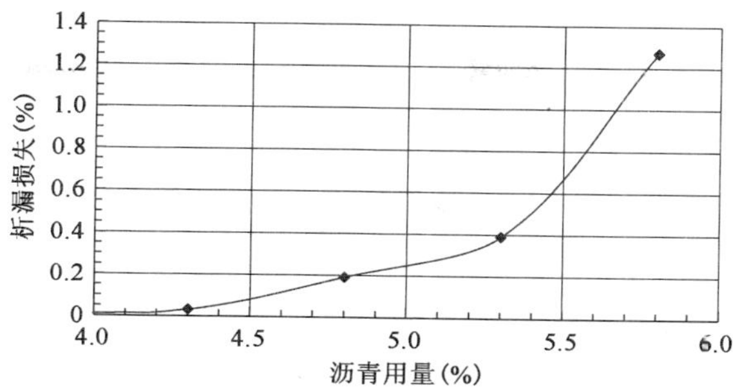

图 3-70　不同沥青用量与析漏损失关系

图 3-71　不同沥青用量与析出自由沥青量对比

图 3-72　不同用油量马歇尔试件

图 3-73　肯塔堡飞散试验前后马歇尔试件

不同沥青用量与飞散损失值　　表 3-58

沥青用量（%）	4.3	4.8	5.3
飞散损失（%）	20.1	14.2	10.08

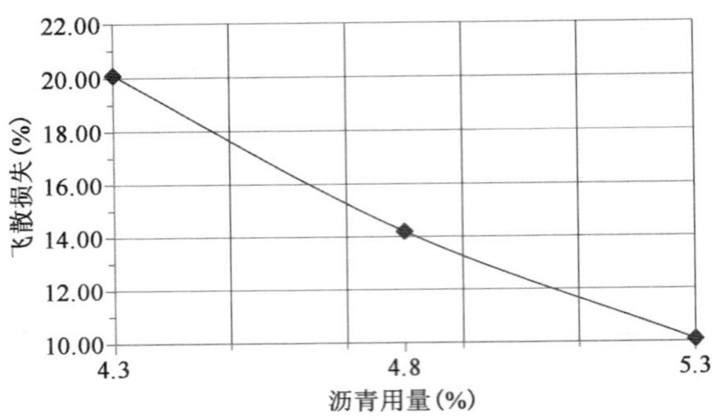

图 3-74　不同沥青用量与飞散损失关系

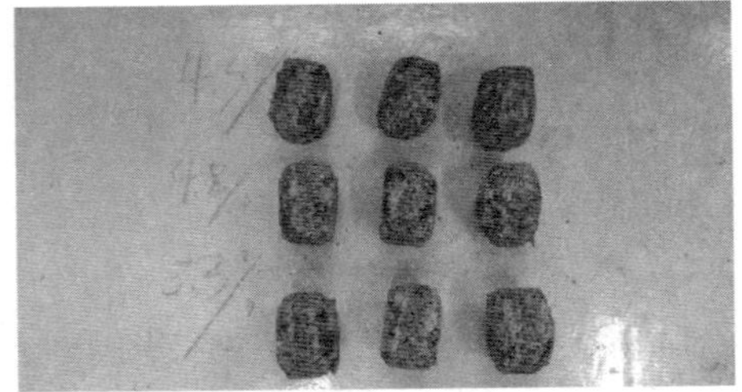

图 3-75　不同沥青用量马歇尔试件飞散试验后对比

由图 3-70 可见，为不超过规范规定≤0.3% 的规定，沥青用量不宜超过 5.2%。

由图 3-74 可见，随着沥青用量的增大，飞散损失值在直线下降。当沥青用量为 4.8% 时，飞散损失为 14.2%，满足规范规定飞散损失≤15% 的规定。透水沥青混合料中细集料少，集料直接的黏结力主要依靠沥青的黏附力，且透水沥青混合料需要受到动水压力的反复作用，所以有较厚的油膜厚度，以保证沥青混合料的耐久性。

结合析漏试验的结果分析，确定钢渣透水沥青混合料 PAC-05 目标级配最佳沥青用量为 5.1%。

通过同样的方法，确定对照组石料 PAC-05 最佳沥青用量为 5.0%。

通过同样的方法，确定对照组石料 PAC-13 最佳沥青用量为 4.8%。

（2）技术性能分析

在选定的目标级配及最佳沥青用量条件下成型马歇尔试件和车辙板试件，并进行技术性能指标测试，同时对比钢渣 PAC-05 与石料 PAC-13、PAC-05 的性能差异。

①空隙率

三组混合料空隙率和连通空隙率试验如图3-76所示，测试结果及分析见表3-59～表3-61及图3-77。

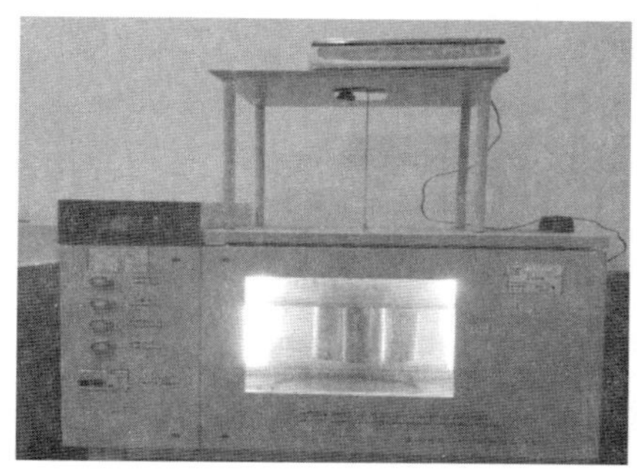

图3-76　空隙率和连通空隙率试验

钢渣PAC-05空隙率及连通空隙率　　表3-59

试件编号	毛体积相对密度	最大理论相对密度	空隙率（%）	平均空隙率（%）	平均连通空隙率（%）
1	2.397	3.006	20.2	19.4	16.9
2	2.417		19.6		
3	2.423		19.4		
4	2.452		18.42		

石料PAC-05空隙率及连通空隙率　　表3-60

试件编号	毛体积相对密度	最大理论相对密度	空隙率（%）	平均空隙率（%）	平均连通空隙率（%）
1	2.012	2.499	19.5	19.1	15.6
2	2.025		18.9		
3	2.021		19.1		
4	2.030		18.8		

石料PAC-13空隙率及连通空隙率　　表3-61

试件编号	毛体积相对密度	最大理论相对密度	空隙率（%）	平均空隙率（%）	平均连通空隙率（%）
1	2.038	2.511	18.8	19.0	14.5
2	2.034		19.0		
3	2.039		18.8		
4	2.025		19.4		

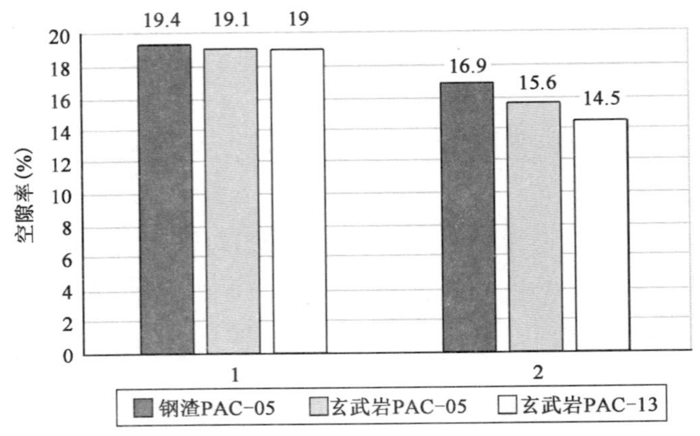

图 3-77　三组混合料空隙率及连通空隙率

（1-空隙率；2-连通空隙率）

可见，三组混合料的空隙率和连通空隙率均满足规范要求，且三组混合料空隙率和连通空隙率很接近。

②马歇尔稳定度

通过马歇尔稳定度试验，比较钢渣 PAC-05 与石料 PAC-13、PAC-05 三组混合料马歇尔试件稳定度之间的差异，如表 3-62 ~ 表 3-64 以及图 3-78 所示。

钢渣 PAC-05 马歇尔试件稳定度　　表 3-62

编　　号	稳 定 度（kN）	稳定度平均值（kN）
1	7. 55	8. 02
2	8. 24	
3	8. 28	
4	7. 99	

石料 PAC-05 马歇尔试件稳定度　　表 3-63

编　　号	稳 定 度（kN）	稳定度平均值（kN）
1	7. 11	7. 08
2	6. 39	
3	7. 64	
4	7. 21	

石料 PAC-13 马歇尔试件稳定度　　表 3-64

编　　号	稳 定 度（kN）	稳定度平均值（kN）
1	6.89	7.53
2	7.58	
3	7.39	
4	8.26	

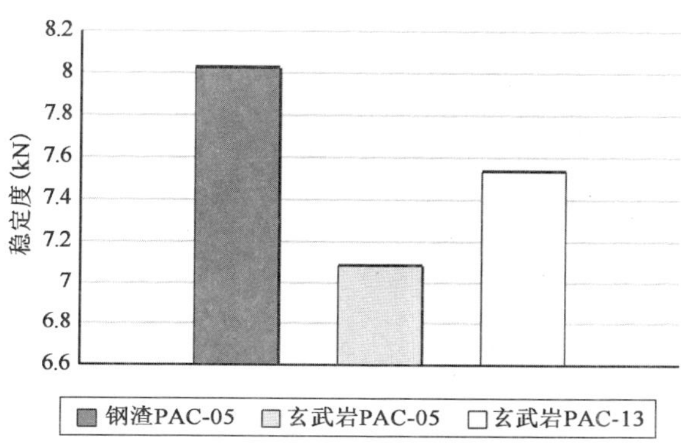

图 3-78　三组混合料稳定度

可见三组混合料的稳定度均大于 5kN，满足规范要求，其数值大小为钢渣 PAC-05 > 石料 PAC-13 > 石料 PAC-05。可见，钢渣替代石料作为透水沥青混合料的骨架，可有效提高其高温性能。

③动稳定度

按《公路工程沥青及沥青混合料试验规程》（JTG E20—2011）成型车辙板，测定三组混合料的动稳定度。测试过程如图 3-79、图 3-80 所示；试验结果见表 3-65、图 3-81。

车辙试验结果对比　　表 3-65

级配类型	45min 变形量（mm）	60min 变形量（mm）	动稳定度（次/mm）	动稳定度均值（次/mm）
钢渣 PAC-05	1.702	1.770	9265	9134
	1.673	1.741	9265	
	1.721	1.802	8873	
石料 PAC-05	1.644	1.738	6955.3	7616
	1.583	1.662	6955.3	
	1.692	1.778	7607.8	

续上表

级配类型	45min 变形量（mm）	60min 变形量（mm）	动稳定度（次/mm）	动稳定度均值（次/mm）
石料 PAC-13	1.583	1.652	9130	8728
	1.468	1.545	8182	
	1.620	1.691	8873	

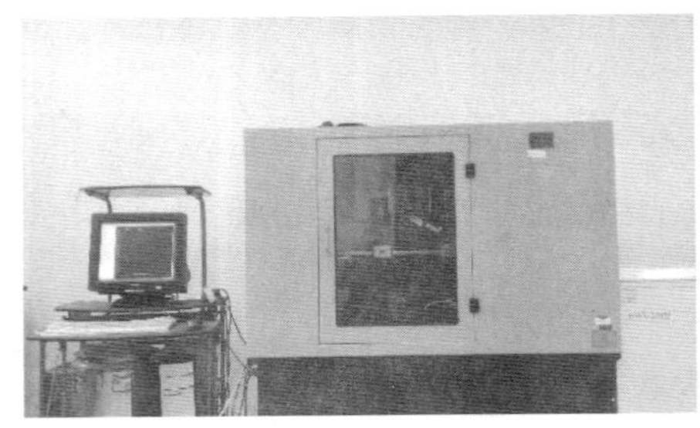

图 3-79　车辙板试件及车辙试验

图 3-80　车辙试验后试件变形量

研究发现三组混合料动稳定度均大于 4000 次/mm，符合规范要求，但是钢渣 PAC-05 动稳定度比对照组石料透水沥青混合料动稳定度均高，在公称最大粒径相同时，可有效提高20%。

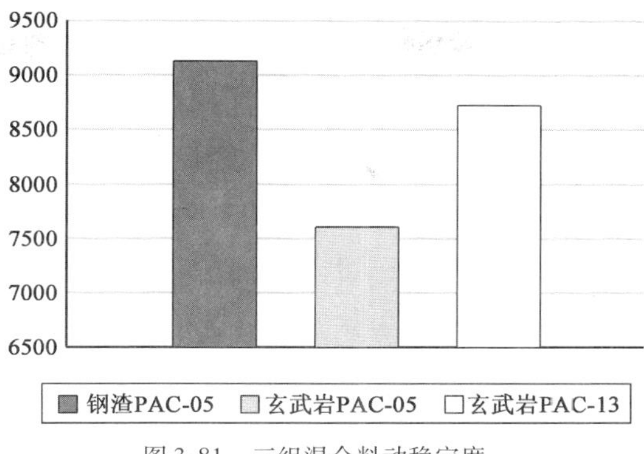

图3-81 三组混合料动稳定度

④水稳定性

水稳定性试验测试结果如表3-66所示。研究发现，三组混合料水稳定性均符合规范要求，但是钢渣PAC-05比石料制备的透水沥青混合料水稳定性略高。

浸水残留稳定度试验结果 表3-66

试件	钢渣 PAC-05	石料 PAC-05	石料 PAC-13
残留稳定度（%）	97.8	94.2	91.1

⑤抗滑性能

采用铺沙法来测定混合料的表面构造深度，以确定其抗滑性能。试验过程以及结果如图3-82和表3-67、表3-68所示。

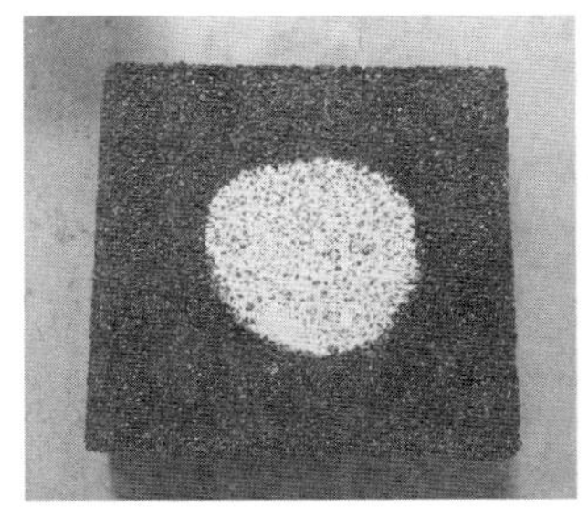
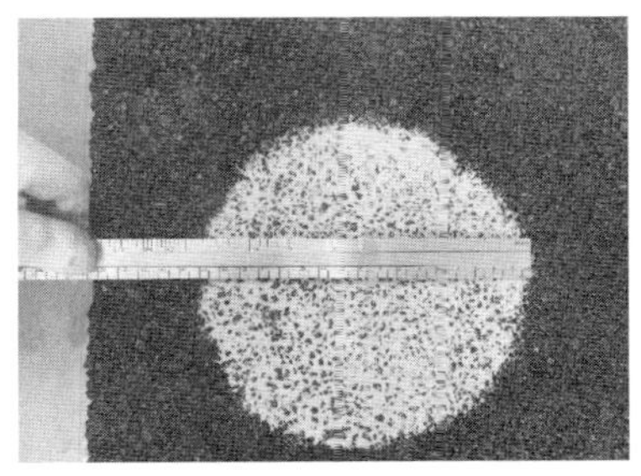

图3-82 构造深度试验

构造深度试验结果 表3-67

试件	钢渣 PAC-05	石料 PAC-05	石料 PAC-13
构造深度（mm）	1.20	1.02	1.75

不同条件下的抗滑性能要求　　表 3-68

年平均降雨量（mm）	交工验收值		
	横向力系数 SFC_{60}	动态摩擦系数 DF_{60}	构造深度 TD（mm）
>1000	≥54	≥0.59	≥0.55
500～1000	≥50	≥0.54	≥0.50
250～500	≥45	≥0.47	≥0.45

试验结果表明，两组混合料构造深度远超路面设计规范对抗滑性能指标的要求。通过试验发现，在空隙率接近的前提下，公称最大粒径相同的钢渣透水沥青混凝土比石料透水沥青混凝土构造深度高20%。

⑥渗水系数

采用《公路工程沥青及沥青混合料试验规程》（JTG E20—2011）中试验方法 T 0730 进行渗水系数测试。钢渣透水沥青混合料试验结果如图 3-83 及表 3-69所示。

图 3-83　渗水系数试验

渗水系数试验结果　　表 3-69

水面从 100mL 下渗到 500mL 所需时间（s）	渗水系数（mL/15s）	平均渗水系数（mL/15s）
4.25	1411	1396
4.16	1442	
4.49	1336	

⑦膨胀性

钢渣沥青混合料的膨胀性试验采用《公路工程集料试验规程》（JTG E42—2005）中 T 0348 的方法。首先按标准方法成型钢渣 PAC-05 的沥青混合料试件，分别对 5 个平行试件，采用游标卡尺测量膨胀前后 3 个位置的直径和 6 个位置的高，计算可得混合料的体积。试验过程以及结果如图 3-84 和表 3-70 所示。

图 3-84　试件在 60℃水浴中浸泡 72h

钢渣 PAC-05 沥青混合料膨胀率　　表 3-70

试件状态	编号	平均直径（mm）	平均高度（mm）	试件体积（mm^3）	试件体积膨胀率（%）
浸泡前	1－1	101.47	64.03	517.71	0.91
	1－2	101.43	63.88	516.16	
	1－3	101.77	62.75	510.40	
	1－4	101.77	62.28	506.54	
浸泡后	1－1	101.60	64.45	522.52	
	1－2	101.77	64.08	521.18	
	1－3	102.10	62.80	514.16	
	1－4	102.33	62.20	511.58	

试验表明，浸泡 72h 后沥青混合料没有明显的开裂和鼓包，体积膨胀率为 0.91%，满足《公路沥青路面施工技术规范》（JTG F40—2004）不大于 1% 的要求。

⑧耐久性试验

在高温条件下，沥青混合料的抗变形能力因温度升高以及在受到荷载重复作用下而降低，造成沥青路面产生车辙、波浪及拥包等现象。沥青路面在存在水分的条件下，尤其透水沥青材料，经受交通和温度膨胀的反复作用，一方面水分逐步侵入到沥青和集料界面上，同时由于动水力的作用，沥青膜逐渐地从集料表面剥离，并导致集料之间的黏结力丧失而发生的路面破坏过程。在高温和水的相互作用下，透水沥青混合料易发生破坏。本次研究借助于国外评价高温水损害的方法，采用汉堡车辙试验机对沥青混合料进行了相关的研究。

沥青路面在移动车轮荷载的反复作用下，路面结构内部各点处于不同的应力应变状态。在路面底部某点，当车轮作用于其正上方时受到拉应力作用，车轮驶过后应力方向旋转，量值变小，并产生剪应力。当车轮驶过一定距离后，该点则承受主拉应力的作用。而在路表面的点则相反，车轮驶近时受拉，车轮直接作用时受压，车轮驶过后又受拉。车辆驶过一次就使路面表面和底部出现一次应力循环，路面将长期处于应力应变交叠变化的状态，致使路面结构强度逐渐下降，当荷载重复作用超过一定次数后，在荷载作用下路面内产生的应力就会超过强度下降后的结构抗力，使路面产生裂纹，产生疲劳断裂破坏。进行室内疲劳试验，采用间接拉伸疲劳试验，对比分析不同透水沥青混合料的疲劳性。

a. 浸水汉堡车辙试验

首先，分别以钢渣（Steel Slag）和普通玄武岩（Basaltc）为集料，拌制PAC-05S（钢渣 PAC-05）、PAC-05B（玄武岩 PAC-05）和 PAC-13B（玄武岩PAC-13）沥青混合料并成型试件，然后进行浸水汉堡车辙试验。

汉堡车辙仪采集的数据有碾压次数与车辙深度的曲线，通过软件分析可以得到剥落点及蠕变斜率及见图 3-85。剥落斜率与塑性流动形成的车辙是变形曲线线性区域变形率的倒数，在剥落发生后与水损坏敏感度相关，在剥落段每形成 1mm 的车辙所需的碾压次数与水损坏敏感度相关，剥落影响点是蠕变区和剥落区交点的碾压次数，与沥青混合料抗水损坏的性能相关。

研究发现，车辙深度最大点呈随机分布并大部分集中在试件的中间点，这主要是由于试件的边缘处受到试模的侧向约束，在试件的中部虽然由本身的约束，但是沥青混合料可以在压应力和剪应力下侧向流动。欧美国家主要通过蠕变稳定段的变形速率、剥落段的变形速率以及蠕变段到剥落段的拐点对应的碾压次数 SIP，来评价沥青混合料的抗高温剥落性的好坏。蠕变段的变形速率越小说明沥青受水损害的影响就越小，SIP 越大说明混合料抗水损害能力越强；在剥落段，主要是沥青混合料在发生水损害时抗破坏能力的体现，剥落段的每碾压一次的变形大小可以反映沥青混合料发生水损害时抗破坏的能力，每碾压一次的变形越小沥青混合料的抗水损害破坏能力越大。

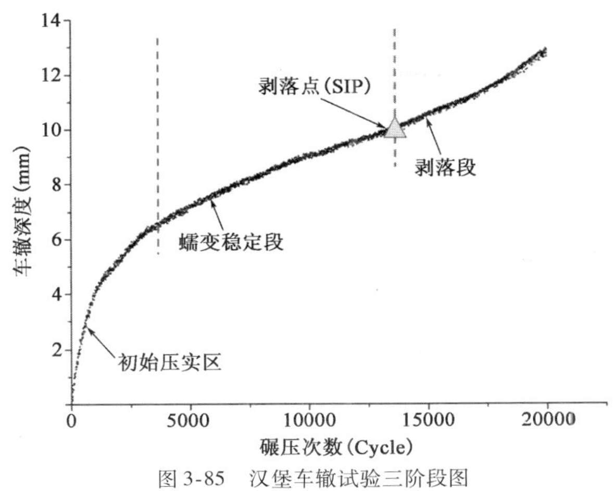

图 3-85 汉堡车辙试验三阶段图

注：1Cycle =2 次。

德国 WIRTGEN 公司生产的汉堡车辙仪，可进行圆柱形试件的车辙试验，圆柱形试件直径为 150mm ± 2mm（可以从路面取芯和 SGC 成型），试件浸泡于控温的水浴中，荷载轮为钢质，宽度为 47mm，荷载轮施加 705N，可以同时进行两组试件。将加载作用设定为 20000Cycle（1 Cycle =2 次，余同），碾压频率为 26 Cycles /min（即 52 次/min）。每组试件进行碾压 20000Cycles（即 40000 次，试验需时 13h），或到发生 20mm 车辙变形时停止，轮压速度最高可达 340mm/s，碾压的轮迹在试件的中部，数据采集系统有温度传感器，LVDT 位移传感器（精确度 0.01mm），在轮迹位置每组试件上有 11 个采集点，采集频率可人为设置。本试验依据 AASHTO 标准方法，试件尺寸按大型马歇尔试件成型，直径为 150mm ± 2mm，高度为 60mm ± 2mm，其中汉堡车辙试验机及其试件夹具尺寸如图 3-86 所示。

汉堡车辙试验步骤如下：

（a）准备试件

试验所用试件采用旋转压实成型法，控制高度为 60mm。车辙试验拌和温度为 175℃ ±5℃，成型温度不小于 165℃。根据试验夹具尺寸，将成型好的试件进行切割，切割弦长为 50mm。试件准备过程如图 3-87 所示。

（b）汉堡车辙试验

汉堡车辙试验采用水浴加热，水浴温度 50℃，加载速度为 26Cycles/min。将图 3-88a）中的试件和夹具置于试验机试槽内并注满水，加热至 50℃后继续保温 30min，保证试件内外温度均达到试验温度 50℃，如图 3-88 所示。

a）汉堡车辙试验机

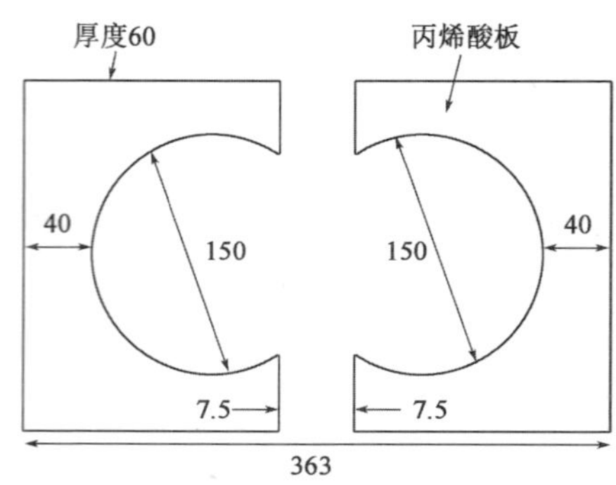

b）夹具（尺寸单位：mm）

图 3-86 汉堡车辙试验机试件夹具尺寸

a）拌料

b）成型

c）试件

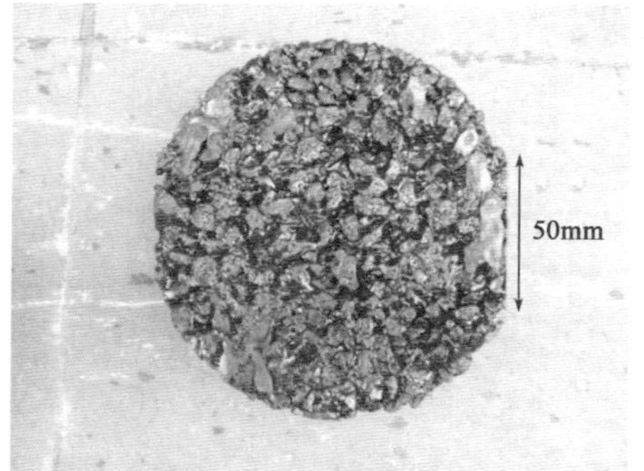

d）切合后试件

图 3-87 试件准备过程

图 3-89 为钢渣 PAC-05 汉堡车辙试验结果，即碾压次数—车辙深度曲线。前 1990Cycles 为初始压实区；在 1990Cycles 到 4720Cycles 为蠕变稳定段；在 4720Cycles 之后到试验结束为剥落段。最终碾压次数为 10460Cycles。蠕变稳

定段蠕变速率为 1246Cycles/mm，剥落拐点为 4720Cycles，剥落段蠕变速率为 429Cycles/mm。图 3-90 展示了钢渣 PAC-05 加载前后试件状态。

a）试件置于夹具中

b）加载

图 3-88　汉堡车辙试验

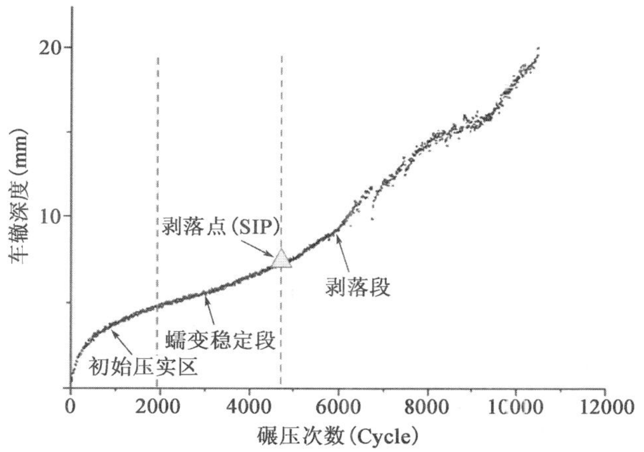

图 3-89　钢渣 PAC-05 车辙深度变化曲线

图 3-90　钢渣 PAC-05 加载前后试件状态

图 3-91 为石料 PAC-13 汉堡车辙试验结果，即碾压次数—车辙深度曲线。前 2200 Cycles 为初始压实区；在 2200 Cycles 到 5980 Cycles 为蠕变稳定段；在 5980 Cycles 之后到试验结束为剥落段。最终碾压次数为 8330Cycles。蠕变稳定段蠕变速率为 694Cycles/mm，剥落拐点为 5980Cycles，剥落段蠕变速率为 502Cycles/mm。图 3-92 展示了石料 PAC-13 加载前后试件状态。

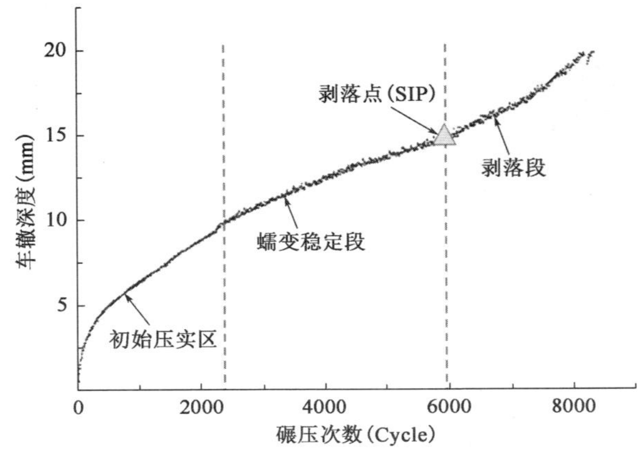

图 3-91　石料 PAC-13 车辙深度变化曲线

图 3-92　石料 PAC-13 加载前后试件状态

图 3-93 为石料 PAC-05 汉堡车辙试验结果，即碾压次数—车辙深度曲线。前 1100 Cycles 为初始压实区；在 1100 Cycles 到 3490 Cycles 为蠕变稳定段；在 3490 Cycles 之后到试验结束为剥落段。最终碾压次数为 6400Cycles。蠕变稳定段蠕变速率为 658Cycles/mm，剥落拐点为 3490Cycles，剥落段蠕变速率为 191Cycles/mm。图 3-94 展示了石料 PAC-05 加载前后试件状态。

对比分析钢渣 PAC-05、石料 PAC-13 和石料 PAC-05 的汉堡车辙试验性能指标结果见表 3-71。

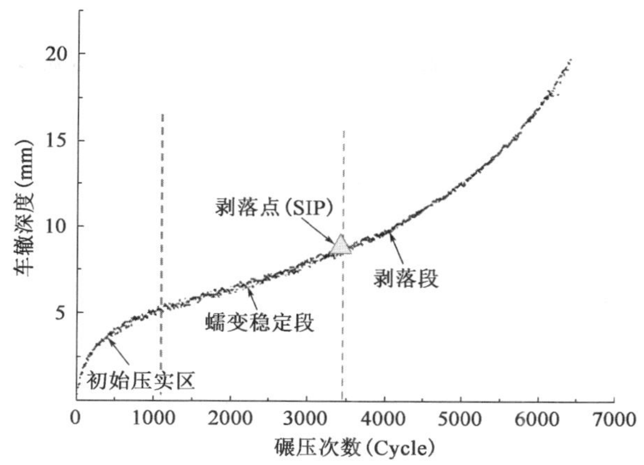

图3-93 石料PAC-05车辙深度变化曲线

图3-94 石料PAC-05加载前后试件状态

透水沥青混合料汉堡车辙试验指标 表3-71

项　　目	钢渣PAC-05	石料PAC-13	石料PAC-05
蠕变拐点（Cycles）	1990	2200	1100
蠕变稳定段蠕变速率（Cycles/mm）	1245.755	693.9516	658.1456
蠕变稳定段斜率（mm/Cycles）	0.000803	0.001441	0.001519
剥落点（Cycles）	4720	5980	3490
剥落段蠕变速率（Cycles/mm）	429.2853	502.4818	191.0327
剥落段斜率（mm/Cycles）	0.002329	0.00199	0.005235

剥落点（SIP）：石料PAC-13>钢渣PAC-05>石料PAC-05（即5980 Cycles>4720 Cycles>3490 Cycles），说明混合料抗水损害能力：石料PAC-13>钢渣PAC-05>石料PAC-05。

蠕变段到剥落段的拐点对应的碾压次数：钢渣PAC-05>石料PAC-13>石料PAC-05（即3780 Cycles>2730 Cycles>2390Cycles），说明混合料抗高温剥落性能：钢渣 PAC-05 > 石料 PAC-13 > 石料 PAC-05。

蠕变稳定阶段：三组混合料试件产生 1mm 车辙轮载作用数量为，钢渣 PAC-05 > 石料 PAC-13 > 石料 PAC-05（即 1246 Cycles > 694 Cycles > 658Cycles），说明钢渣 PAC-05 受水损害的影响明显小于石料 PAC-13 和石料 PAC-05。

剥落段：三组混合料试件产生 1mm 车辙需要轮载作用数量为，石料 PAC-13 > 钢渣 PAC-05 > 石料 PAC-05（即 502 Cycles > 429 Cycles > 191 Cycles），说明混合料发生水损害后的抗破坏能力：石料 PAC-13 > 钢渣 PAC-05 > 石料 PAC-05。

b. 间接拉伸疲劳试验与结果分析

沥青混合料疲劳试验的试验控制模式主要有两种，即应力控制和应变控制，在选择试验控制模式时，应主要考虑何种模式能够更好地反映沥青混合料在路面中受到行车荷载作用的疲劳特性；路面结构中沥青混合料的应力应变状态更接近于哪种荷载模式，也应考虑到试验的方便性。采用应力控制模式时，其试验再现能力较好，试验时间相对较短，且判断试验疲劳破坏的定义比较明确，也即试件完全断裂为破坏状态，另外控制应力试验所需试件数量较少，精度控制可靠，数据分散程度小，因此采用应力控制模式进行疲劳试验。

间接拉伸疲劳试验在 MTS 试验机上进行，MTS 试验系统具有比较完善的试验功能，整个系统由与其相连的计算机控制，加载可以选择位移控制模式和力控制模式，如图 3-95 所示。

图 3-95　MTS810 材料试验机系统

影响沥青混合料疲劳性能的因素众多，主要包括外部的影响因素，如加载频率、波形、荷载水平及试验温度等，另外也包括材料本身因素，主要有沥青类型、集料、级配、混合料结构类型等。为使试验结果具有一定代表性和适用性，在实验设计中需要考虑以上因素，同时通过对沥青混合料疲劳性能影响因素的研究，可以评价各因素对于沥青混合料疲劳性能的响应规律。本研究主要是分析离析对沥青混合料疲劳寿命的影响。

对于加载波形，通常认为波形对疲劳性能影响不大，大量研究认为移动的车轮荷载对路面产生接近于正弦曲线的应力应变效应。因此，采用正弦加载波形，如图 3-96 所示，且全处于压力一侧，即半正矢波，同时为加快试验速度，在相邻波形之间不插入间歇时间。

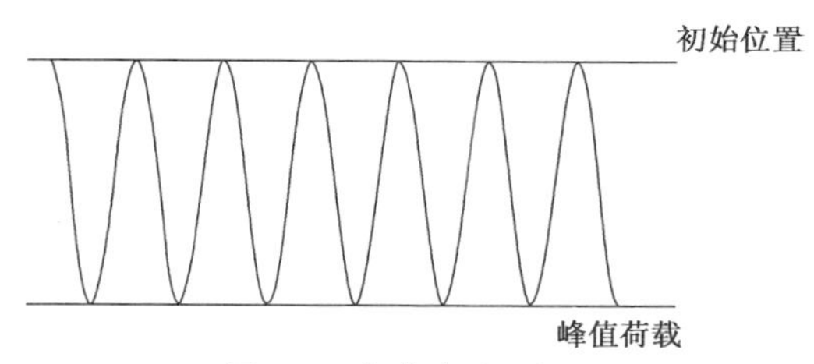

图 3-96　加载波形示意图

荷载水平在一定程度上代表了实际路面所承受的车辆荷载作用大小，采用低值到高值范围内 0.3、0.5、0.7 三个应力水平，分别代表不同的交通轴载作用。

在无间歇时间的加载方式下，试验频率的变化直接体现为荷载在试件上作用时间的变化，对于实际路面而言，加载时间和路面行车速度有直接的关系。当加载频率为 10Hz 时，加载时间为 0.016s，对沥青路面表面大致相当于 60 ~ 65km/h 的行车速度，比较接近于我国沥青路面设计规范中的计算行车速度范围。

对于试验温度，SHRP 认为常温以上的疲劳破坏主要是变形累计破坏，没有明显的疲劳意义。根据相关研究成果，沥青混合料发生疲劳破坏主要集中在 13 ~ 15℃，它对应于我国北方春融期、南方地区的雨季时温度，通常考虑 15℃ 为最不利情况，此季节路面结构强度有较明显的减弱，是路面结构抗疲劳性能的最不利时期，且我国沥青路面设计规范中容许拉应力指标采用的也是 15℃ 的参数值。同时温度的差异也会引起沥青混合料模量的变化，直接影响到其疲劳寿命，因此选用 15℃ 作为试验温度。

间接拉伸试验中试件采用尺寸为直径 100mm × 高 63.5mm。试件成型主要有静压成型、击实成型、旋转成型、搓揉成型及轮碾压实成型等方法，但通过静压成型方法所得到的试件集料的排列和现场状况不一致；而击实成型方法在成型过程中容易使集料破损，无法模拟橡胶轮胎对于沥青路面的压实效果，同时击实释放的高能量容易使沥青膜破裂，使得混合料结构性能不同于现场压实的沥青混凝土；后三种成型方法制得的试件能较好地代表现场压实的沥青混凝土性质，同时考虑成型方法比较容易控制空隙率。

分别以钢渣（Steel Slag）和普通玄武岩（Basaltc）为集料，拌制 PAC-05S（钢渣 PAC-05）、PAC-05B（玄武岩 PAC-05）和 PAC-13B（玄武岩 PAC-13）沥青混合料并选用旋转压实成型方法成型试件。试验结果见表 3-72，将不同应力比作用下的疲劳寿命绘于图 3-97。

疲劳试验结果 表 3-72

级配类型	PAC-05S	PAC-05B	PAC-13B
应力比	0.3		
平行试件疲劳寿命 N_f（次）	8409	6830	6450
	9105	6336	6164
	9230	6489	6076
	8592	6771	6294
平均值	8834	6607	6246
疲劳寿命比值（%）	134（05S/05B）	—	—
应力比	0.5		
平行试件疲劳寿命 N_f（次）	1930	1300	1140
	1534	1484	1234
	1876	1264	1074
	1596	1472	1244
平均值	1734	1380	1173
疲劳寿命比值（%）	126	（05S/05B）	—
应力比	0.7		
平行试件疲劳寿命 N_f（次）	627	440	360
	649	469	387
平行试件疲劳寿命 N_f（次）	575	500	403
	589	488	424

续上表

级配类型	PAC-05S	PAC-05B	PAC-13B
平均值	610	474	394
疲劳寿命比值（%）	129（05S/05B）	—	—

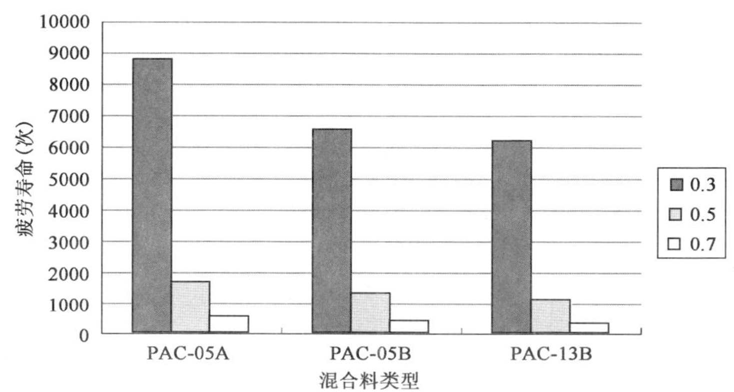

图3-97　不同应力比条件下的疲劳寿命对比

通过试验数据可以得出，砂粒式透水沥青混合料PAC-05的疲劳寿命高于细粒式透水沥青混合料PAC-13，同一公称最大粒径的透水沥青混合料，集料为钢渣时的疲劳寿命大于集料为玄武岩的混合料。当试验应力比为0.3时，钢渣透水沥青混合料PAC-05的疲劳寿命为玄武岩透水沥青混合料的1.34倍；当试验应力比为0.5时，钢渣透水沥青混合料PAC-05的疲劳寿命为玄武岩透水沥青混合料的1.26倍；当试验应力比为0.7时，钢渣透水沥青混合料PAC-05的疲劳寿命为玄武岩透水沥青混合料的1.29倍。因此可以得出，钢渣透水沥青混合料的疲劳寿命为相同级配玄武岩透水沥青混合料的1.2~1.3倍，疲劳寿命提高了20%~30%。

通过与玄武岩超薄透水沥青混合料PAC-05及细粒式玄武岩透水沥青混合料的性能对比，研究发现钢渣超薄透水沥青混合料的技术性能满足沥青路面的所有指标要求，主要研究结论如下：

①通过钢渣沥青混合料膨胀性试验，发现其膨胀性均满足规范要求。

②通过马歇尔稳定度试验、车辙试验、浸水马歇尔试验来检验钢渣透水沥青路面的高温性能和水稳定性。钢渣透水沥青混合料60℃下动稳定度达到了9000次/mm以上，大大高于规范≥4000次/mm的要求。钢渣透水沥青混合料残留稳定度大于90%，且较石料透水沥青混合料的水稳定性有一定

提高。说明高强度、多孔、与沥青黏附性良好的钢渣用在超薄透水沥青磨耗层更能发挥钢渣的优良特性。钢渣的碱性较强，与混合料中结构沥青的结合更紧密，同样也提升了混合料的水稳定性能。

③通过实测钢渣透水沥青混合料的构造深度，研究了其抗滑性能。研究结果表明，由于钢渣更加粗糙的表面特征，所以在同样空隙率的前提下，钢渣 PAC-05 较石料 PAC-13、PAC-05 有更大的构造深度。

④通过实测钢渣透水沥青混合料的渗水系数，研究了其透水性能。研究结果表明，钢渣 PAC-05 在空隙率为 19% 左右时，其透水性能良好。

⑤通过汉堡车辙试验和间接拉伸疲劳试验可知，钢渣 PAC-05 较石料 PAC-13、PAC-05 的耐久性也有普遍提高。

综上所述，钢渣 PAC-05 较石料 PAC-05 和 PAC-13 有更良好的路用性能。分析原因如下：

①颗粒形状均匀且接近立方体

钢渣集料的粗颗粒形状非常规则，接近立方体，在捣实的情况下，颗粒与颗粒能形成非常好的嵌挤结构，表现出非常好的抗剪切作用，能够提高混合料抵抗荷载对路面造成的剪切作用的能力。

②表面纹理粗糙

破碎钢渣含多种矿物成分，因此在并非按照一定的解理面被破碎而形成粗糙的表面纹理，这一点保证钢渣集料能够有效地与沥青黏附，保证混合料中沥青胶结料可以表现出最大的黏聚力，从而增加了抵抗永久变形的能力。

③多孔且呈碱性

破碎钢渣具有多孔结构，能够在有效黏附沥青的基础上，吸附多余的沥青。钢渣碱性特征使其可以有效地与呈微酸性的沥青黏结，所以钢渣沥青混合料有更好的水稳定性。多孔且粗糙的表面可以给钢渣透水沥青混合料带来更好的抗滑性能。因此，钢渣超薄透水沥青磨耗层可广泛应用于道路新建、改建和养护工程。

3.4 沥青路面预防性养护对策库

对预防性养护技术的适用范围进行汇总，形成预防性养护对策库，见表 3-73。

沥青路面预防性养护对策库表　　表 3-73

项目			参数	预防性养护措施						
				雾封层	碎石封层	稀浆封层	微表处	薄层加铺	就地热再生	沥青再生剂
AADT(pcu/d)			<1000	√	√	√	√	√	√	√
			1000~5000	√	√	√	√	√	√	√
			>5000				√	√	√	√
道路等级			高等级				√	√	√	√
			普通等级	√	√	√	√	√	√	√
沥青路面主导病害类型及程度	裂缝类	细小裂缝	—	√	√	√	√	√	√	√
		纵向裂缝	轻		√	√	√	√	√	
			中		√			√	√	
			重					√	√	
		横向裂缝	轻		√	√	√	√	√	
			中		√			√	√	
			重					√	√	
		块状裂缝	轻		√	√		√	√	
			中		√			√	√	
			重					√	√	
		疲劳裂缝	轻		√					
			中		√					
			重							

续上表

项目			参数	预防性养护措施						
				雾封层	碎石封层	稀浆封层	微表处	薄层加铺	就地热再生	沥青再生剂
沥青路面主导病害类型及程度	变形类	车辙	<5mm			√	√		√	
			5~15mm			√	√		√	
			15~25mm				√		√	
		不平整	轻		√		√	√	√	
			中						√	
			重							
	表面损坏类	松散	轻	√	√	√	√	√	√	√
			中	√		√	√	√	√	
			重					√	√	
		老化	轻		√	√	√	√	√	√
			中		√	√	√	√	√	
			重					√	√	
		泛油	轻		√		√	√	√	
			中		√			√	√	
			重					√	√	
		磨光	—		√		√	√	√	
		抗滑损失	—		√	√	√	√	√	
		路面渗水	—	√	√			√	√	√
		表面磨耗	—		√			√	√	
	其他类	修补	轻		√		√	√	√	
			中					√	√	
			重							

3.5 本章小结

（1）本章介绍了以美国为代表的国外常用的预养护措施，总结归纳了国内常用的预防性养护措施，包括雾封层（Fog Seal）、碎石封层（Chip Seal）、稀浆封层（Slurry Seal）、微表处（Microsurfacing）、薄层加铺（Thin Hot-Mix AC Overlay）、就地热再生（Hot In-Place Recycling）、再生剂喷涂类，分析了各类预防性养护措施的基本原理，提出了适用的沥青路面病害类型和使用年限。

（2）本章研究了新型预防性养护措施，包括可降解汽车尾气的路面封层和高强耐久超薄沥青透水磨耗层，可降解汽车尾气的路面封层掺加纳米二氧化钛，具有显著的降解尾气效果，对于氮化物的降解率超过 30%；高强耐久超薄沥青透水磨耗层采用材质坚硬、稳定性好的钢渣材料与砂粒式透水沥青混合料级配，显著提高了磨耗层的耐久性和强度，同时保证了透水功能。

（3）本章在对预防性养护措施技术充分分析的基础上，形成了沥青路面预防性养护对策库，提出了不同交通量、道路等级、病害类型与病害程度条件下对应的预防性养护措施。

第4章　沥青路面预养护标准与对策选择

本章根据沥青路面病害调研状况，分析沥青路面进行预防性养护的必要性，通过沥青路面状况评价，提出预防性养护标准；确定不同预养护措施的效益与费用，提出预防性养护对策的选择方法与流程。

4.1　沥青路面状况评价

沥青路面状况数据是编制预防性养护计划的依据，基于这些数据可判别路面状况是否适于预防性养护并确定路网内哪些路段需要采取预防性养护，以及采取何种预防性养护措施较为合适。因此，路面状况的调查及其数据的准确采集在很大程度上决定了路面预防性养护计划及决策的成功与否。

随着时间的推移与交通量的增长，沥青路面在行车荷载与自然因素等的共同作用下将会出现不同程度的自然老化、损坏和使用性能的降低。在此情况下，路面的使用质量必将下降，从而影响到行车的舒适性与安全性，并且会大大增加道路的用户费用。

沥青路面的使用质量是路面变化的外观表现，采用科学合理的指标定量表征路面的使用性能对于进一步的路面分析具有重要意义。路面现有使用质量评价的内容包括：路面的破损状况、行驶质量、车辙、强度以及抗滑性能。各项评价内容所用的指标及其关系如图4-1。

1）公路沥青路面状况指数

路面状况指数（PCI）的数值范围为0～100。其值越大，路况越好。路面状况指数由沥青路面破损率（DR）计算得出，PCI的计算公式为：

$$PCI = 100 - 15DR^{0.412} \tag{4-1}$$

根据路面破损情况，可将路面质量分为优、良、中、次、差五个等级。评价标准应符合表4-1的规定。

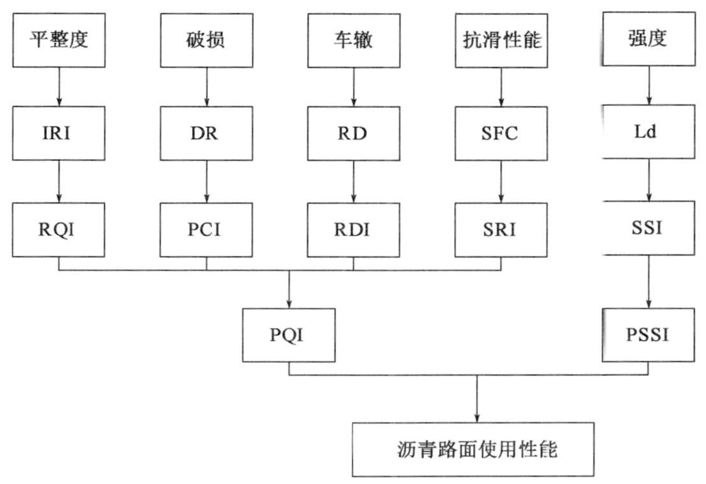

图 4-1　评价指标关系图

路面破损状况评价标准　　表 4-1

评价等级 / 评价指标	优	良	中	次	差
路面状况指数（PCI）	≥85	≥70 ~ <85	≥55 ~ <70	≥40 ~ <55	<40

2）公路沥青路面行驶质量指数

沥青路面的行驶质量采用行驶质量指数（RQI）作为评价指标，行驶质量指数由国际平整度指数（IRI）计算：

$$RQI = \frac{100}{1 + a_0 e^{a_1 IRI}} \tag{4-2}$$

沥青路面行驶质量评价标准应符合表 4-2 的规定。

沥青路面行驶质量评价标准　　表 4-2

评价等级 / 评价指标	优	良	中	次	差
行驶质量指数（RQI）	≥90	≥80 ~ <90	≥70 ~ <80	≥50 ~ <70	<60

3）公路沥青路面抗滑性能

沥青路面抗滑性能采用抗滑系数作为评价指标，抗滑系数以横向力系数（SFC）或摆值（BPN）表示。评价标准应符合表 4-3 的规定。

沥青路面抗滑评价标准　　表 4-3

评价等级 评价指标	优	良	中	次	差
横向力系数（SFC）	≥50	≥40 ~ <50	≥30 ~ <40	≥20 ~ <30	<20
摆值（BPN）	≥42	≥37 ~ <42	≥32 ~ <37	≥27 ~ <32	<27

在现行《公路技术状况评定标准》中，抗滑性能用路面抗滑性能指数（SRI）评价，按式（4-3）表示：

$$SRI = \frac{100 - SRI_{min}}{1 + a_0 e^{a_1 SFC}} + SRI_{min} \tag{4-3}$$

对应的评价标准应符合表 4-4 的规定。

沥青路面抗滑评价标准　　表 4-4

评价等级 评价指标	优	良	中	次	差
抗滑性能指数（SRI）	≥90	≥78 ~ <90	≥61 ~ <78	≥47 ~ <61	<47

4）公路沥青路面强度

沥青路面结构采用强度指数作为评价指标。路面强度指数（SSI）按式（4-4）计算：

$$SSI = \frac{路面设计弯沉值}{路段代表弯沉值} \tag{4-4}$$

路段代表弯沉值可依据现行《公路沥青路面设计规范》的有关规定进行计算。

沥青路面强度评价标准应符合表 4-5 的规定。

沥青路面强度评价标准　　表 4-5

标准 指标	优		良		中		次		差	
	高速公路、一级公路	其他等级公路	高速公路、一级公路	其他等级公路	高速公路、一级公路	其他等级公路	高速公路、一级公路	其他等级公路	高速公路、一级公路	其他等级公路
强度指数（SSI）	≥1.0	≥0.83	≥0.83 ~ <0.1	≥0.66 ~ <0.83	≥0.66 ~ <0.83	≥0.5 ~ <0.66	≥0.5 ~ <0.66	≥0.3 ~ <0.5	<0.5	<0.3

在现行《公路技术状况评定标准》中，抗滑性能用路面结构强度指数（PSSI）评价，按式（4-5）进行计算：

$$\mathrm{PSSI} = \frac{100}{1 + a_0 e^{a_1 \mathrm{SSI}}} \tag{4-5}$$

对应的沥青路面强度评价标准应符合表 4-6 的规定。

沥青路面结构强度评价标准　　表 4-6

标　　准	优	良	中	次	差
PSSI	≥90	≥80 ~ <90	≥70 ~ <80	≥60 ~ <70	<60

5）公路路面车辙

在《公路技术状况评定标准》中路面车辙采用路面车辙深度指数（RDI）评价，主要用于高速公路评价，通过车辙深度（RD）计算获得。

$$\mathrm{RDI} = \begin{cases} 100 - a_0 \mathrm{RD} \\ 60 - a_1(\mathrm{RD} - \mathrm{RD_a}) \\ 0 \end{cases} \tag{4-6}$$

6）公路沥青路面的综合评价

沥青路面的综合评价采用路面的综合评价指标（PQI）作为评价指标，PQI 用分项指标加权计算得出，指标权重查表 4-7。PQI 的数值范围为 0 ~ 100。其值越大，路况越好。

$$\mathrm{PQI} = w_{\mathrm{PCI}}\mathrm{PCI} + w_{\mathrm{PQI}}\mathrm{PQI} + w_{\mathrm{PDI}}\mathrm{RDI} + w_{\mathrm{SRI}}\mathrm{SRI} \tag{4-7}$$

PQI 分项指标的指标权重　　表 4-7

权　　重	高速公路	一级公路	二级公路、三级公路、四级公路
w_{PCI}	0.35	0.35	0.60
w_{RQI}	0.40	0.40	0.40
w_{RDI}	0.15	0.15	0
w_{SRI}	0.10	0.10	0

沥青路面综合评价的评价标准应符合表 4-8 的规定。

沥青路面综合评价的评价标准　　表 4-8

评价等级 / 评价指标	优	良	中	次	差
沥青路面综合评价指标（PQI）	≥90	≥80 ~ <90	≥70 ~ <80	≥60 ~ <70	<60

7）城镇道路沥青路面评价标准和计算方法

城镇道路沥青路面状况评价标准和计算方法参照《城镇路面养护技术规范》（CJJ 36）。

4.2 沥青路面预防性养护标准的确定

4.2.1 国外沥青路面预防性养护标准

各个国家与地区所处地理位置与环境不同，所采用的技术指标也不同，对预防性养护提出的指标与标准也有所区别。

美国俄亥俄州采用 PSI 与 PCR 作为判断预防性养护适用性的指标，预防性养护技术标准见表 4-9。

美国俄亥俄州的预防性养护技术标准　表 4-9

预防性养护技术指标	预防性养护技术标准
PSI	75～85
PCR	≥3.0

美国明尼苏达州采用 PSR、SR 和 PQI 作为判断预防性养护适用性的指标，预防性养护技术标准见表 4-10。

美国明尼苏达州的预防性养护技术标准　表 4-10

公路等级	预防性养护指标与标准		
	PSR	SR	PQI
乡镇地区主要州际公路	>3.0	>2.7	>3.0
乡镇地区主要干线公路	>3.0	>2.7	>2.9
乡镇地区次要干线公路	>2.8	>2.5	>2.8
乡镇地区主要集散公路	>2.8	>2.5	>2.6
乡镇地区次要集散公路	>2.8	>2.5	>2.8
乡镇地区一般公路	>2.7	>2.4	>2.6
城市地区城际公路	>3.1	>2.7	>3.0
城市地区高速公路	>3.1	>2.7	>2.9
城市地区主要干线公路	>2.8	>2.5	>2.9
城市地区次要干线公路	>2.7	>2.4	>2.8

续上表

公路等级	预防性养护指标与标准		
	PSR	SR	PQI
城市地区集散公路	>2.6	>2.4	>2.6
城市地区一般公路	>2.5	>2.4	>2.6

美国蒙大拿州采用 SCI、ACI 和 MCI 作为判断预防性养护适用性的指标，预防性养护技术标准见表 4-11。

美国蒙大拿州的预防性养护标准　　表 4-11

预防性养护技术指标	预防性养护技术标准
SCI	>60
ACI	66～90
MCI	56～94

4.2.2　沥青路面预防性养护标准

从我国沥青路面养护思路出发，预防性养护的主要指标选择 PCI、RQI、RDI、SRI（SFC）与 PSSI（SSI）。

通过对国外预防性养护标准的调研发现，国外对预防性养护的路况要求基本上是一致的，即路面结构强度与路面状况良好。

因此，根据预防性养护理念，参考国外预防性养护标准，结合的具体情况，所推荐的公路沥青路面和城镇道路沥青路面预防性养护宏观路况指标，分别应符合表 4-12 和表 4-13 的规定。

公路沥青路面预防性养护宏观路况标准　　表 4-12

路况指标		预养护标准		
		高速公路	一级、二级公路	二级公路以下
路面损坏状况	PCI	85～100	80～100	75～100
路面结构强度	PSSI	83～100	75～100	66～100
	SSI	0.83～1.00	0.75～1.00	0.66～1.00
行驶质量	RQI	90～100	80～100	70～100
抗滑能力	SFC	45～100	45～100	40～100
	SRI	85～100	85～100	70～100
车辙深度	RDI	70～100	70～100	60～100

城镇道路沥青路面预防性养护宏观路况标准　　表 4-13

路况指标	预养护标准		
	快速路、主干路	次干路	支路
PCI	80 ~ 100	75 ~ 100	65 ~ 100
SSI	临界及以上	临界及以上	临界及以上
RQI	3.2 ~ 5.0	3.2 ~ 5.0	3.0 ~ 5.0
SFC	35 ~ 100	35 ~ 100	35 ~ 100

4.3 沥青路面预防性养护对策选择

实施沥青路面预防性养护是指在恰当的时间对合适的路面运用恰当的预防性养护措施。针对不同的路面，综合考虑技术、经济和工程等因素，选择最合适的预防性养护措施，是路面预防性养护的关键技术之一。沥青路面预防性养护措施比较多，针对不同的路况及环境选择与之相适应的预防性养护措施，才能取得良好的效果。预防性养护对策选择应遵循以下原则：

（1）技术上是满足要求的。即预防性养护措施在技术上是适用的，能满足路面状况、交通量、公路等级等技术要求，且能充分发挥其应用的预防性养护性能。

（2）经济上是比较节约的。即在满足技术要求的前提下，应选择费用效益良好的措施，使得所采用的措施具有较好的经济性。

（3）性能上是符合工程特点的。即所采用的预防性养护措施能反映具体公路管理单位对路面养护质量和效果的要求，以及满足公路用户对预防性养护路面适用性能的特点要求。

预防性养护措施选择步骤：首先建立沥青路面预防性养护措施对策库，确定不同的养护措施的适用范围，根据路面状况和病害类型与程度确定技术上可行的措施；其次，对技术上满足要求的措施，进行费用效益分析，选择几种费用效益较好的技术措施；最后，根据道路的施工因素、用户因素和环境因素，确定最优的技术措施。

4.3.1 预防性养护措施对策库建立

国内外预防性养护对策建立的方法主要有决策树与决策矩阵法。

1）决策树

决策树的养护决策方法即是根据一组技术指标逐层地选择特殊的处治措施。每一个“分支”代表了一组特殊的状况，如路面类型、损坏类型与程度、交通量、功能分类等，这些状况参数决定了应对路面采用什么样的特殊养护措施。图4-2即为Hicks等建立的预防性养护决策树，图4-2a）决策技术指标包括平整度和平均日交通量（ADT）；图4-2b）决策技术指标为车辙和ADT；图4-2c）决策技术指标为开裂和ADT；图4-2d）决策技术指标为结构状况和ADT。

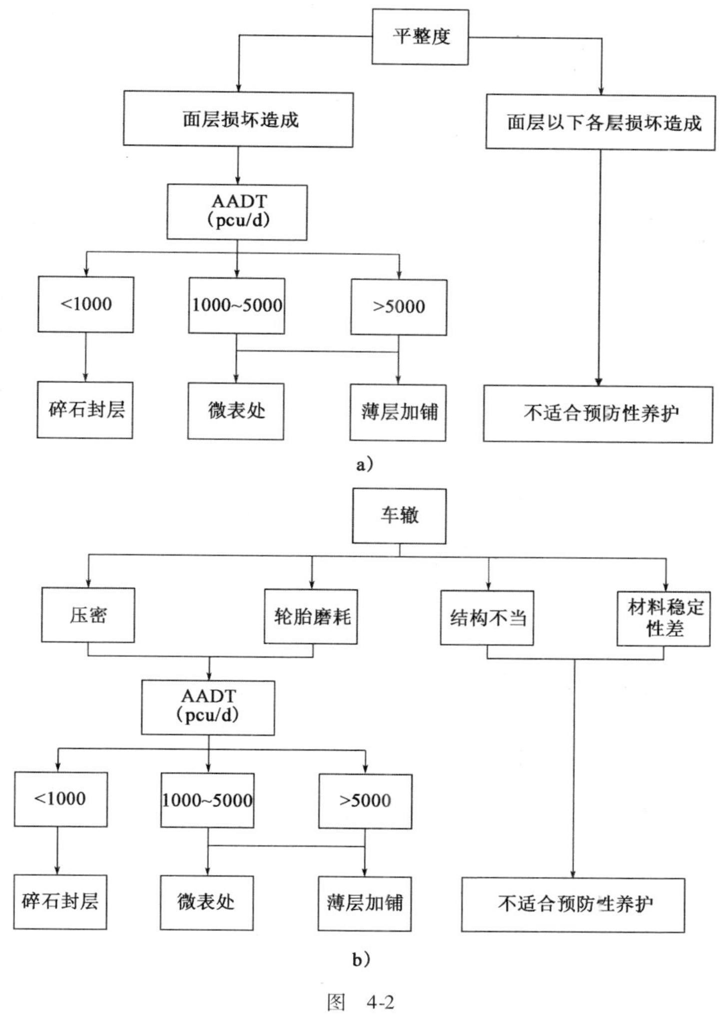

图　4-2

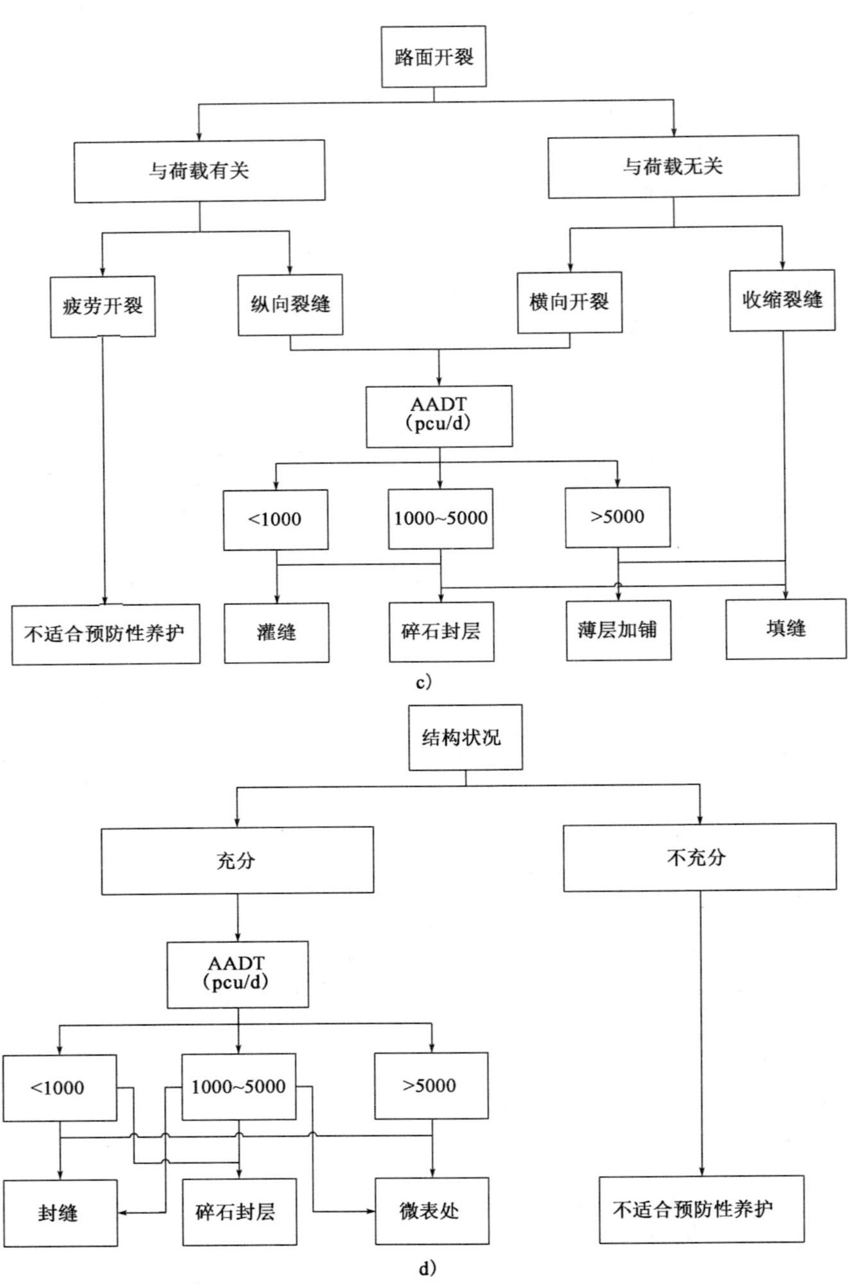

图 4-2　预防性养护措施决策树示例

2）决策矩阵

决策矩阵与决策树相似，都取决于一组规则或指标以选择养护或改善措施。差别在于决策树更系统化和可图形化，决策矩阵是表格，可存储更多的信息。表 4-14 为 SHRP SPS-3 和 SPS 试验路的研究成果，由一组有经验的工程技术人员对最适宜的预防性养护措施组合而成。

预防性养护决策矩阵示例　　表 4-14

路面状况		参数或损坏程度	处理方法							
			薄层加铺	稀浆封层	填缝	清缝填封	细粒式表面处治	粗粒式表面处治	改性沥青微表处	封缝
交通	AADT (pcu/d)/车道	<1000	E	E	E	E	E	E	E	E
		1000 ~ 4000	E	E	E	E-Q	E-Q	E	E	E-Q
		>4000	E	E	E	E-N-Q	E-N-Q	E	E	E-Q
	车辙(mm)	<9.5	E	E	E	E	E	E	E	E
		9.5 ~ 25.4	E	M-N	E	M-N-Q	M-N-Q	E	E	T
		>25.4	E	T	E	T	T	M-Q	E	T
裂缝	疲劳裂缝	轻微	E	E	E	E	E	E	E	M
		中等	E	M	M	M	E	E	M	T
		严重	M	T	T	T	E	E	T	T
	纵向裂缝	轻微	E	E	E	E	E	E	E	M
		中等	E	M	E	E	E	E	M	T
		严重	M	T	M	E	M	M	T	T
	横向裂缝	轻微	E	E	E	E	E	E	E	M
		中等	E	M	E	E	E	E	M	T
		严重	M	T	M	E	M	M	T	T
沥青混凝土面层状况	表面外观	干燥	E	E	T	T	E	E	E	E
		潮湿	E	E	T	T	M-Q	E-Q	E	T
		泛油	E	E	T	T	N-Q	N-Q	E	T
		可变的	E	E	T	T	M-Q	E-Q	M	MF
	剥落	轻微	E	E	T	T	E	E	E	E
		中等	E	E	T	T	E	E	E	M
		严重	E	M	T	T	E-Q	E-Q	E	M

续上表

路面状况		参数或损坏程度	处理方法							
			薄层加铺	稀浆封层	填缝	清缝填封	细粒式表面处治	粗粒式表面处治	改性沥青微表处	封缝
沥青混凝土面层状况	坑槽	轻微	E	E	T	T	E	E	E	T
		中等	E	M	M	T	E	M	M	T
		严重	M	M	M	T	M	M	M	T
现有路面纹理深度足够			E	E	T	T	M-Q	M-Q	E	T
行驶质量差			E	E	T	T	T	T	M	T
抗滑阻力低			E	E	T	T	E	E	E	T

注：E = 有效；M = 较有效；N = 不推荐；Q = 需要较高的技术要求和质量控制；T = 无效。

3）决策树和决策矩阵的优缺点

优点：可以很好地利用已有经验；所采用的方法适用于区域条件；比较适用于项目级决策。

缺点：不宜于在不同地区间推广应用；不宜于开发和适用新的处治措施；较难以考虑和适应各种因素；使用于多种损坏类型的决策矩阵难以制定；一般不宜于对不同的措施进行评价；不宜用于网级评价。

根据沥青路面常用的预防性养护措施的性能及适用条件，考虑沥青路面主要病害类型及严重程度，建立沥青路面预防性养护对策库，见上一章表3-73。

4.3.2 预防性养护措施费用效益分析

根据预防性养护的定义，采取的预防性养护措施应该是具有费用效益的，然而预防性养护决策库确定于预防性养护措施过程中并没有包括费用效益的对比。为了确保所采用的预防性养护措施具有良好的费用效益，需要对初选的预防性养护措施进行费用效益对比。

费用效益分析法（又称费用效果分析法），即为实现某一特定的目的时，可供选择的经济技术方案很多，这些方案在实现目的的效果上和消耗的费用上各不相同，通过效用分析可以从这些方案中找出效益费用比最高或效果费用比最高的方案。

常用的费用效益分析方法有寿命周期费用分析、费用效益率分析、等效年度费用和长寿命费用指数等，具体参数及输出如表 4-15 所示。

常用的费用效益分析方法　　表 4-15

方　法	参　数	输　出
寿命周期费用分析	利率、通货膨胀、分析期措施的单位成本、措施的期望适用寿命	计算每个养护措施的当量年度费用（EUAC），最小者为最佳措施
费用效益率分析	路面的使用性能曲线	路面使用性能曲线辖的面积等同效益
等效年度费用	设备、人工、材料的费用、措施的单位成本、寿命	每个期望寿命内的单位成本
长寿命费用指数	单位成本的现值、交通荷载、措施的使用寿命	建立措施费用现值和交通量之间的关系

等效年度费用法由于方法简单，便于理解和运算，故常用来评价预防性养护措施的费用效益，其计算方法见式（4-8）：

$$\text{等效年度费用(EAC)} = \frac{\text{单位成本}}{\text{期望寿命}} \tag{4-8}$$

因此，使用费用效益分析法确定预防性养护措施的关键问题为：①根据特定路况条件和养护措施的技术特点确定初步合适的预防性养护措施；②根据可获得的原材料费用、施工机械费用以及人工费确定预防性养护措施的单位成本；③观察并确定常用预防性养护措施的使用寿命；④确定各种预防性养护措施的等效年度费用，最小的等效年度费用具有最佳的经济性，可在实际工程中优先考虑。

沥青路面的预防性养护措施的费用和效果可考察预防性养护措施的技术经济特征，见表4-16，费用与预防性养护措施的单位费用即单价相对应，效果与预防性养护措施的使用寿命相对应。

参照表 4-16 数据，对预防性养护对策库中初选的措施进行费用效益分析，一般而言，EAC 越低，预防性养护措施费用效益越好。因此，应优先选择 EAC 较小的预防性养护措施。但并不是具有最小的 EAC 措施就是最合适的预防性养护措施，还有其他一些因素影响。因此，在费用效益分析的基础上，选择 EAC 较小的几种措施，进行综合评判。

常用预防性养护措施等效年度费用（EAC） 表 4-16

序号	预防性养护措施	平均寿命（年）	平均费用（元/m^2）	EAC
1	雾封层	1.5	7.5	5.00
2	碎石封层	3	16.5	5.50
3	薄层加铺	4	57.5	14.38
4	稀浆封层	3	17.5	5.83
5	微表处	4	21.5	5.38
6	沥再生	3	23.5	7.83
7	就地热再生	4	42.5	10.63

4.3.3 综合评判

在进行费用效益分析后，可能出现几种不同的预防性养护措施的费用效益都比较好并且在实际工程中都可以接受，此时就需要对这几种预防性养护措施进一步综合评判，综合考虑工程因素对这几种预防性养护措施的影响再进行选择。要综合考虑当地或附近可获得的材料、施工质量、耐久性、气候、交通影响、行驶舒适性、抗滑性、环保和美观等工程因素，分别对具有较佳费用效益的预防性养护措施做进一步的分析，以确保最终选择出的预养护措施具有工程可实施性。

1）综合评判影响因素

在预防性养护措施选择工程中，决策者需要综合考虑施工因素、用户因素和环境因素对具体预防性养护工程的要求。其中施工因素包括当地可获得的材料、施工质量、气候和耐久性等；用户因素包括施工对交通的影响、行驶的舒适性、抗滑性等；环境因素包括环保和美观等。

综合考虑地区的实际情况，确定了沥青路面预防性养护措施综合评判的影响因素，见图 4-3。

2）预防性养护措施的最终确定

预防性养护措施最终确定采用综合评判法，即考虑图 4-3 中 9 种影响因素，根据预防性养护措施的自身特点，制订出每种措施中每个影响因素的属性值；然后针对具体的工程条件确定出每种因素的权重系数，以综合评判系数 k 最大为标准，选择出最合适的预防性养护措施，计算公式可按式（4-9）进行：

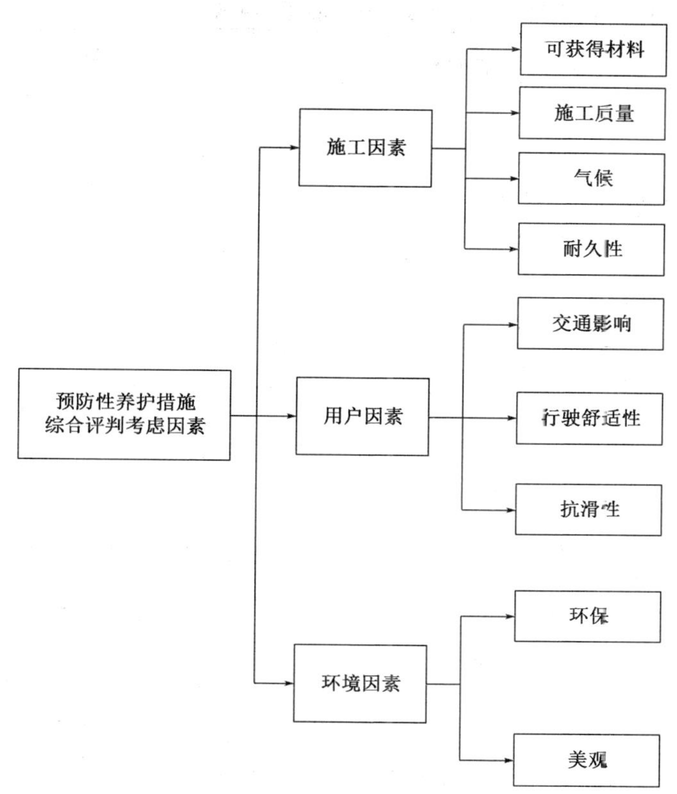

图 4-3　预防性养护措施综合评判的影响因素

$$k = \sum_{j=1}^{n} C_{ij} W_{ij} \tag{4-9}$$

式中：k——综合评判系数；

C_{ij}——第 i 种待选预防性养护措施第 j 种影响因素的特征属性值；

W_{ij}——第 i 种待选预防性养护措施第 j 种影响因素的权重系数；

n——影响因素的数目。

3）影响因素权重系数的确定

权重系数 W_{ij} 可以用百分制的形式表示，每个影响因素的权重系数，其值与道路等级或交通量有关。借鉴国外的研究经验，结合实际情况，给出了不同等级和交通量公路的影响因素权重系数的推荐范围和代表值，见表 4-17。

沥青路面预防性养护的影响因素权重系数（W_{ij}）　　表 4-17

序号	影响因素	高等级道路、AADT＞5000pcu/d 的权重系数		普通道路、AADT≤5000pcu/d 的权重系数	
		推荐范围	代表值	推荐范围	代表值
1	可获得材料	5～15	10	10～20	15
2	施工质量	15～25	20	15～25	20
3	气候	0～10	5	0～10	5
4	耐久性	10～20	15	5～15	10
5	交通影响	10～20	15	5～15	10
6	行驶舒适性	10～20	15	10～20	15
7	抗滑性	5～15	10	5～15	10
8	环保	0～10	5	5～15	10
9	美观	0～10	5	0～10	5
合计		—	100	—	100

4）各项待选措施的特征属性值

各项待选措施的特征属性值 C_{ij}，以 5 分制来进行评定，即 5 分代表非常重要，1 分代表不重要。根据具体情况，并借鉴美国 FP2 的研究成果，给出了各个预防性养护措施特征属性值的范围与推荐值，见表 4-18。

预防性养护措施的特征属性值的范围与推荐值（C_{ij}）　　表 4-18

序号	影响因素	稀浆封层		微表处		碎石封层		复合封层		薄层沥青加铺	
		范围	推荐值	范围	推荐值	范围	推荐值	范围	推荐值	范围	推荐值
1	可获得材料[a]	4～5	5	4～5	5	3～4	4	3～4	4	4～5	5
2	施工质量[b]	3～5	5	3～5	5	2～4	3	2～4	3	3～5	5
3	气候[c]	2～4	3	2～4	3	2～3	3	2～3	3	2～4	3
4	耐久性[d]	3～4	4	4～5	5	3～4	4	4～5	5	4～5	5
5	交通影响[e]	2～4	3	3～4	4	2～4	3	1～3	2	2～3	2
6	行驶舒适性[f]	3～4	4	3～4	4	3～4	4	3～4	4	4～5	5
7	抗滑性[g]	4～5	5	4～5	5	4～5	5	4～5	5	4～5	5
8	环保[h]	4～5	5	4～5	5	3～4	4	3～4	4	3～4	4
9	美观[i]	4～5	5	4～5	5	4～5	5	4～5	5	4～5	5

续上表

序号	影响因素	超薄层沥青加铺		灌封或封缝		雾状封层		沥青再生处治		—	
		范围	推荐值	范围	推荐值	范围	推荐值	范围	推荐值	—	—
1	可获得材料[a]	4～5	5	3～5	5	4～5	5	4～5	5	—	—
2	施工质量[b]	3～5	5	3～5	5	3～5	5	3～5	5	—	—
3	气候[c]	2～4	3	2～4	4	2～4	4	2～4	4		
4	耐久性[d]	4～5	5	1～2	2	1～2	2	3～4	4	—	—
5	交通影响[e]	2～3	2	2～4	3	2～4	3	2～4	3	—	—
6	行驶舒适性[f]	4～5	5	3～5	4	4～5	5	4～5	5	—	—
7	抗滑性[g]	4～5	5	3～4	4	3～4	4	3～4	4	—	—
8	环保[h]	3～4	4	4～5	5	4～5	5	3～4	4	—	—
9	美观[i]	4～5	5	3～5	4	4～5	5	4～5	5	—	—

注：a——获得符合质量要求的材料的难易程度（5 = 很容易，1 = 很难）；
b——施工单位的熟练度和经验（5 = 质量很好，1 = 质量很差）；
c——气候对施工质量的影响（5 = 几乎没有影响，1 = 影响很大）；
d——预防性养护措施的使用寿命（5 = 最长，1 = 最短）；
e——对交通影响的程度（5 = 几乎没有影响，1 = 影响很大）；
f——对路面行驶舒适度的改善（5 = 改善很大，1 = 没有改善）；
g——对路面抗滑性的改善（5 = 改善很大，1 = 没有改善）；
h——施工对周围环境的影响（5 = 几乎没有影响，1 = 影响很大）；
i——路面外观的改善（5 = 改善很大，1 = 没有改善）。

4.3.4　预防性养护对策选择流程

预防性养护对策选择按照以下步骤进行：

（1）对当前道路路面状况进行评价，根据预防性养护标准，判断当前路面是否适合预防性养护。

（2）在路面适合预防性养护的前提下，根据道路的主导病害类型及严重程度、公路等级和交通量，依照沥青路面预防性养护对策库，选择技术上满足要求的所有预防性养护措施。

（3）考虑经济因素，对所有适用的预防性养护措施进行费用效益分析，进一步筛选出费用效益良好的预防性养护措施。

（4）考虑施工因素、用户因素和环境因素，对预防性养护措施进行综合评判，最终确定最合适的预防性养护措施。

预防性养护措施的选择流程如图 4-4 所示。

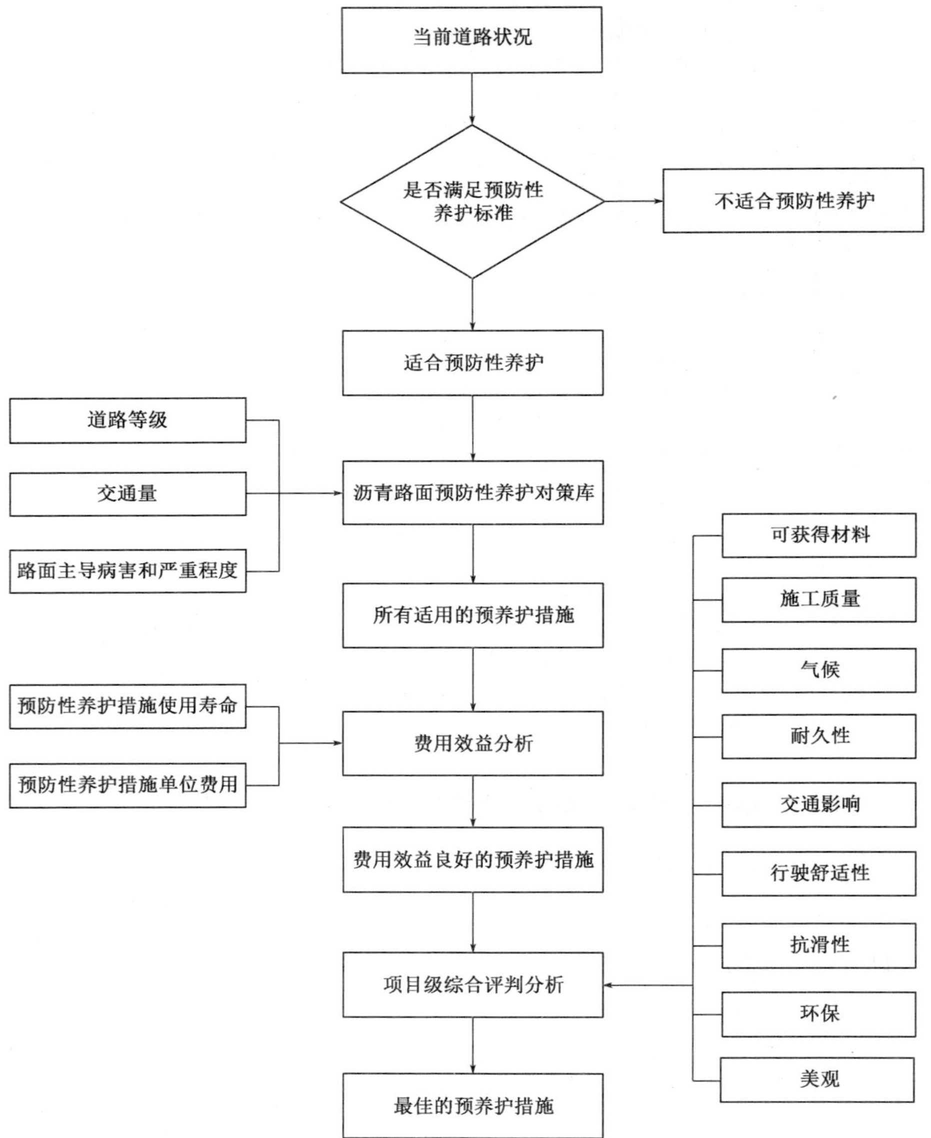

图 4-4　沥青路面预防性养护对策选择流程图

4.4 本章小结

（1）从我国沥青路面养护思路出发，预防性养护的主要指标选择 PCI、RQI、RDI、SRI（SFC）与 PSSI（SSI），其中 PCI 为主要判断指标。根据预防性养护理念，参考国外预防性养护标准，结合具体情况，确定沥青路面预防性养护标准。

（2）确定了沥青路面预防性养护决策选择的方法，首先建立沥青路面预防性养护措施对策库，确定不同的养护措施的适用范围，根据路面状况和病害类型与程度确定技术上可行的措施；其次，对技术上满足要求的措施，进行费用效益分析，选择几种费用效益较好的技术措施；最后，根据道路的施工因素、用户因素和环境因素，确定最优的技术措施。

第 5 章　沥青路面最佳预养护时间研究

预养护的效果很大程度上取决于预养护措施实施时的路面状况，因而预养护措施只能在路面寿命周期内的某一段时间应用才能发挥其优良的性能。如果在正确的时间应用，预养护措施将是达到预养护目标——保持路面优良服务性能和延长路面使用寿命的一种具有良好费用效益的方法。预养护措施应用得过早，会造成有限养护资金的浪费；应用得过晚，则费用效益可能很差或者几乎没有。因此，很有必要研究预养护措施实施的最佳时间，提出一种确定最佳预养护时间的方法和理论，以指导沥青路面预养护实践，充分发挥预养护措施的性能，并最终以最小的养护费用获得最大的效益。

5.1　沥青路面最佳预养护时间的确定方法

最佳预养护时间确定方法采用费用效益分析法，即是对预养护措施进行费用效益分析，费用效益达到最大的时间为最佳预养护时间。

沥青路面最佳预防性养护时间的确定思路如下：

（1）根据路面预养护判断指标——路面性能的衰变曲线及其预养护标准确定预养护的时间范围，并选择一系列预养护时间方案。

（2）根据预养护对策所选择的最合适的预养护措施，选择相应的预养护效益分析指标。

（3）通过对效益分析指标的衰变曲线（或方程）进行分析，求出各时间方案的预养护效益面积，对于多指标的情况进一步考虑预养护效益面积的标准化。

（4）计算各预养护时间方案的当量年度费用和效益费用比。

最终选择效益费用比最大的时间方案所对应的时间作为最佳预养护时间。具体流程见图 5-1。

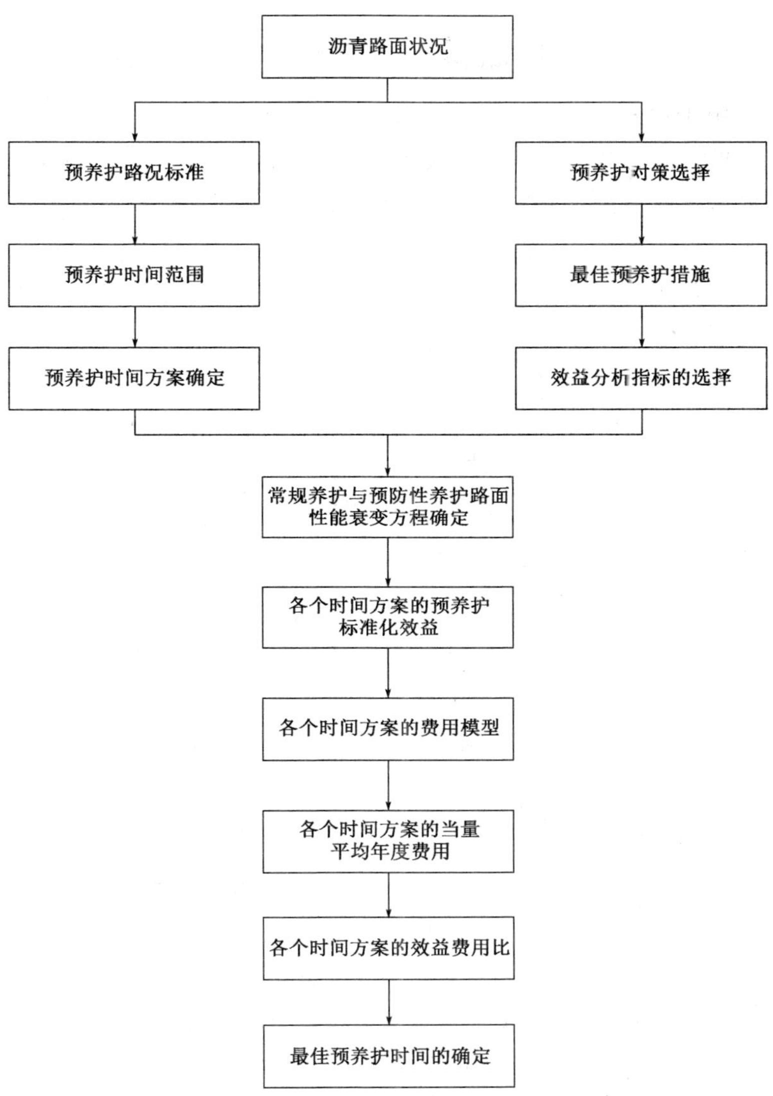

图 5-1　最佳预养护时间确定流程图

5.2　预养护时间方案的选择

在适合预养护的时间范围内选择多种时间方案，然后对各预养护时间方案分别进行费用效益分析，最终选择效益费用比最大的方案所对应的时间作为最佳预养护时间。

5.2.1 预养护时间范围的确定

由于预养护措施只在合适的路面状况下使用，才能充分发挥预养护措施的性能，实现其良好的养护效果。因而，在选择预养护时间方案时，首先需要明确预养护措施适用的路况范围。由路况衰变曲线或方程可知，路况是路面使用时间的函数，因此可根据预养护措施适用的路况范围确定合适预养护的时间范围。

预养护措施适用的路况范围可根据预养护的路况标准得到。预养护标准见上一章表 4-12 或表 4-13。

预养护的路况标准以 PCI 为主要判断指标，以 RQI、RDI、PSSI 和 SRI 为辅助检验指标。记预养护的时间范围为 $[X_A, X_B]$，其中，X_A 为预养护时间范围的上限，X_B 为预养护时间的下限。X_A、X_B 可分别由式（5-1）和式（5-2）计算，其意义见图 5-2 与图 5-3。

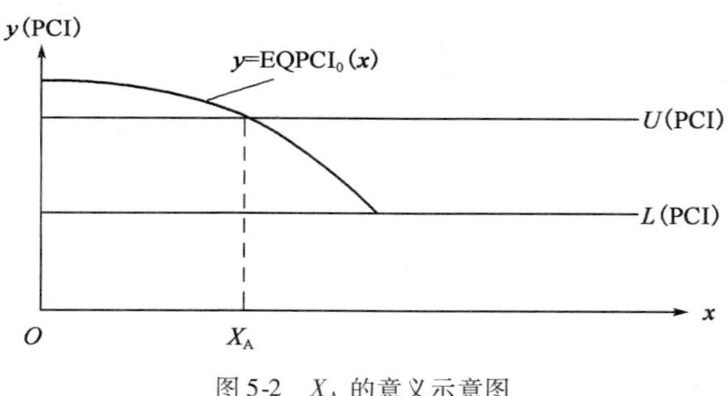

图 5-2 X_A 的意义示意图

$$\mathrm{EQPCI}_0(x) = U(\mathrm{PCI}) \tag{5-1}$$

$$\min\{X_1, X_2, X_3, X_4\} \tag{5-2}$$

式中：$\mathrm{EQPCI}_0(x)$ ——新建路面或新近一次大中修或预养护后 PCI 的衰变方程；

$U(\mathrm{PCI})$ ——PCI 的预养护标准的上限；

$L(\mathrm{PCI})$ ——PCI 的预养护标准的下限；

X_1——由 $\mathrm{EQPCI}_0(x) = L(\mathrm{PCI})$ 计算得到；

X_2——由 $\mathrm{EQRQI}_0(x) = L(\mathrm{RQI})$ 计算得到；

X_3——由 $\mathrm{EQSRI}_0(x) = L(\mathrm{SRI})$ 计算得到；

X_4——由 $\mathrm{EQRDI}_0(x) = L(\mathrm{RDI})$ 计算得到。

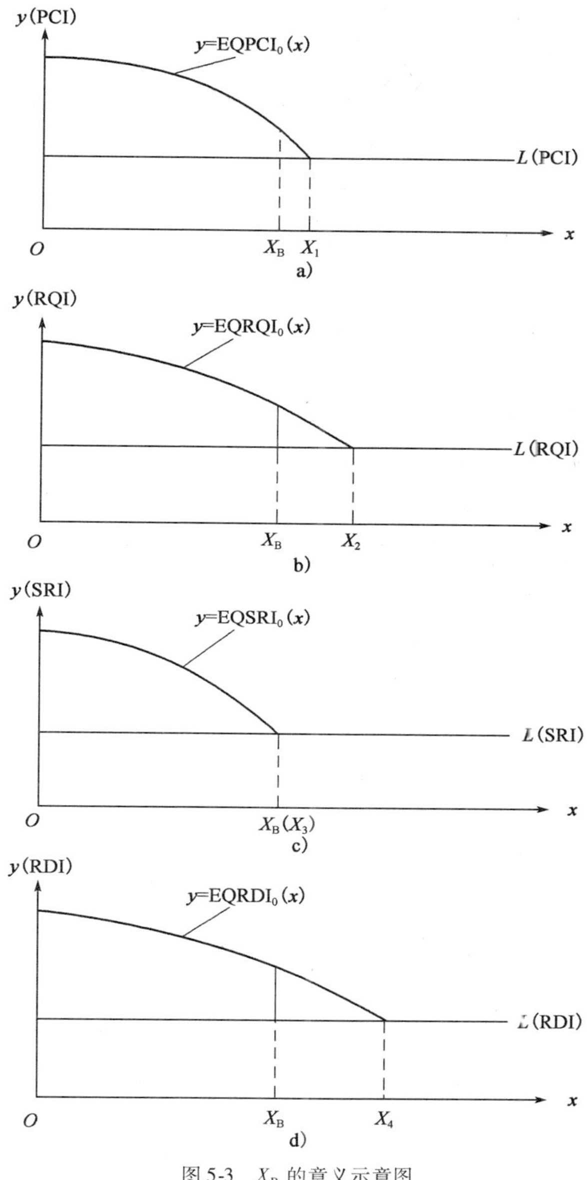

图 5-3　X_B 的意义示意图

5.2.2　预养护时间方案的选择方法

不同的时间方案即代表不同的原路面状况下使用预养护的措施。在不同的原路面状况下，使用同一种预养护措施所获得的效益和所花费的费用一般不相同，因此通过费用效益分析即可确定费用效益最佳的时间方案。最佳时间方案所对应的原路面状况即为预养护措施适用的最佳路面状况，所对应的时间即为最佳预养护时间。根据选择依据不同，预养护时间方案的选择方法可分为时间间隔法和用户自定义法两种。

1）时间间隔法

时间间隔法是在路面的预养护时间范围 $[X_A, X_B]$ 内，按一定的时间间隔来选择预养护时间方案。理论上，时间间隔的大小可根据需要选择，时间间隔越小，分析结果越准确，越接近真实的最佳预养护时间。但实际上，由于路况预测模型预测的结果和未来的实际情况存在偏差，加之预养护措施的性能随设计和施工质量等因素也具有不确定性，因此分析结果与实际情况必然有偏差，因而没有必要把时间间隔选得太小。

时间间隔可由用户自行选择，假设所选择的时间间隔为 Δt，根据预养护的时间范围 $[X_A, X_B]$ 即可得到 n 个时间方案，n 由式（5-3）确定。各时间方案的最大区别在于预养护措施实施的时间点不同，记第 j 个时间方案所对应的实施时间点为 X_{sj}，由式（5-4）确定。

$$n = \left[\frac{X_B - X_A}{\Delta t}\right] + 1 \tag{5-3}$$

式中，[*] 表示对 [ ] 内数据 * 取整。

$$X_{sj} = X_A + (j-1)\Delta t \tag{5-4}$$

2）用户自定义法

用户自定义法是指用户根据实际情况，在适合预养护的时间范围内选择几个可能的时间（可不等间距）作为预养护时间方案，然后再分别对各预养护时间方案进行费用效益分析。比如，某沥青路面适合预养护的时间范围是［2.3，7.9］，当地养护部门每一年中安排一次预养护，根据实际条件可选择预养护的比选时间方案为 2.5 年、3.5 年、4.5 年、5.5 年和 6.5 年。

针对所选择的系列时间比选方案，对每个预养护时间都进行效益和费用的计算分析，以确定最佳的预养护时间。

本研究结果采用了以上两种方法确定预养护时间方案，先利用时间间隔法确定一系列时间方案，然后每个时间方案用户均可修改，即用户可选择自定义法。

5.3　预养护效益分析指标

对道路养护部门和用户而言，预养护所产生的效益主要反映在路面状况的改善和路面使用寿命的延长两方面。路面状况的改善主要表现为路况指标数值的提高，而延长的路面使用寿命则表现为，由于预养护延缓了路面损坏而相对于常规养护方法增加了路面使用时间。由于各种预养护措施的性能不尽相同，因而对路面状况的改善也反映在不同的方面，如填补裂缝、防止松散、改善抗滑性、修补车辙等。如果没有统一的分析指标，那么各种预养护措施的效益分析工作将变得十分复杂，而且缺乏可行性。因而，在研究时需要选择一些统一的路况指标作为预养护效益分析指标。同时，由于预养护措施往往对路面状况具有多方面的改善，因而针对一种具体的预养护措施而言，往往费用分析指标有多个。为了综合所有方面的效益，可以为各效益分析指标分配一个权重系数。

5.3.1　预养护效益分析指标的选择

不同预养护措施对路面状况的改善反映在不同的方面，因而预养护效益分析指标的选择与预养护措施的类型有关。美国 NCHRP 中提出的效益分析指标选择原则是：

（1）分析指标必须是可随时间跟踪的可量化指标；

（2）分析指标必须能体现路面的使用性能，特别要能够反映预养护措施的最大特点；

（3）分析指标的数值在应用预养护措施前后发生改变。

由于其科学、实用，所以参照这一原则选择预养护的效益分析指标。国内外的研究和实践表明，表面加铺类预养护措施一般均能改善原路面的损坏状况、表面平整度和摩阻系数；而填补类和表面活性剂类预养护措施分别能修补路面的损坏（如裂缝、小坑槽等）和改善路面的老化状况，而对路面的平整度和摩阻系数基本没有影响。可见，前者对 PCI、RQI、SRI 和 RDI 四项路况指标均有或大或小的改善效果，后者只对 PCI 有改善效果。考虑到 PCI、RQI、SRI 和 RDI 既是道路养护部门和用户比较关心的四项路况指标，又是可随时间跟踪变化的可量化指标。因此，针对不同的预养护措施选择了相应的分析指标，见表5-1。

各种预养护措施的效益分析指标　　表5-1

编号	措施类型	预养护措施	效益分析指标
1	表面加铺类	稀浆封层 微表处 碎石封层 就地热再生 薄层加铺	PCI RQI SRI RDI
2	表面活性剂类	雾状封层 沥青再生剂	PCI

注：由于预养护措施只能延缓路面结构的损坏而不能对路面结构起到补强作用，因而在进行预养护效益的分析和计算时，一般不把路面强度系数SSI作为效益分析指标。

5.3.2　效益分析指标的权重系数

一种好的预养护措施不仅应具有良好的技术性能，同时还应最大限度地满足用户的要求。对养护部门而言，路面状况指数PCI和路面强度系数SSI决定了路面的使用寿命，因而是最重要的；而对于用户而言，路面的平整度和抗滑性能决定着路面的行驶舒适性和安全性，因而RQI和SRI是最重要的。因此，在分析和计算预养护效益时，不仅要体现预养护措施的技术性能，还应反映人们要求和关注的重点。

参照NCHRP的方法，为各效益分析指标分配一个权重系数，称为效益权重系数，用以反映用户关注的重点和各效益分析指标之间的相对重要性。由于公路等级是根据用户的使用要求和公路的服务水平划分的。不同的公路等级，用户的期望水平是不相同的。比如，用户对高速公路的平整度和抗滑性能的要求明显高于其他等级的公路，而对于同一公路等级期望水平则基本相同。因而，可认为效益权重系数主要与公路等级有关。

经调查统计得到不同等级公路各分析指标的效益权重系数，见表5-2。对只有一个效益分析指标的预养护措施而言，效益权重系数取1.0。针对具有多个效益分析指标的预养护措施，在算得各分析指标的预养护效益后，按其效益权重系数加权即可得到总的预养护效益。

各分析指标的效益权重系数　　表5-2

权重	高速公路	一级公路	二级公路	三级公路	四级公路
γ_{PCI}	0.35	0.35	0.60	0.60	0.60

续上表

权重	高速公路	一级公路	二级公路	三级公路	四级公路
γ_{RQI}	0.40	0.40	0.40	0.40	0.40
γ_{RDI}	0.15	0.15	0	0	0
γ_{SRI}	0.10	0.10	0	0	0

注：效益权重系数是指各分析指标对于路面服务质量、使用寿命等而言的相对重要性，以小数表示，其总和为 1。如为单指标时，权重为 1。

5.4　沥青路面使用性能衰变方程

路面使用性能的变化是许多因素的函数，这些因素包括路面结构、路基强度、路面强度和厚度、行车荷载、环境因素、养护类型和等级、施工水平、路面材料、投入使用的时间以及以上这些因素的综合作用等。路面使用性能衰变模型是路面研究中不可缺少的部分，是路面分析、设计、管理乃至施工的理论基础。

在建立路面使用性能模型时，依管理水平和基础资料的详细程度不同而采用不同的衡量指标，可以采用比较具体的疲劳开裂、车辙、平整度和结构承载能力等，也可以采用综合性路况指标，如 PSI、PCI 等。前者具有比较强的针对性，有利于对路面进行详细的评价，或对养护或改建方案进行详细的设计和评价；而后者反映了路面的整体性能。目前，许多国家和地区依据各自的需求和条件已经建立了多种路面使用性能模型，且已经在路面分析和设计过程中得到了应用。

要使所建立的路面衰变模型能够真正地反映路面的衰变过程和导致路面性能衰变的主要因素，选择一个简洁、合理的方程形式是至关重要的，甚至是十分关键的。在一般的路面管理系统中，由于只需要大体推测其以后的变化趋势，所以对模型的要求较低，这些模型不能满足路面分析的需要。本书在前人研究的基础上，提出了一种新的路面使用性能衰变方程，该方程形式简单，可以定量描述各种衰变模式，且方程系数的数学物理含义明确。

5.4.1　国际上代表性的方程形式

对路面性能衰变规律的系统研究可追溯至 AASHO 试验，以此为基础，许多国家和地区建立了各自的路面性能衰变方程。但由于研究目的不同，方程的繁简程度和方程形式相差很大，方程系数的数学物理含义也不明确，给后续研究带来了困难。

1）AASHO 模型

20 世纪 50 年代末 60 年代初，根据美国 AASHO 试验路的经验数据，以服务能力指数（PSI）为衡量指标，得到路面服务能力的基本方程：

$$PSI = PSI_0 - (PSI_0 - PSI_t)\left(\frac{ESAL}{ESAL_t}\right)^b \tag{5-5}$$

式中：PSI——现时服务能力指数；

PSI_0——PSI 的初始值；

PSI_t——PSI 的临界值；

ESAL——累计当量轴次（80kN）；

$ESAL_t$——$PSI = PSI_t$ 时对应的累计轴载作用次数；

b——与路面结构（SN）和交通荷载有关的参数。

这是最早的路面使用性能模型之一，适用于沥青路面和水泥混凝土路面。方程的每一个预测值均可通过观测值来校核。但是，预测精度取决于交通轴载 ESAL 的预测模型；模型具有很大的局限性。如果 PSI 的观测值大于 PSI_t，相应的累计轴载作用次数 ESAL 的观测值大于 $ESAL_t$ 时，该模型失效。

2）Alberta 省模型

基于 20 多年历史数据的回归分析，加拿大的 Alberta 省提出了一种修正的确定型模型。模型以 RCI（Roughness Condition Index）为预测指标，根据路面类型的不同，模型的形式也存在着差异。

碎砾石柔性基层：

$$\begin{aligned} RCI = & -6.36915 + 6.87009 \times \ln(RCI_P) - 0.16242 \times \ln(age2 + 1) + \\ & 0.18498 \times age - 0.08427 \times age \times \ln(RCI_P) \end{aligned} \tag{5-6}$$

半刚性基层：

$$RCI = -4.9856 + 5.802 \times \ln(RCI_P) - 0.1846 \times FDN \tag{5-7}$$

式中：RCI_P——上一个 RCI 值（每隔 4 年评定 1 次）；

FDN——温度修正系数，对于北部气候带为 1，其他为 0。

模型以 RCI 观测值为初值进行预测。考虑到不同年份内平整度量测上的差异，采用最近两次 RCI 观测值的平均值作为预测起点。

3）Sasktchewan 省模型

以世界银行的公路设计养护标准（HDMS）模型为基础，Saskatchewan 省公路交通部门（SHT）采用一种经过修正的确定型模型。模型采用国际平整度指数 IRI 作为预测指标，认为 IRI 是时间、交通荷载和损坏状况的函数。模型形式如下：

$$dRI = 134 \times dNE4 \times e^{mt} \times (1 + MSN)^{-5} + m \times RI \times dt + 0.057 \times dRDM \tag{5-8}$$

式中：dRI——单位时间（dt）内 IRI 的变化量；

RI——时刻 t 对应的 IRI 值；

dNE4——单位时间 dt 内累计轴载作用次数 ESAL；

MSN——结构校正量；

dt——单位时间间隔；

dRDM——单位时间内车辙深度的变化量。

模型通过历史数据的统计分析，确定气候的最优调节系数。统计分析结果类似于 Alberta 省模型，RI 变化显著，观测值与预测值的相关性较差。

4）Idaho 州模型

美国 Idaho 州交通局以 PSI（PSI 的评分采用 5 分制）为预测指标，采用如下模型：

$$PSI = PSI_0 \times B^{-(ESAL_C)D} \tag{5-9}$$

$$B = \frac{PSI_0}{PSI_t}$$

$$D = \frac{\ln[\ln(PSI_0) - \ln(PSI_i)]}{\ln\left(\frac{ESAL_C}{C}\right)}$$

$$C = \begin{cases} ESAL & (PSI_i > PSI_t) \\ \dfrac{ESAL_C \times \ln(B)}{\ln(PSI_0) - \ln(PSI_i)} & (PSI_i < PSI_t) \end{cases}$$

式中：PSI——相应于 $ESAL_C$ 的 PSI 预测值；

PSI_0——PSI 的初始值；

PSI_i——当前的 PSI 值；

PSI_t——PSI 的临界值；

$ESAL_C$——累计轴载作用次数。

模型通过形状参数 D 来调整 PSI 的观测值，对于 $PSI_i > PSI_t$，$ESAL > ESAL_C$ 情况同样适用，解决了 AASHTO 模型适用范围不足的问题。

5）华盛顿州模型

美国华盛顿州的路面管理系统将平整度和路面损坏状况综合成一个评价指标 R，以 R 作为使用性能变量，综合 13 年的观测资料，对柔性路面的养护和改建对策提出了综合使用性能指标 R 的预估模型：

$$R=\begin{cases}99.85-0.21112y^{2.25} & \text{（日常养护）}\\100-1.41088y^{2.00} & \text{（2.5cm 厚加铺层）}\\100-0.13637y^{2.50} & \text{（4.5cm 厚加铺层）}\\100-0.01615y^{3.00} & \text{（7.5cm 厚加铺层）}\end{cases} \tag{5-10}$$

式中：y——路龄。

华盛顿州预估模型的主要用途是为了预测 2～3 年时间内的问题，以便安排改建计划和得到上级管理部门对计划的批复。若外推 2～3 年的路况，此法是可行的，但如果预测的时间要求更长时，其预测结果的可靠性就大为降低。

6）Arizona 州模型

美国 Arizona 州通过对三个地区不同路龄的路面使用性能变量及其影响变量进行分析后，得到了典型的概率型回归模型。

平整度：

$$\Delta R_n = 0.138R + 2.65R_g^2 - 0.125 \qquad (R^2 = 0.54, S = 10.4, F = 38) \tag{5-11}$$

罩面后的平整度：

$$\Delta R_n = 65.29 - 0.78R_B - 0.3055T_H \qquad (R^2 = 0.9379) \tag{5-12}$$

式中：ΔR_n——第 2 年开裂量和平整度的变化；

R——现有的开裂量和平整度；

R_g——地区系数；

R_B——罩面前的平整度；

T_H——罩面厚度（mm）。

这是一种类推加外延的回归模型，克服了外推模型精度较差的缺点，为不同情况下的路面建立了统一的预测方程。计算 ΔR_n 的数学期望值和方差，并将其按正态分布离散化，可进一步得到使用性能变量的马尔可夫转移概率

1）北京模型

北京地区选用路况指数（PCI）、行驶质量指数（RQI）和结构性能（以路表弯沉和现有交通量共同表征）作为路面使用性能变量，使用性能影响变量选用路面使用年数，建立如下预测模型：

$$\mathrm{PCI} = 100\mathrm{e}^{-ay^{b}} \tag{5-22}$$

$$\mathrm{RQI} = c\mathrm{e}^{-dy} \tag{5-23}$$

$$L = \left(\frac{\mathrm{e}}{\mathrm{PCI}}\right)^{\frac{1}{m}} \tag{5-24}$$

式中：　　y——路龄；

a、b、c、d、m——参数。

2）天津模型

原模型：

$$Y_{e_0} = a_0\mathrm{e}^{-b_0^{N}} \tag{5-25}$$

标准模型：

$$Y_{e_b} = a_0\mathrm{e}^{-bN} \tag{5-26}$$

式中：N——累计轴载作用次数；

a_0、b_0——参数，按表 5-5 取值。

参数 a_0、b_0 取值　　表 5-5

参　数	a_0	b_0
$N \geqslant 1.0$	100	0.008310
$0.7 \leqslant N < 1.0$	100	0.001194
$N < 0.7$	100	0.002940

3）广东模型

$$\mathrm{RQI} = 5.0\mathrm{e}^{-dy} \tag{5-27}$$

式中：y——路面使用年限；

d——回归参数。

4）上海模型

以上三种模型均采用指数形式，很好地拟合了路面变化的实际情况，客观反映出路面使用性能随使用年数的增加而衰减的具体规律。但是模型中的各参数缺乏明确的物理含义；参数对路面数据采集误差非常敏感，参数的各回归值没有明确的规律，不便于后续研究的开展。针对上述缺点，同济大学孙立军等提出了一种衰变方程：

$$PPI = PPI_0(1 - e^{-(\alpha/y)\beta}) \tag{5-28}$$

式中：PPI——使用性能指数（PCI、RQI 或其综合）；

PPI_0——初始使用性能指数；

y——路龄；

α、β——模型参数。

式（5-28）克服了前述模型的缺点，参数 α、β 的物理含义明确，分别表示路面的寿命因子和模式因子。但是该方程形式较复杂，y 在分母上不利于参数的回归，且对于 $y=0$ 时公式无法计算，只能认为 $y\to 0$ 时，$PPI\to PPI_0$，这与实际 $y=0$ 时 $PPI=PPI_0$ 不太符合。

5.4.3 沥青路面使用性能衰变方程的提出

随着研究的深入，人们需要对交通、路面、材料和环境等因素与路面性能的关系做出定量研究，为路面设计、管理提供更科学、更全面的理论基础。而国内外现有的方程形式难以满足这一要求，尤其在结构状况、环境因素对路面性能的影响方面，更缺乏简便易行的理论基础。为此，在分析国内外路面性能研究的基础上，将路面性能衰变过程划分为 4 种典型模式，提出了能够定量描述各种衰变模式且方程系数的数学物理含义明确的路面性能衰变方程，从而可将任一使用性能曲线用两个简单的回归常数来表示，为进一步的研究奠定了简易可行的基础。

1）使用性能典型衰变模式

路面在使用过程中，随着时间的推移，在荷载和环境因素的影响作用下，路面状况不断恶化，使用性能逐渐下降。由于影响因素的复杂性和路面结构本身的差异导致路面使用性能的衰变会出现多种模式。孙立军等综合国外路面使用性能的研究成果，结合对国内部分省市（或地区）路面使用性能实际变化状况的分析，将路面使用性能的不同衰变过程归纳为 4 种典型模式，衰变曲线形式如图 5-4 所示。

图 5-4 中，4 条曲线代表 4 种不同的损坏类型，它们的共同特点是：随着使用时间或荷载作用次数的增加，使用性能呈下降趋势，即路况在不断恶化，所能提供的服务能力日益衰减，只是 4 种曲线反映的衰变过程有快有慢。

曲线 a 为凸形曲线（先慢后快型）。国外路面的衰变模式大多呈现这种形状。此种损坏模式一定程度上反映出路面结构能力较强，能有效抵御包括行车荷载、环境因素造成的损坏，损坏速度缓慢。但随着时间的推移和行车荷载作用次数的增加，路面难免产生疲劳、裂缝和变形等损坏，这些损坏降低了路面的结构能力；在荷载和环境的综合作用下，路面损坏的速率越来越快。

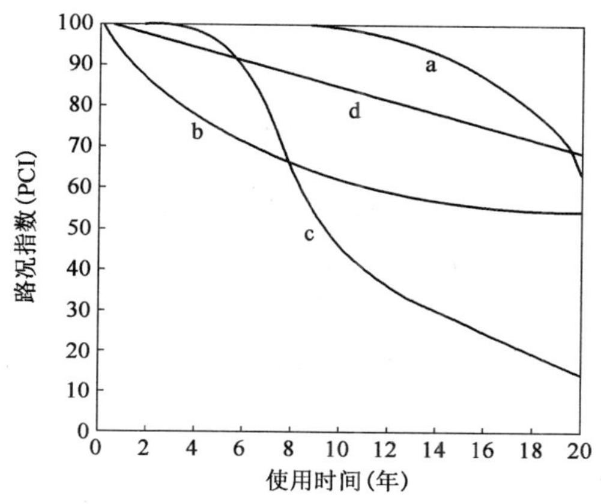

图5-4 路面使用性能的典型衰变模式

曲线b为凹形曲线（先快后慢型）。路面初期、早期的使用性能下降很快，而后期变慢。这种形式在我国极为普遍。由于设计和施工的诸多原因，路面投入使用后，很快出现损坏；而损坏的出现会大大降低路面服务能力。养护部门不得不投入较多的资金进行路面维护，以延缓其恶化速率，使道路在较长的时间内仅能以较低水平提供服务。

曲线c为反S形曲线。路面使用初期，由于路面结构抗力较强，路面的损坏较少，服务能力衰变较慢；而后随着荷载作用年限的增加，损坏速度有所增加；而到了使用性能后期，路面的损坏又趋缓慢。这种形式可以看作是前两种形式的结合，一定程度上也反映出整体强度对路面使用性能的影响。

曲线d描述的是路面投入运营后使用性能随使用年限的增加近似呈直线递减，路面早期损坏快，后期又缺乏必要的养护维修措施。

2）沥青路面使用性能的衰变方程

作为一个标准（或通用）的路面使用性能方程，应该满足以下条件：能够正确地反映路面性能衰变的全过程，拟合各种衰变模式；随着使用年数或累计轴载作用次数的增加，路面使用性能指数单调减小；满足必要的边界条件；方程形式简单，参数意义明确，能够为路面性能的深入研究奠定基础。

因此，根据以上原则，经过大量的数据分析比较和深入研究，提出沥青路面使用性能衰变方程形式如下：

$$PPI = PPI_0 \times e^{-\left(\frac{x}{a}\right)^b} \tag{5-29}$$

式中：PPI——路面使用性能指数（PCI、RQI、RDI、SRI 等）；

PPI_0——路面初始使用性能指数；

x——路龄；

a、b——模型参数。

该方程形式简单，便于回归，并且各参数具有明确的物理意义。选定使用年数（路龄）x 作为唯一变量，不仅充分考虑了荷载因素的作用，而且较好地计入了非荷载因素对路面使用性能的影响。PPI_0 一般情况下为 100，有时略小于 100，表示路面开始使用时的使用性能最好。a、b 为两个回归参数，均大于 0 时，路面使用性能参数单调减小；当 $x = 0$ 时，$PPI = PPI_0$；当 $x \to \infty$时，$PPI \to 0$。

当 $y = a$ 时，无论 b 值如何变化，总有：$\frac{PPI}{PPI_0} = e^{-1} = 0.368$，即曲线总要经过点（$a$，$0.368PPI_0$）。因此参数 a 的数学含义可认为是 PPI 衰减到初始值的 36.8% 时的路面使用年数。所以参数 a 的大小反映了路面使用寿命的长短，将其命名为路面的寿命因子（图 5-5）。

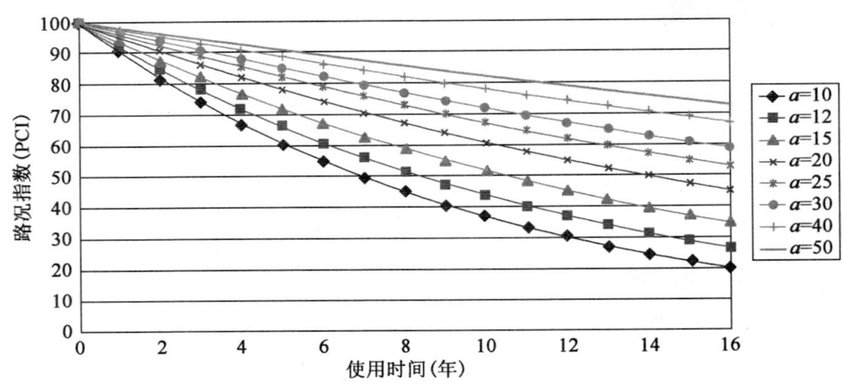

图 5-5　a 值对使用性能曲线的影响（$b = 1$）

当 b 值由小变大时，曲线由凹形逐渐变化为凸形或反 S 形（图 5-6），而随着 a 值的变化，曲线形状的变化并不明显，所以曲线的形状主要由 b 决定。不同的 b 值决定了路面的衰变模式，所以将 b 称为路面衰变的模式因子。

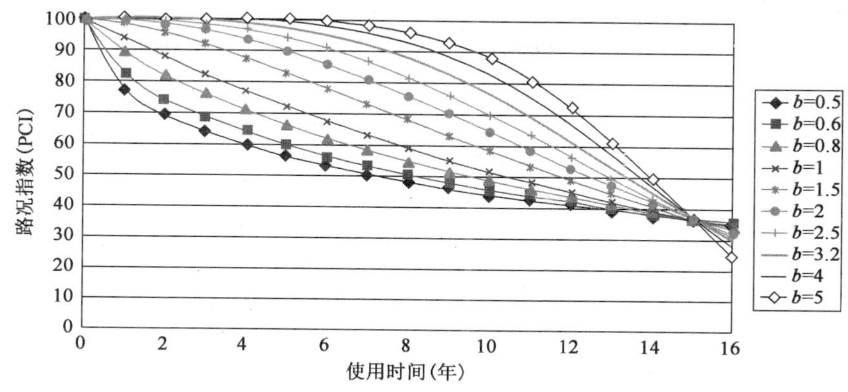

图 5-6　b 值对使用性能的影响（$a=15$）

采用不同的（a，b）组合，就可以拟合不同的路面衰变方程。图 5-7、图 5-8 是选用不同参数时相应的曲线形状，可以看出其覆盖了使用性能的 4 种典型衰变模式，说明该衰变方程具有普遍适用性。

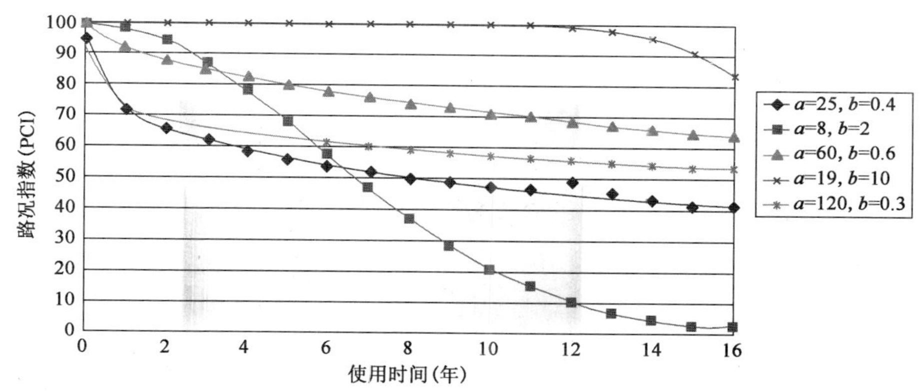

图 5-7　（a，b）不同组合时的曲线形状

曲线形状主要受参数 b 的控制，但并非与参数 a 毫无关系，只是曲线形状对 b 的敏感性比 a 大得多。当 a 和 b 组合适当时，曲线形状接近于直线。

综上所述，任何一个复杂的路面性能曲线与 a、b 存在着一一对应的关系，从而可以用一个二维点（a，b）来描述路面性能的衰变方程，可以对使用性能发展变化规律进行定量分析，为进一步研究路面使用性能提供了便利条件。同时可以推知，所有影响路面性能的因素都将影响参数 a、b 的大小，即：

$a=f$（交通荷载，结构强度，面层厚度，基层类型，环境状况，材料类型）

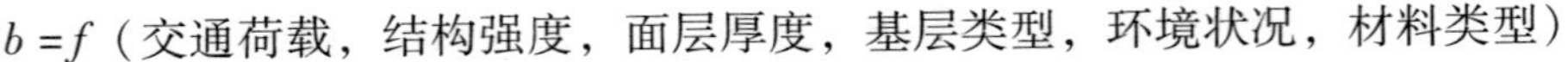

$b = f$（交通荷载，结构强度，面层厚度，基层类型，环境状况，材料类型）

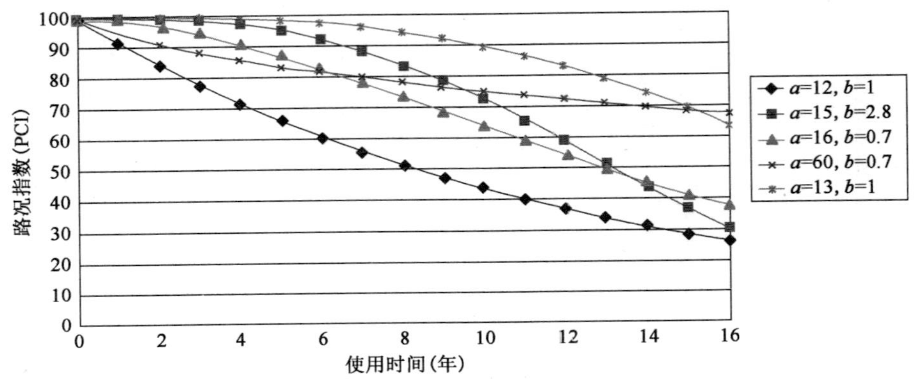

图 5-8　（a，b）不同组合时的使用性能衰变曲线

根据大量工程实测资料的归纳和工程经验的总结，图 5-9 标示出了 a、b 的关系及取值范围。通常 a 值取 10 ~ 50，b 值取 0.5 ~ 5。

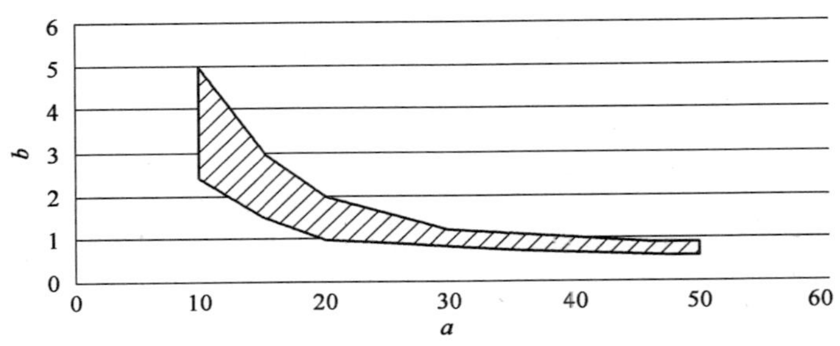

图 5-9　a、b 参数的关系及取值范围

研究结果将为路面养护管理系统软件的结构化设计提供良好的条件。随着路面结构、材料和工艺的变化，路面性能也将不同。有了研究的结果，可根据最新调查数据，对 a、b 值做自动修正。另外，方程的标准化有助于做到方程参数与计算机程序的分离。研究的结果是建立大型通用路面管理系统所不可缺少的条件。

标准衰变方程的现实意义是便于路面养护管理系统的推广应用。科学的路面养护管理需要对路面性能变化做出准确的预测，但由于各地目前的数据积累很少，数据精度也有待提高，难以建立高精度的预测方程。有了该研究结果，可根据对路面性能变化趋势的了解，事先对 a、b 值做出大致估计，有助于消除数据分析中的失误，用较少的数据得到较为准确的结果。

最佳养护时间的分析最关键的一步是确定常规养护与预防性养护路况指标的衰变方程。以上研究确定的沥青路面使用性能衰变方程可以作为常规养护与预防性养护路况指标的衰变方程。

5.5　预养护效益的计算

预养护所产生的两项效益——路面状况的改善和路面使用寿命的延长，均是相对于常规养护方法而言的。因此，需要对常规养护和预养护两种情况分别进行分析。然而，这两项效益很难量化为货币的形式。因此，在效益分析之前又需要寻找合适的效益表示方法和计算方法，以将两项效益充分表达出来。

5.5.1　预养护效益的表征方法

由于路面预养护为用户所带来的诸多效益难以量化，因此，人们一直在试图寻找合适的方法。目前，比较流行的做法是采用路面性能曲线下的面积来表示预养护的效益，即用户所获得的效益，简称用户效益。

虽然路面性能曲线下的面积没有明确的物理意义，但是它与路面的服务水平和使用寿命有关。路面的服务水平越高，使用寿命越长，路面性能曲线下的面积就越大。其实质就是采用路面性能曲线与时间的积分代替用户效益。为了说明上的方便，称上述方法为路面性能曲线法。理论上，在路面状况良好的情况下，预养护措施使用得较早，路面服务水平将保持在一个较高的水平，路面的使用寿命也较长，因此路面性能曲线下的面积较大，即具有较大的效益。反之，预养护措施使用得较晚，所获得的效益一般较小。综上所述，路面性能曲线法不仅综合反映路面状况的好坏和使用寿命的长短，而且其分析结果也符合预养护的理念和规律，因此可选择路面性能曲线下的面积来表示收益。为了方便理解，称之为效益面积。下面详细地分析预养护效益面积的计算过程和方法。

5.5.2　预养护效益计算基线

最初路面性能曲线法以整个路面性能曲线下的面积作为效益，这种做法不太合理，因为用户对路面的服务水平有一定的要求，因此在一定水平之下的面积不能作为用户所获得的效益。由于国外在路面状况评价时，一般将路面状况分为优（Excellent 或 Very good）、良（Good）、中（Fair）、次（Poor）、差（Very poor）五等。各等路面状况都有上下限，因此 NCHRP 在计算预养护效益时选择了上下两条效益计算基线。上线代表优的上限，上线以上的部分不计，比如摩擦系数优的上限是 42，如果实施预养护措施后检测结果是 46，则 42 以上的面积不计。下线代表一定的路面服务水平，下线以下的部分不计，比如 PSI 的可接受水平是 2.5，则低于 2.5 的面积不计。而我国《公路技术状况评定标准》（JTG H20）对 PCI、RQI、SRI 和 RDI 而言，设其上线为优的上限和不设上线的实质是一样的，因为其对效益面积的范围没有约束作用，因此也只需限制其下线。所以我国公路的 PCI、RQI、SRI、RDI 均不设上线，因此将各指标的下线称为预养护效益计算基线，简称计算基线。

效益计算基线是常规养护和预养护效益面积计算的 y 轴边界线，反映在 PCI、RQI、SRI 与 RDI 三项效益分析指标与时间的关系图上为平行于 x 轴的一条直线。

各分析指标的效益计算基线见表 5-6。

各分析指标的效益计算基线 表 5-6

编号	分析指标	道路等级	效益分析指标
1	PCI	高速公路	$y=85$
		一级公路	$y=85$
		二级公路	$y=80$
		三级公路	$y=80$
		四级公路	$y=80$
2	RQI	高速公路	$y=90$
		一级公路	$y=90$
		二级公路	$y=85$
		三级公路	$y=80$
		四级公路	$y=80$
3	SRI	高速公路	$y=80$
		一级公路	$y=80$
		二级公路	$y=80$
		三级公路	$y=75$
		四级公路	$y=75$

续上表

编号	分析指标	道路等级	效益分析指标
4	RDI	高速公路	$y=70$
		一级公路	$y=70$
		二级公路	$y=60$
		三级公路	$y=60$
		四级公路	$y=60$

5.5.3　常规养护的效益

常规养护是指在路面状况良好时不对路面采用预养护而只进行日常养护，直至路面状况下降到不可接受的程度才进行养护的方法。常规养护的效益可用其路面性能曲线下的面积来表示。为了计算其效益面积，首先需要确定其计算范围。对于单一指标和多指标的情况，其效益计算范围的确定方法略有不同。

1）计算范围

常规养护效益面积的计算范围由 x 轴上的两条边界（左、右边界）和 y 轴上的两条边界（上、下边界）共同确定。其中上、下边界分别是路面新建或新近一次大中修或改建的时间（一般令其为 0）；右边界的确定方法对单一指标和多指标的情况是不相同的。对单一指标（PCI）的情况而言，右边界是效益分析指标的衰变曲线达到其效益计算基线的时间，记为 X_0，可由式（5-30）确定；对多指标的情况而言，右边界是各效益分析指标的衰变曲线达到其相应效益计算基线的最早时间，记为 X_0，可由式（5-31）确定。单一指标和多指标情况下的常规养护效益面积计算边界分别见图 5-10 和图 5-11。

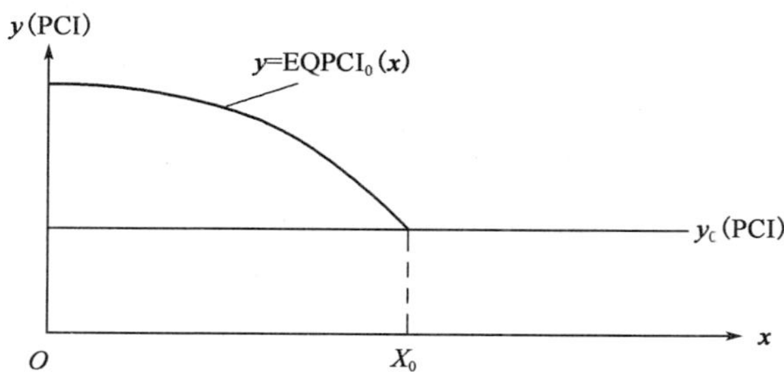

图 5-10　单一指标情况的计算边界示意图

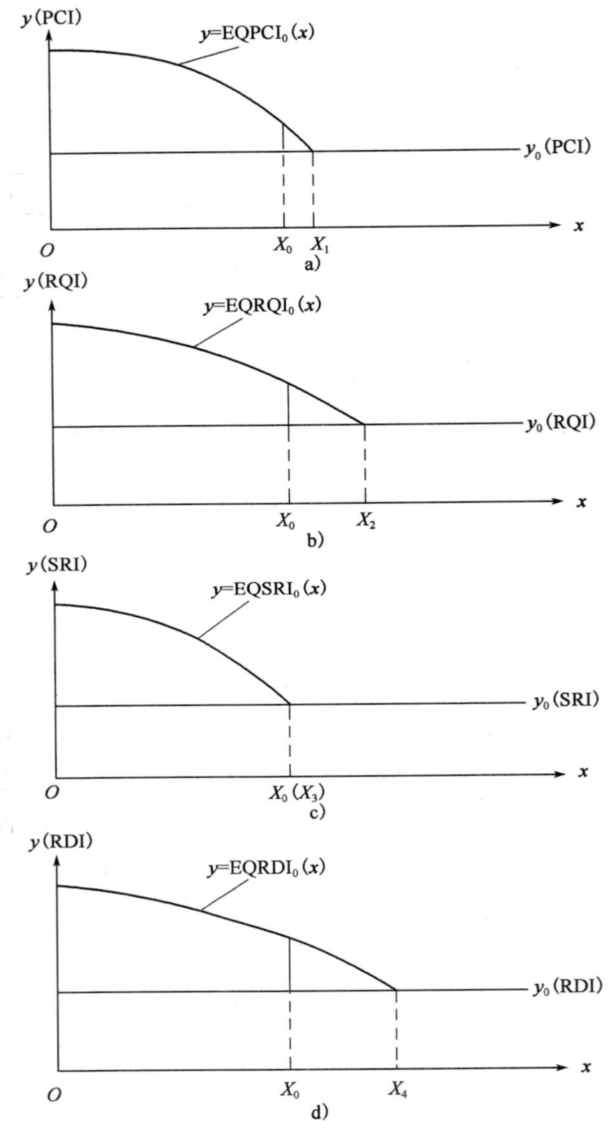

图 5-11　多指标情况的计算边界示意图

$$\mathrm{EQPCI}_0(x) = y_0(\mathrm{PCI}) \tag{5-30}$$

式中：EQPCI_0（x）——常规养护情况下 PCI 的衰变方程（或曲线）；

y_0(PCI)——PCI 的效益计算基线。

$$X_0 = \min\{X_1, X_2, X_3, X_4\} \tag{5-31}$$

式中：X_1——常规养护情况下 PCI 的数值下降到其效益计算基线时所对应的

路面使用时间，由式（5-32）确定；

X_2——常规养护情况下 RQI 的数值下降到其效益计算基线时所对应的路面使用时间，由式（5-33）确定；

X_3——常规养护情况下 SRI 的数值下降到其效益计算基线时所对应的路面使用时间，由式（5-34）确定；

X_4——常规养护情况下 RDI 的数值下降到其效益计算基线时所对应的路面使用时间，由式（5-35）确定。

$$\mathrm{EQPCI}_0(x) = y_0(\mathrm{PCI}) \tag{5-32}$$

$$\mathrm{EQRQI}_0(x) = y_0(\mathrm{RQI}) \tag{5-33}$$

$$\mathrm{EQSRI}_0(x) = y_0(\mathrm{SRI}) \tag{5-34}$$

$$\mathrm{EQRDI}_0(x) = y_0(\mathrm{RDI}) \tag{5-35}$$

式中：EQPCI_0（x）——常规养护情况下 PCI 的衰变方程（或曲线）；

EQRQI_0（x）——常规养护情况下 RQI 的衰变方程（或曲线）；

EQSRI_0（x）——常规养护情况下 SRI 的衰变方程（或曲线）；

EQRDI_0（x）——常规养护情况下 RDI 的衰变方程（或曲线）；

y_0（PCI）——PCI 的效益计算基线；

y_0（RQI）——RQI 的效益计算基线；

y_0（SRI）——SRI 的效益计算基线；

y_0（RDI）——RDI 的效益计算基线。

表 5-7 和表 5-8 分别总结列出了单一和多指标情况下的常规养护效益面积计算范围。同时，将由左、右边界所确定的时间段 $[0,X_0]$ 称为常规养护效益分析期。

常规养护效益面积的计算范围（单一指标）　　表 5-7

效益分析指标	x 轴边界		y 轴边界	
	左边界	右边界	上边界	下边界
PCI	$x=0$	$x=X_0$	$y=\mathrm{EQPCI}_0(x)$	$y=y_0(\mathrm{PCI})$

常规养护效益面积的计算范围（多指标）　　表 5-8

效益分析指标	x 轴边界		y 轴边界	
	左边界	右边界	上边界	下边界
PCI	$x=0$	$x=X_0$	$y=\mathrm{EQPCI}_0(x)$	$y=y_0(\mathrm{PCI})$
RQI	$x=0$	$x=X_0$	$y=\mathrm{EQRQI}_0(x)$	$y=y_0(\mathrm{RQI})$

续上表

效益分析指标	x 轴边界		y 轴边界	
	左边界	右边界	上边界	下边界
SRI	$x=0$	$x=X_0$	$y=\mathrm{EQSRI}_0(x)$	$y=y_0(\mathrm{SRI})$
RDI	$x=0$	$x=X_0$	$y=\mathrm{EQRDI}_0(x)$	$y=y_0(\mathrm{RDI})$

2）效益面积的计算

常规养护的效益面积是指在效益分析期 $[0,X_0]$ 内，由各效益分析指标的衰变曲线及其效益计算基线所包围部分的面积，即计算边界所包围部分的面积。对单一指标（PCI）的情况而言，其效益面积如图 5-12 所示，计算公式见式（5-36）；对多指标的情况而言，PCI、RQI、SRI 和 RDI 的常规养护效益面积如图 5-13 所示，计算公式见式（5-37）～式（5-40）。其中假定 BPN 最先达到失效时间记为 X_0，则 $x=X_0$ 即为 PCI、RQI、BPN 效益面积的右边界。

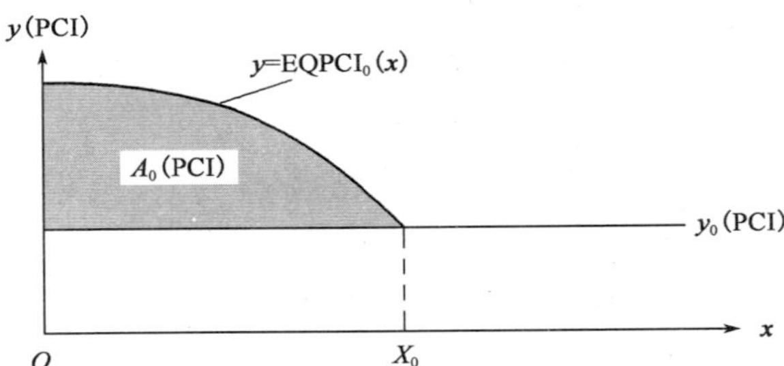

图 5-12 单一指标常规养护效益面积计算示意图

$$A_0(\mathrm{PCI})=\int_0^{X_0}[\mathrm{EQPCI}_j(x)-y_0(\mathrm{PCI})]\mathrm{d}x \tag{5-36}$$

式中：A_0（PCI）——PCI 的常规养护效益面积。

$$A_0(\mathrm{PCI})=\int_0^{X_0}[\mathrm{EQPCI}_j(x)-y_0(\mathrm{PCI})]\mathrm{d}x \tag{5-37}$$

$$A_0(\mathrm{RQI})=\int_0^{X_0}[\mathrm{EQRQI}_j(x)-y_0(\mathrm{RQI})]\mathrm{d}x \tag{5-38}$$

$$A_0(\mathrm{SRI})=\int_0^{X_0}[\mathrm{EQSRI}_j(x)-y_0(\mathrm{SRI})]\mathrm{d}x \tag{5-39}$$

$$A_0(\mathrm{RDI})=\int_0^{X_0}[\mathrm{EQRDI}_j(x)-y_0(\mathrm{RDI})]\mathrm{d}x \tag{5-40}$$

式中：A_0（PCI）——PCI 的常规养护效益面积；

A_0（RQI）——RQI 的常规养护效益面积；
A_0（SRI）——SRI 的常规养护效益面积；
A_0（RDI）——RDI 的常规养护效益面积。

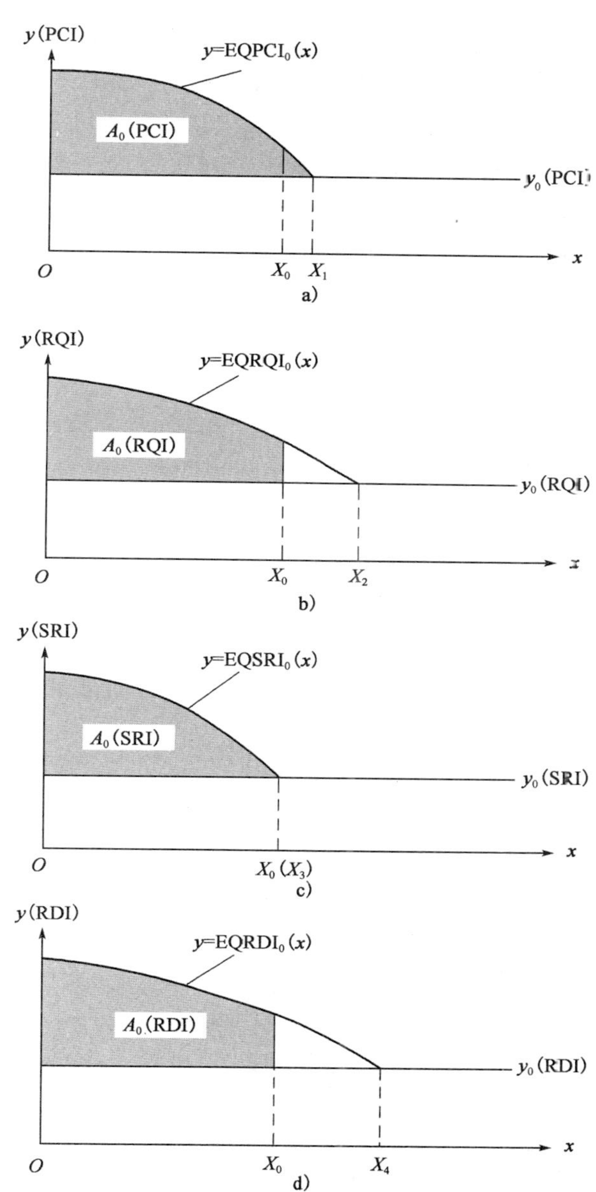

图 5-13　多指标常规养护效益面积计算示意图

5.5.4 预养护的效益

预养护的效益可用因预养护而相对于常规养护增加的路面性能曲线下的面积表示。和常规养护效益面积的计算一样，计算预养护的效益面积时，首先也需要确定其计算范围。对于单一指标和多指标的情况，效益面积计算范围的确定方法和常规养护方法一样。计算预养护效益的目的是为了比较各预养护时间方案的优劣，因而需要针对各预养护时间方案分别计算。假设一共有 n 个时间方案，由于各时间方案的效益计算方法相同，因此只介绍其中任意一个时间方案 j 的预养护效益面积的计算方法。

1）计算范围

和常规养护一样，预养护效益面积的计算范围也是由 x 轴上的两条边界（左、右边界）和 y 轴上的两条边界（上、下边界）共同确定的。其上边界是路面采取预养护后效益分析指标的预期衰变曲线；下边界分为两段，分别为常规养护情况下效益分析指标的衰变曲线和相应的效益计算基线，如图 5-14和图 5-15 所示；左边界是路面拟进行预养护的时间，记为 X_{sj} ；右边界的确定方法对单一指标和多指标的情况是不同的。对单一指标（PCI）的情况而言，右边界是效益分析指标的预期衰变曲线达到其效益计算基线的时间，记为 X_{ej} ，由式（5-41）确定；对多指标的情况而言，右边界是各效益分析指标的预期衰变曲线达到其相应效益计算基线的最早时间，记为 X_{ej} ，由式（5-42）确定。单一指标和多指标情况下的预养护效益面积计算边界分别如图 5-14 和图 5-15 所示。

$$\mathrm{EQPCI}_j(x) = y_0(\mathrm{PCI}) \tag{5-41}$$

式中：$\mathrm{EQPCI}_j(x)$ ——路面采取预养护后 PCI 的预期衰变方程（或曲线）。

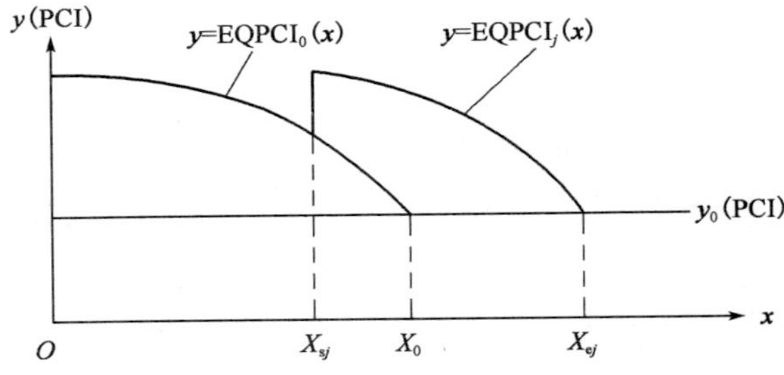

图 5-14　单一指标情况的计算边界示意图

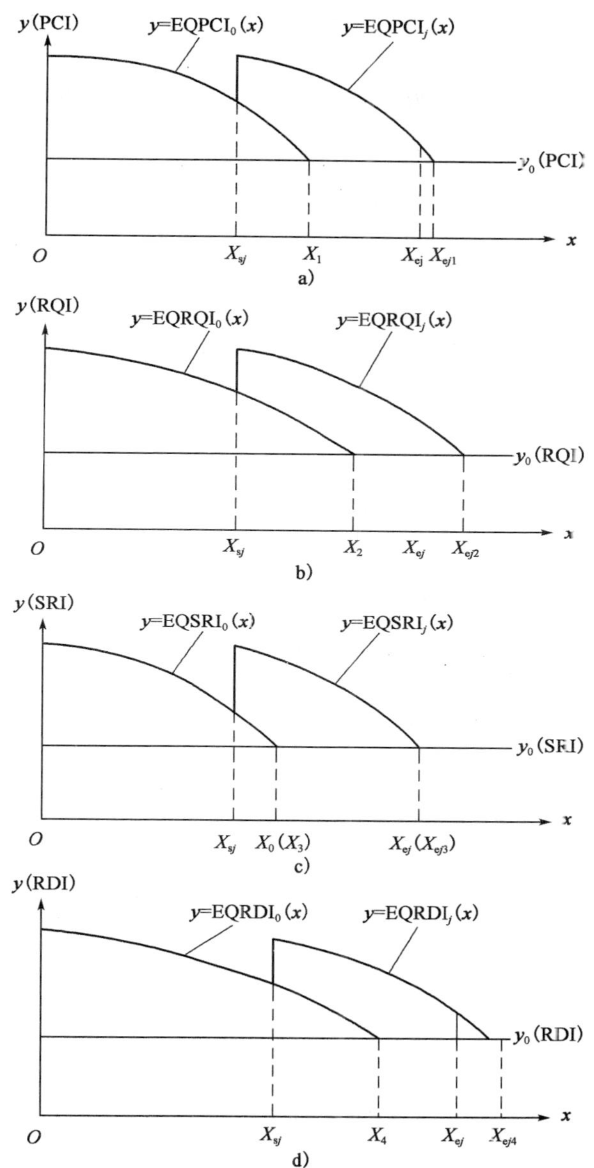

图5-15　多指标情况的计算边界示意图

$$X_{ej} = \min\{X_{ej1}, X_{ej2}, X_{ej3}, X_{ej4}\} \tag{5-42}$$

式中：X_{ej1}——路面采取预养护后预期PCI的数值下降到其效益计算基线时所对应的路面使用时间，由式（5-43）确定；

X_{ej2} ——路面采取预养护后预期 RQI 的数值下降到其效益计算基线时所对应的路面使用时间，由式（5-44）确定；

X_{ej3} ——路面采取预养护后预期 SRI 的数值下降到其效益计算基线时所对应的路面使用时间，由式（5-45）确定；

X_{ej4} ——路面采取预养护后预期 RDI 的数值下降到其效益计算基线时所对应的路面使用时间，由式（5-46）确定。

$$\mathrm{EQPCI}_j(x) = y_0(\mathrm{PCI}) \tag{5-43}$$

$$\mathrm{EQRQI}_j(x) = y_0(\mathrm{RQI}) \tag{5-44}$$

$$\mathrm{EQSRI}_j(x) = y_0(\mathrm{SRI}) \tag{5-45}$$

$$\mathrm{EQRDI}_j(x) = y_0(\mathrm{RDI}) \tag{5-46}$$

式中：$\mathrm{EQPCI}_j(x)$ ——路面采取预养护后 PCI 的预期衰变方程（或曲线）；

$\mathrm{EQRQI}_j(x)$ ——路面采取预养护后 RQI 的预期衰变方程（或曲线）；

$\mathrm{EQSRI}_j(x)$ ——路面采取预养护后 SRI 的预期衰变方程（或曲线）；

$\mathrm{EQRDI}_j(x)$ ——路面采取预养护后 RDI 的预期衰变方程（或曲线）。

表 5-9 和表 5-10 分别总结列出了单一指标和多指标情况下的预养护效益面积的计算范围。同时，将由左、右边界所确定的时间段 $[X_{sj}, X_{ej}]$ 称为预养护的效益分析期。

预养护效益面积的计算范围（单一指标） 表 5-9

效益分析指标	x 轴边界		y 轴边界	
	左边界	右边界	上边界	下边界
PCI	$x = X_{sj}$	$x = X_{ej}$	$y = \mathrm{EQPCI}_j(x)$	$y = \begin{cases} \mathrm{EQPCI}_0(x) & x \in [X_{sj}, X_1] \\ y_0(\mathrm{PCI}) & x \in [X_1, X_{ej}] \end{cases}$

预养护效益面积的计算范围（多指标） 表 5-10

效益分析指标	x 轴边界		y 轴边界	
	左边界	右边界	上边界	下边界
PCI	$x = X_{sj}$	$x = X_{ej}$	$y = \mathrm{EQPCI}_j(x)$	$y = \begin{cases} \mathrm{EQPCI}_0(x) & x \in [X_{sj}, X_1] \\ y_0(\mathrm{PCI}) & x \in [X_1, X_{ej}] \end{cases}$
RQI	$x = X_{sj}$	$x = X_{ej}$	$y = \mathrm{EQRQI}_j(x)$	$y = \begin{cases} \mathrm{EQRQI}_0(x) & x \in [X_{sj}, X_2] \\ y_0(\mathrm{RQI}) & x \in [X_2, X_{ej}] \end{cases}$

续上表

效益分析指标	x 轴边界		y 轴边界	
	左边界	右边界	上边界	下边界
SRI	$x = X_{sj}$	$x = X_{ej}$	$y = \mathrm{EQSRI}_j(x)$	$y = \begin{cases} \mathrm{EQSRI}_C(x) & x \in [X_{sj}, X_3] \\ y_0(\mathrm{SRI}) & x \in [X_3, X_{ej}] \end{cases}$
RDI	$x = X_{sj}$	$x = X_{ej}$	$y = \mathrm{EQRDI}_j(x)$	$y = \begin{cases} \mathrm{EQRDI}_0(x) & x \in [X_{sj}, X_4] \\ y_0(\mathrm{RDI}) & x \in [X_4, X_{ej}] \end{cases}$

2）效益面积的计算

预养护的效益面积是指在效益分析期 $[X_{sj}, X_{ej}]$ 内，计算边界所包围部分的面积。对单一指标（PCI）的情况而言，其效益面积如图 5-16 所示，计算公式见式（5-47）；对多指标的情况而言，PCI、RQI、SRI 和 RDI 的常规养护效益面积如图 5-17 所示，计算公式见式（5-48）～式（5-51）。

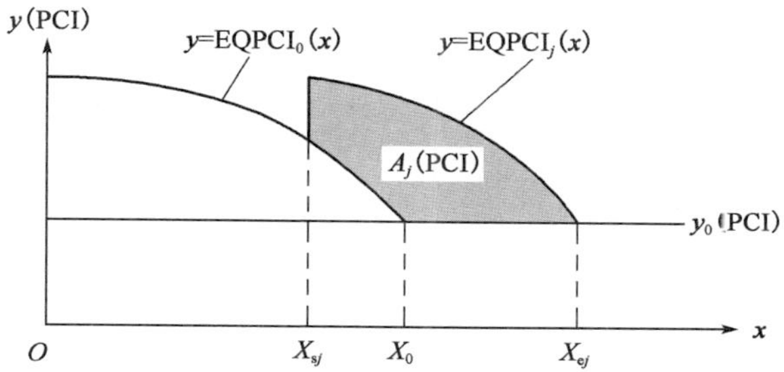

图 5-16　单一指标的预养护效益计算示意图

$$A_j(\mathrm{PCI}) = \int_{X_{sj}}^{X_1} [\mathrm{EQPCI}_j(x) - \mathrm{EQPCI}_0(\mathrm{PCI})] \mathrm{d}x + \int_{X_1}^{X_{ej}} [\mathrm{EQPCI}_j(x) - y_0(\mathrm{PCI})] \mathrm{d}x \tag{5-47}$$

式中：$A_j(\mathrm{PCI})$——PCI 的预养护效益面积。

$$A_j(\mathrm{PCI}) = \int_{X_{sj}}^{X_1} [\mathrm{EQPCI}_j(x) - \mathrm{EQPCI}_0(\mathrm{PCI})] \mathrm{d}x + \int_{X_1}^{X_{ej}} [\mathrm{EQPCI}_j(x) - y_0(\mathrm{PCI})] \mathrm{d}x \tag{5-48}$$

$$A_j(\mathrm{RQI}) = \int_{X_{sj}}^{X_2} [\mathrm{EQRQI}_j(x) - \mathrm{EQRQI}_0(\mathrm{RQI})] \mathrm{d}x + \int_{X_2}^{X_{ej}} [\mathrm{EQRQI}_j(x) - y_0(\mathrm{RQI})] \mathrm{d}x \tag{5-49}$$

$$A_j(\mathrm{SRI}) = \int_{X_{sj}}^{X_3} [\mathrm{EQSRI}_j(x) - \mathrm{EQSRI}_0(\mathrm{PCI})] \mathrm{d}x + \int_{X_3}^{X_{ej}} [\mathrm{EQSRI}_j(x) - y_0(\mathrm{SRI})] \mathrm{d}x \tag{5-50}$$

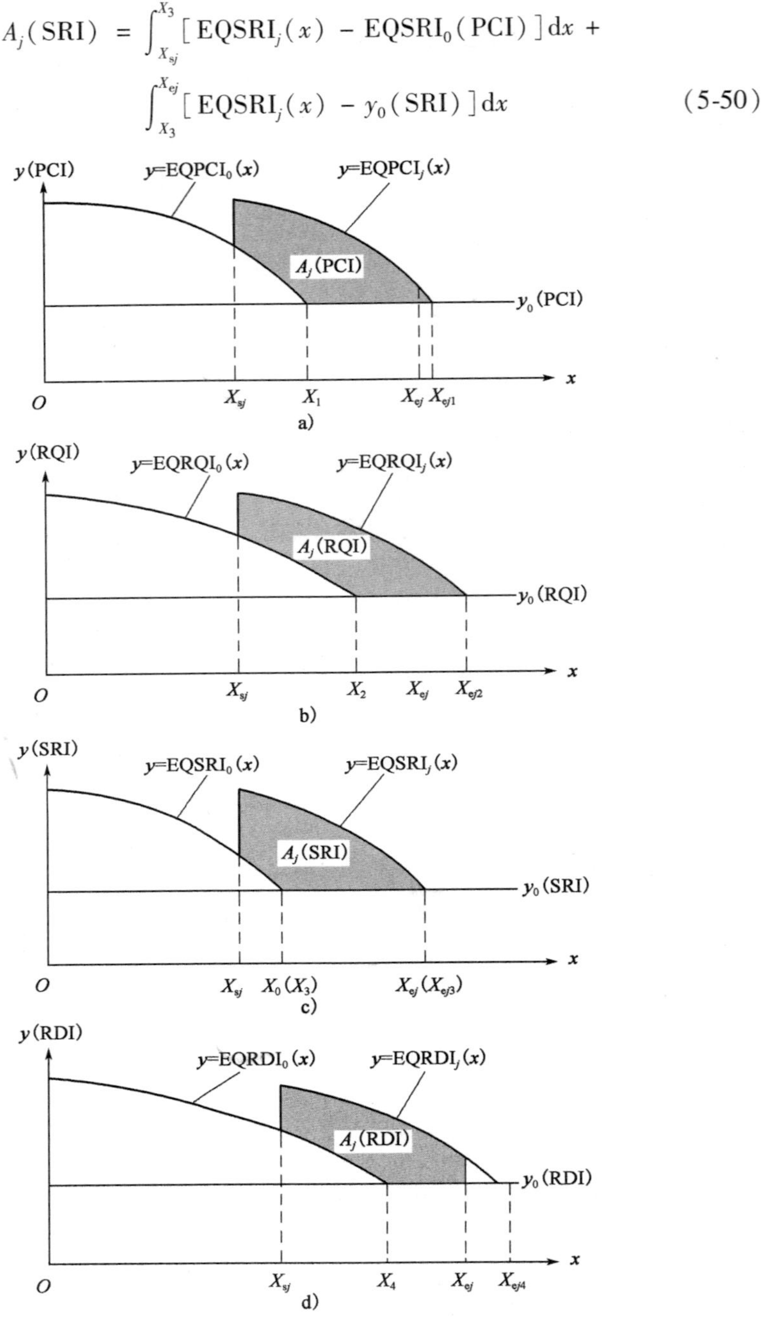

图 5-17　多指标的预养护效益计算示意图

$$A_j(\mathrm{RDI}) = \int_{X_{sj}}^{X_4} [\mathrm{EQRDI}_j(x) - \mathrm{EQRDI}_0(\mathrm{PCI})]\mathrm{d}x + \int_{X_4}^{X_{ej}} [\mathrm{EQRDI}_j(x) - y_0(\mathrm{RDI})]\mathrm{d}x \tag{5-51}$$

式中：A_j(PCI) ——PCI 的预养护效益面积；

A_j(RQI) ——RQI 的预养护效益面积；

A_j(SRI) ——SRI 的预养护效益面积；

A_j(RDI) ——RDI 的预养护效益面积。

5.5.5　预养护效益的标准化

按照以上方法，可计算出常规养护的效益面积和各时间方案的预养护效益面积。一般而言，不同的时间方案，即在不同的时间点或不同的原路面条件下应用预养护措施，对路况指标 PCI、RQI、SRI 和 RDI 的改善程度不同，所获得的预养护效益面积也不同。对单一指标的情况，各时间方案的预养护效益可直接进行比较。但对于多指标的情况，在进行方案比较时就需要将各分析指标的预养护效益综合起来，然而由于各分析指标所反映的是路面性能的不同方面，不宜直接进行代数相加，因而综合之前首先需要将各分析指标的预养护效益面积进行标准化。

1）标准化效益

标准化工作的目的是使各分析指标的预养护效益具有可加性，因而单一指标可不必进行标准化。由于预养护对路面各方面性能改善的程度均是针对常规养护而言的，因此，可用预养护的效益面积占常规养护的效益面积的百分率来实现标准化，这个过程称为效益的标准化，标准化后的效益称为标准化效益。

对任意一个预养护时间方案 j 而言，PCI、RQI、SRI 和 RDI 的标准化效益 SB_j（PCI）、SB_j（RQI）、SB_j（SRI）和 SB_j（RDI）可分别由式（5-52）~式（5-55）计算，其意义分别是按第 j 个时间方案实施预养护，相对于常规养护，是 PCI、RQI、SRI 和 RDI 四项路况指标的改善率。

$$\mathrm{SB}_j(\mathrm{PCI}) = \frac{A_j(\mathrm{PCI})}{A_0(\mathrm{PCI})} \tag{5-52}$$

式中：A_j(PCI) ——PCI 的预养护效益面积，按式（5-48）计算；

A_0(PCI)——PCI 的常规养护效益面积，按式（5-37）计算。

$$SB_j(RQI) = \frac{A_j(RQI)}{A_0(RQI)} \tag{5-53}$$

式中：A_j(RQI)——RQI 的预养护效益面积，按式（5-49）计算；

A_0(RQI)——RQI 的常规养护效益面积，按式（5-38）计算。

$$SB_j(SRI) = \frac{A_j(SRI)}{A_0(SRI)} \tag{5-54}$$

式中：A_j(SRI)——SRI 的预养护效益面积，按式（5-50）计算；

A_0(SRI)——SRI 的常规养护效益面积，按式（5-39）计算。

$$SB_j(RDI) = \frac{A_j(RDI)}{A_0(RDI)} \tag{5-55}$$

式中：A_j(RDI)——RDI 的预养护效益面积，按式（5-51）计算；

A_0(RDI)——RDI 的常规养护效益面积，按式（5-40）计算。

2）预养护效益指数

按以上方法将各分析指标的预养护效益标准化之后，为了将各项改善效果综合起来，可将各分析指标的标准化效益按照其权重系数加权。这个综合值称为预养护效益指数（Preventive Benefit Index，简称 PBI），计算公式见式（5-56）。

$$PBI_j = \gamma_1 \times SB_j(PCI) + \gamma_2 \times SB_j(RQI) + \gamma_3 \times SB_j(BPN) + \gamma_4 \times SB_j(RDI) \tag{5-56}$$

式中：PBI_j——任意一个时间方案 j 的预养护效益指数；

γ_1、γ_2、γ_3、γ_4——分别为 PCI、RQI、SRI 和 RDI 的效益权重系数，取值见表 5-2。

3）延长的路面使用寿命

当路面状况指标下降到其相应的效益计算基线时，一方面触发了路面中修，另一方面也可认为预养护措施已经失效。因此，可认为路面的使用寿命即为路面状况指标下降到其相应效益计算基线时的路面使用时间。以此定义，常规养护的路面使用寿命即为 X_0，预养护后的路面使用寿命即为 X_{ej}。因此，预养护所延长的路面寿命 ΔN_j 即为两者之差，见式（5-57）。

$$\Delta N_j = X_{ej} - X_0 \tag{5-57}$$

5.6　费用的计算

费用效益分析时考虑的费用项目是路面寿命周期费用中的一部分，因此，首先列举出路面寿命周期费用分析（Life Cycle Cost Analysis，简称 LCCA）中所考虑的各项费用，然后选择最佳预养护时间研究时应该考虑的费用项目。

5.6.1　考虑的费用项目

LCCA 中费用项目主要包括道路单位费用、用户费用和社会费用三个方面。

道路单位费用是指建设道路设施和保持其一定水平的服务功能所需要花费的费用，主要包括道路初期修建费、年度养护费、大中修费、重建罩面费、工程管理费和路面残值。其中，初期修建费、年度养护费、大中修费和重建罩面费包括材料费、人工费、机械费、交通控制费和其他相关费用。考虑到通货膨胀，这些费用可以根据最近和往年的历史记录估计得到。对于新材料和新工艺，可通过工程判断估计。残值是指在分析周期末道路设施的残余价值。目前，残值的估计没有普遍认可的方法。一种方法是分别估计路面的拆除费、迁移费和回收费；另外一种方法是计算路面的剩余服务能力相对于新近一次维修费用的相对价值。这两种方法的不确定性都很大，因此，可以通过轻微调整分析期使得各比较方案的剩余 PSI 值相同，以避免估算残值。

用户费用是指道路使用者在道路工程寿命周期内所发生的费用，主要包括车辆运行费、行车延误费和其他费用（不舒适性）。车辆运行费和行车延误费均包括通过正常路段和通过施工路段两种情况。其中，大多数费用是无形的、难以明了的。表 5-11 列出了通过施工路段时发生的用户费用。

通过施工路段的用户费用组成　　表 5-11

施工路段运行	自由流	速度改变增加的延误费
		速度改变增加的车辆运行费（VOC）
		减速增加的延误费

续上表

施工路段运行	非自由流	停车增加的延误费
		停车增加的车辆运行费（VOC）
		排队增加的车辆运行费延误费
		空闲增加的车辆运行费延误费

通过正常路段的行车延误费主要与行程和车速有关，主要取决于道路设施的容量和需求量。所有这些因素对于各比较方案而言是相当的，因此这项费用经常被排除。通过施工路段的行车延误费与很多因素相关，比如施工组织计划（封闭车道的数目、施工的天数、每天施工的时间段等）、交通量及交通特征和行车速度（正常路段和施工路段）等。虽然其计算很麻烦，但可应用计算机程序进行计算，比如 Quewz。在所有的 LCCA 文献中，通过施工路段的行车延误费越来越受到关注，建议包含到 LCCA 中。在大中修期间，这些费用可能超过公路单位费用，特别是车速较高的城市地区。

车辆运行费（Vehicle Operation Cost，简称 VOC）包括汽油的消耗、润滑油的消耗、轮胎的磨耗、车辆保养的人工费和零件费以及车辆折旧费。VOC 只与道路设施的服务能力（比如路面平整度）、交通量和交通特征有关，因为对各种比较方案而言，道路的曲率和坡度是相同的。为了顾及 VOC，需要两种类型的模型：①道路设施的服务能力（比如路面性能模型）预估模型；②将不同类型的车辆（比如小客车、商用汽车）与路面服务能力相关联的模型。为此，学术文献研究了很多模型，道路部门可以选择适合的模型，并根据当地条件校准，或根据 PMS 中的实际数据建立自己的模型。FHWA 的 LCCA 技术报告指出：当 PSI 在 2. 5 以上时，对于各种比较方案而言，VOC 是相当的，并建议将通过正常路段的 VOC 从 LCCA 的费用中排除。此外，其他用户费用如不舒适性、可靠性等，LCCA 文献中没有包括，主要原因在于没有证据证明这些费用对于各种不同比较方案有区别。

社会费用是指整个社会所发生的相关费用，主要包括事故费、环境影响费（噪声、空气污染等）和其他费用。这些费用实际上变化很大。其中，最受认可但极少包括的费用项目是事故费和环境影响费。事故费一般针对不同类型的道路（乡村道路、城市道路、高速公路等）估计单位长度的费用。一些研究认为事故率与路面摩擦系数有关，但它只能应用于各种比较方案在路面磨耗层使用不同类型集料的情况。一般，没有足够的研究能够证明不同服务水平下各比较方案的事故率有变化，同时也没有有关施工区域事故率的研究，虽然这项费用对各种比较方案而言可能是不同的。环境影响包括对空气、水、生物多样性、自然资源、噪声和文化传统的影响。然而，在交通分析中，只有对空气和水的污染费用被量化为货币，其他社会费用包括对非驾驶人员、社会团结和社会公正的影响，一般不包括在 LCCA 中。

2003 年，FHWA 对美国各州公路局有关 LCCA 的调查表明，只有 10% 的公路局在 LCCA 中包含了用户费用，其余 90% 的公路局在 LCCA 中只考虑公路单位费用。究其原因，主要有以下几点：

（1）公路单位主要关心不同比较方案对他们支出费用的影响；

（2）很难获得可靠的模型来正确地预估用户费用；

（3）对路网而言，假设 PSI 大于 2.5，则用户费用和社会费用之和对所有的比较方案而言是相同的。

LCCA 除了要包括公路单位费用外，FHWA 还重点强调要包括通过施工区域的用户费用。公路单位在进行 LCCA 时，必须确定其应包含的费用项目。当决定包含某项费用时，必须能够容易地得到估计这些费用的模型并根据实际条件校准。此外，这些模型必须至少有一个参数，使得各比较方案具有不同的估计值。

LCCA 所研究的整个路面寿命周期内的费用，比如从路面新建到第一次中修、第一次中修到下一次中修或大修等，即路面新建、各次中修、大修之间的养护时间段。而项目的研究目的是确定同一种预养护措施的最佳应用时间，研究手段是通过比较不同预养护时间方案的效益费用比。因此，只需要比较各方案的不同费用项。

一个预养护措施应用所产生的费用项目包括公路单位费用、用户费用和社会费用三个方面。根据国外的研究成果，当路面的 PSI 大于 2.5 时，可认为用户费用和社会费用之和对于各比较方案而言是相同的。由于预养护措施的应用要求路面平整度比较好，我国《公路沥青路面养护技术规范》（JTJ 073.2—2001）对良好 RQI 的评价标准都大于 7.0，根据 PSI 和 RQI 之间的对应关系，此时的 PSI 也大于 2.5。因此，费用效益分析中可只考虑公路单位费用。

在公路单位费用项目中，道路初期修建费对于各比较方案而言是相同的，也是同时发生的，因此不必计算此项费用。各养护周期内不存在路面残值的问题，因此也不包括路面残值。各养护周期内所发生的费用主要是填补裂缝、修补坑槽等日常性养护所花费的费用，预养护措施费，通过施工区域增加的用户费用和大中修费四项。而针对各项预养护时间方案而言，由于应用预养护措施时的路面状况均较好，施工的时间长度也基本相同，因此如果交通量不发生变化，则可认为通过施工区域增加的费用（如用户延误费和增加的车辆运行费）是相当的。因此，可不包括通过施工区域所增加的用户费用。另外，由于预养护的一大目的是延长路面的大（中）修，而大（中）修时间对费用分析的结果影响很大，因此，也必须包括相应的大（中）修费。另外，由预养护的路况标准可知，预养护应用于良好的路面状况，不会发生于中修和大修之间的养护路段，因此不会遇到大修工程，不会涉及大修费用，因而可只考虑中修费用。综上所述，最终考虑的费用项目应该有三项：预养护措施费、日常养护费和中修费。

5.6.2 费用计算模型和计算方法

在确定最佳预养护时间时，各比较方案的养护周期长度不相同，因此采用 EUAC 法来计算各比较方案的费用。费用项目应该包括预养护措施费、中修费和相应的日常养护费三项，实际分析时如果缺乏数据也可以只选择其中一项或几项，但必须包括预养护措施费。

在计算 EUAC 时，对任意一个预养护时间方案 j 而言，由于考虑的费用项目均发生在路面新建或新近一次大（中）修到下一次中修的时间段内，因此费用分析期选择 $[0, X_{ej}]$。$EUAC_j$ 的计算模型见图 5-18，根据计算模型其计算过程可分为以下两步进行。

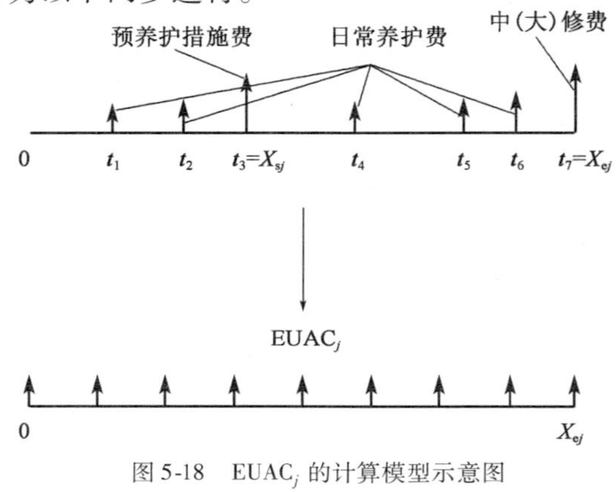

图 5-18　$EUAC_j$ 的计算模型示意图

第一步，计算费用分析期内发生的各项养护费用的总现值，时间零点选择路面新建或新近一次大（中）修的时间。其计算公式如下：

$$\mathrm{PW}_j = \sum C_i \times (1+d)^{-t} \tag{5-58}$$

式中：PW_j——第 j 个预养护时间方案在其费用分析期内发生的各项养护费用的总现值；

C_i——未来 t 时间发生的某项养护费用；

d——利率（比如利率为 5%，则 $d=0.05$）；

t——未来养护发生的时间（年）。

第二步，将各养护费用的现值之和，即总现值转化为当量平均年度费用，其计算公式如下：

$$\mathrm{EUAC}_j = \mathrm{PW}_j \times \frac{d \times (1+d)^{n_j}}{(1+d)^{n_j}-1} \tag{5-59}$$

式中：EUAC_j——第 j 个预养护时间方案的当量平均年度费用；

n_j——第 j 个预养护时间方案费用分析期的长度，$n_j = X_{ej}$。

5.7　最佳预养护时间的确定

按照以上方法可算得任意一个时间方案 j 的预养护效益指数 PBI_j 及其当量年度费用 EUAC_j 后，可进一步求出其效益费用比（Benefit Cost Ratio，简称 BCR），见式（5-60）。由费用-效益法可知，效益费用比最大的时间方案所对应的时间即为最佳预养护时间。

$$\mathrm{BCR}_j = \frac{\mathrm{PBI}_j}{\mathrm{EUAC}_j} \tag{5-60}$$

式中：BCR_j ——第 j 个预养护时间方案的效益费用比；

PBI_j ——第 j 个时间方案的预养护效益指数；

EUAC_j ——第 j 个预养护时间方案的当量年度费用。

由以上确定最佳预养护时间的过程看，其实质是比较各可选预养护时间方案的优劣，目的是选择费用效益最佳的方案。由于在预养护效益的计算过程中，引入常规养护效益面积的目的只是为了实现各分析指标预养护效益的标准化。因此，以上所述确定最佳预养护时间的方法不仅适用于路面新建后、中修后或大修后的第一次预养护，也适用于路面第一次或某次预养护后的下一次预养护。只需用路面第一次或某次预养护后的路面状况衰变曲线和方程取代常规养护的路面状况衰变曲线和方程，并令路面第一次或某次预养护的时间点为0即可。

5.8 本章小结

（1）提出确定最佳预养护时间的方法和理论，以指导沥青路面预养护实践，充分发挥预养护措施的性能，并最终以最小的养护费用获得最大的效益。

（2）根据路面预养护判断指标路面性能的衰变曲线及其预养护标准确定预养护的时间范围，并选择一系列预养护时间方案；选择相应的预养护效益分析指标；通过对效益分析指标的衰变曲线（或方程）进行分析，求出各时间方案的预养护效益面积，对预养护效益面积进行标准化；计算各预养护时间方案的当量年度费用和效益费用比；选择效益费用比最大的时间方案所对应的时间作为最佳预养护时间。

（3）经过大量的数据分析比较和深入研究，提出沥青路面使用性能衰变方程形式如下：$PPI = PPI_0 \times e^{-(\frac{x}{a})^b}$。该方程形式简单，便于回归，并且各参数具有明确的物理意义。选定使用年数（路龄）x作为唯一变量，不仅充分考虑了荷载因素的作用，而且较好地计入了非荷载因素对路面使用性能的影响。

第6章　沥青路面预养护决策系统开发与应用

以上各章分别提出了沥青路面预防性养护标准、对策选择和最佳预养护时间确定的方法，在理论上实现了沥青路面预防性养护措施的实施，但是由于其中理论较为复杂，计算过程烦琐，一般工程人员难以应用，为此专门开发了沥青路面预养护决策系统（图6-1），便于预防性养护技术的实施。

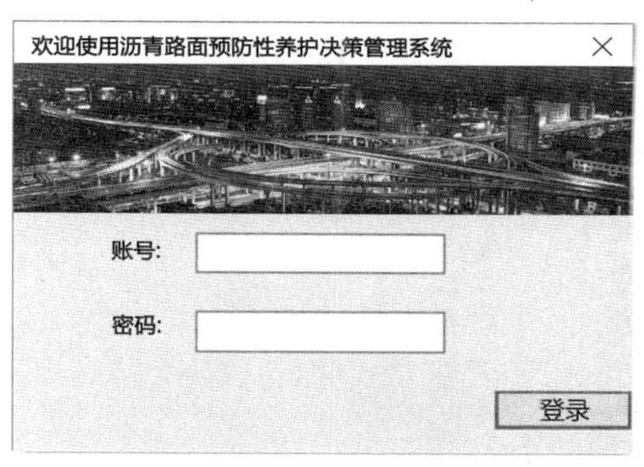

图6-1　沥青路面预养护决策系统界面

6.1　沥青路面预养护决策系统开发

6.1.1　系统简介

6.1.1.1　系统特点

本系统是一个集预养护措施解决方案、预养护时间解决方案、预养护效益分析、报告输出等为一体的综合性预养护决策管理系统。系统的编制，充分利用了现代计算机技术，充分考虑了与用户的友好交互。界面美观，结构清晰，操作方便。

6.1.1.2 系统结构

1）系统主要菜单

（1）工程概况；

（2）路面性能评价；

（3）预养护措施解决方案：所有适用的措施、费用效益分析、项目级综合评价；

（4）预养护时间解决方案：常规养护衰变方程、预养护时间方案、预养护衰变方程、效益分析；

（5）预养护决策；

（6）预养护效益分析：路况水平的提高、延长的路面使用寿命、节省的寿命周期养护费用；

（7）报表输出。

2）标准库

（1）预养护对策库；

（2）路面使用性能标准；

（3）预养护路况标准；

（4）影响因素权重系数；

（5）路面综合评价标准；

（6）预养护效益权重系数。

3）用户管理

（1）管理员；

（2）普通用户。

6.1.2 系统功能

6.1.2.1 工程概况

可对建立项目时输入的信息进行修改，如工程名称、起讫桩号、路线名称、总里程、公路等级、建设单位、养护单位等。

6.1.2.2 路面性能评价

1）功能

确定维修养护对策。

2）使用

（1）输入：当前路面的宏观路况参数。

内容：路面状况损坏指数PCI；路面行驶质量指数RQI；路面车辙深度指数RDI；路面抗滑性能指数SRI；路面结构强度指数PSSI。

（2）分析：根据预养护路况标准，判断是否适合预养护。如果适合，维修养护对策即为“适合预养护”；如果不适合，程序将给出对策。

①如果PSSI为“次”“差”：

对策为：不适合预养护，应采取大修补强措施以提高承载力。

②如果PSSI为“优”“良”“中”：

• 若为高速公路、一级公路，且满足以下任何一条：PCI为“中”“次”“差”；RQI为“中”“次”“差”；SRI为“中”“次”“差”。

对策为：不适合预养护，应采取中修罩面措施。

• 若为二级、三级、四级公路，且满足以下任何一条：PCI为“次”“差”；RQI为“次”“差”；SRI为“次”“差”。

对策也为：不适合预养护，应采取中修罩面措施。

③其他情况，对策均为：不适合预养护，应以日常养护为主，并对局部进行小修。

3）注意事项

（1）判断是否适合预养护，标准取预养护路况标准；

（2）判断路面使用性能，标准取路面使用性能标准。

6.1.2.3　预养护措施

1）所有适用的措施

（1）功能

根据当前路面状况信息，依据预养护对策库，判断所有适用的预养护措施。

（2）使用

①输入：当前路面状况各参数。

总体参数：AADT；公路等级。

裂缝类参数：细小裂缝、纵向裂缝、横向裂缝、块状裂缝、疲劳裂缝。

变形类参数：车辙、不平整。

表面损坏类参数：磨光、抗滑损失、路面渗水、表面磨耗、松散、老化、泛油。

其他类参数：补丁。

②分析：

根据当前输入的参数，依据预养护对策库，判断合适的措施。

点击分析之后，满足条件的措施显示于右侧表格中。

（3）注意

①对于纵向裂缝等，如果选择无，该项影响因素不参与考虑。

②公路等级中，高等级为高速公路、一级公路；普通等级为二、三、四等级公路。此处的判断不采用新建项目时的公路等级标准。

2）费用效益分析

（1）功能

对预养护对策库初选出来的所有适用的预养护措施进行费用效益分析。

（2）分析

该对话框显示时，会列出上一步中所有适用的措施。

如果是初次显示，平均寿命、平均费用取对策库里的值作为初始值，用户可以对其进行修改，确定后，系统会保存用户的改动。

点击分析，即可计算各措施的等效年度费用 EAC，并且显示各措施的 EAC 排序。用户可根据实际情况，选择合适的措施。

EAC 的计算方法：EAC = 平均费用 / 平均寿命。

（3）注意

①一般而言，EAC 越低预养护措施的费用效益越好。因此，应优先选择 EAC 比较小的预养护措施。但是，并不是具有最小 EAC 的措施就是最合适的预养护措施，因为还有很多其他因素会影响预养护措施的选择。

②用户可对措施进行多选。

3）综合评判

（1）功能

采用综合评判法，进行项目级预养护措施选择。

（2）分析

①输入：不同等级和交通量公路的影响因素权重系数 W_j；各待选措施的特征属性值 C_{ij}。

②计算：计算各措施的综合系数 K，其中 $K = (\sum W_j \times C_{ij}) / 100$。

③显示：点击分析之后，右侧表格显示各措施的综合系数 K 及其排序。另外，表格中列出了该措施对应的效益分析指标，为后续预养护时间的分析提供依据。

（3）注意

①权重系数的推荐范围，由对策库取得，不可更改；代表值，初次显示时，从对策库取得，用户可以对其更改，确定后，系统会保存用户的改动。

②权重系数，要求代表值之和为 100；属性分值，要求代表值位于 1 ~5。

6.1.2.4　预养护时间

1）常规养护衰变方程

（1）功能

根据输入参数，通过回归分析，计算常规养护衰变方程。

（2）分析

①输入：选择单指标或四指标。可参考综合评判里的信息。

输入各指标用于进行回归分析的点。其中，年数为 0 时，对应的值为 PPI_0，不作为用于回归分析的点。此外，用户最少需输入三组数据。

②计算：

对所输入数据进行回归分析，回归方程为：$PPI = PPI_0 \times e^{-(x/a)^b}$。

点击分析之后，结果栏里，显示当前指标回归分析之后的 a，b，R^2。

（3）注意

点击分析，仅显示当前指标根据当前数据得到的值；点击确定，信息框会显示所有指标计算的结果。

2）时间方案

（1）功能

根据路况标准中 PCI 的限值，确定时间方案。

（2）分析

①根据 PCI 的上限，计算出预养护时间 X_a；根据各指标的下限，取小值确定预养护时间 X_b。

②输入：时间间隔，以月为单位。

③计算：

默认时间方案的计算：先计算 $n = [(x_b - x_a)/\Delta t] + 1$，其中［　］表示取整；然后，各时间方案为，$x_a + n \times \Delta t$，其中 $n = 0, 1, 2, \cdots$。

用户可以更改时间方案。点击确定，程序保存时间方案的更改。

（3）注意

①时间方案可以多选。

②当有时间方案被选择之后，时间间隔便不可修改。如果要重新修改时间间隔，需将所有选择的方案双击去掉。

3）预养护衰变方程

（1）功能

根据输入参数，通过回归分析，计算预养护衰变方程。

（2）分析

①输入：选择指标；选择时间方案。

输入各指标各时间方案用于进行回归分析的点。其中，年数为0时，对应的值为PPI_0，不作为用于回归分析的点。另，用户最少输入三个点。

②计算：

对所输入数据进行回归分析，回归方程为：$PPI = PPI_0 \times e^{-(x/a)^b}$。

点击分析之后，结果栏里，显示当前指标、当前时间方案回归分析之后的a，b，R^2。

（3）注意

①如果有多个指标或者多个时间方案，用户输入指标“PCI”及第一个时间方案的信息之后，切换其他选项时，如果该选项对应的内容还没有输入，系统默认按PCI及第一个方案的数据赋值，从而减轻输入工作量。用户可对数据进行修改。用户须将所有选项进行切换，以便进行各选项的赋值。

②点击分析，仅显示当前指标、当前时间方案根据当前数据得到的值；点击确定，信息框会显示所有指标、所有时间方案计算的结果。

4）效益分析

（1）功能

根据输入参数，计算常规养护效益；计算各时间方案的预养护效益A_{ij}、预养护效益指数PBI_j及当量年度费用$EUAC_j$，从而计算效益费用比RCR_j。

（2）分析

①输入：计算基线；效应权重系数（单指标时不用输入）；利率d；用于计算费用分析期内各项养护费用总现值PW_j的t（未来养护发生的时间）

和 C_i（未来 t 时间发生的某项养护费用）。

②计算：

a. 常规养护效益：

由计算基线，计算各指标达到其计算基线时所对应的时间 X_i，取四指标 X_i 的最小值，得到各指标达到其计算基线的最早时间 X_0，从而计算常规养护各指标的效益面积，积分限为［0，X_0］。

b. 预养护效益：

路面拟进行预养护的时间 X_{sj} 即为当前时间方案；各指标达到其计算基线时所对应的时间 X_{eji} 可由其衰变方程求得；各指标达到其计算基线的最早时间即为四指标中 X_{eji} 的最小值；由常规养护方程及 X_0，预养护方程及 X_{sj}、X_{ej}，可计算出预养护效益面积。

c. 预养护效益指数：

效应权重系数默认从标准库中影响因素权重系数取得，当为单指标时，用户不可更改，且值为 1，当为四指标时，用户可以更改，但总和应为 1；标准化效益 SB_{ji} = 预养护效益面积／常规养护效益面积；预养护效益指数。

$$\mathrm{PBI}_j = \gamma_1 \mathrm{PCI} + \gamma_2 \mathrm{RQI} + \gamma_3 \mathrm{RDI} + \gamma_4 \mathrm{SRI}$$

d. 当量年度费用：

PW_j 由公式 $\mathrm{PW}_j = \sum C_i \times (1+d)^{-t}$ 计算。其中，C_i 为未来 t 时间发生的某项养护费用，t 为未来养护发生的时间（年）。其余参数意义参见界面中“变量含义”。

$\mathrm{EUAC}_j = \mathrm{PW}_j \times \left[\dfrac{d \times (1+d)^{nj}}{(1+d)^{nj} - 1}\right]$，各参数意义参见前述。

e. 效益费用比：

$\mathrm{BCR}_j = \dfrac{\mathrm{PBI}_j}{\mathrm{EUAC}_j}$，变量含义同前。

（3）注意

①X_0 的取值，各指标相同，即为 X_i 的最小值；X_{ej} 同理。

②对话框显示时，如果当前的时间方案与前次的时间方案一致，并且指标与前次一致，则本次界面显示的值取上次界面保存的值，即上次的更改已被保存；不满足上述条件时，本次界面数据的显示，以当前计算的信息为准重新计算，并显示。

6.1.2.5 预养护决策

（1）功能

以 RCR 降序为基准，显示各时间方案的 BCR 结果，并由用户选择合适的时间方案，用于后续的分析。

（2）注意

用户应选择一个合适的时间方案，以便用于后续的预养护效益分析。如果用户不做出选择，程序默认选择第一个方案，即 BCR 最大的时间方案。

6.1.2.6 预养护效益

1）路况水平的提高

（1）功能

显示研究期内预养护和常规养护情况下各年度各指标的平均值及提高的程度。

（2）分析

①由选择的时间方案，计算常规养护和预养护的计算时间，确定研究期。

②由常规养护衰变方程及研究期，计算常规养护各指标研究期内平均值。

③由预养护衰变方程及研究期，计算预养护各指标研究期内平均值。

④分别计算各指标提高的程度。

（3）注意

显示信息中，[　] 内的信息随计算参数的不同发生变化。

2）延长的路面使用寿命

（1）功能

显示按此预养护计划实施可延长的路面使用寿命。

（2）分析

①确定预养护方案下路面的使用寿命。

②确定常规养护方案下路面的使用寿命。

③计算延长的路面使用寿命。

（3）注意

显示信息中，[　] 内的信息随计算参数的不同发生变化。

3）节省的寿命周期养护费用

（1）功能

计算预养护节省的寿命周期养护费用。

（2）分析

①输入常规养护下每年的费用。

②输入预养护下每年的费用。

③计算常规养护的当量年度费用。

④计算预养护的当量年度费用。

⑤计算节省的寿命周期养护费用。

6.1.3　标准库

6.1.3.1　简介

标准库为专门存放各类控制标准的信息库，主要包括预养护对策库、路面使用性能标准、预养护路况标准、影响因素权重系数、路面综合评价标准、预养护效益权重系数。

本部分内容主要为系统各项计算提供判断标准或者取值，管理员可以编辑修改。

6.1.3.2　预养护对策库

（1）功能

①存放预养护措施的判断标准；

②存放预养护措施所对应的效益分析指标；

③存放预养护措施属性分值范围；

④存放预养护措施平均寿命、平均费用的默认值；

⑤增加、删除预养护措施。

（2）注意

删除措施时，每次删除最后一项措施。

6.1.3.3　路面使用性能标准

（1）功能

根据用户输入的路面参数信息，判断路面性能是“优”“良”“中”

“次”“差”中的哪一种。

(2)注意

该标准用于路面性能评价中，路面不适合预养护时的对策。

6.1.3.4 预养护路况标准

(1)功能

根据用户输入的路面参数信息，判断路面是否适合预养护。

(2)注意

该标准用于路面性能评价中，路面是否适合预养护。

6.1.3.5 影响因素权重系数

(1)功能

该标准提供不同等级和交通量公路的影响因素权重系数。

(2)注意

该标准用于预养护措施综合评判中，影响因素权重系数的默认值。

6.1.3.6 路面综合评价标准

(1)功能

该标准提供不同等级公路的路面综合评价和各指标评价。

(2)注意

该标准用于路面综合评价中，给出综合和各指标的评价结果。

6.1.3.7 预养护效益权重系数

(1)功能

该标准提供不同等级公路的预养护效益权重系数。

(2)注意

该标准用于预养护效益计算中，权重系数自动取默认值，四指标时用户可以修改。

6.1.4 后处理

6.1.4.1 简介

后处理主要功能是将计算过程中或完全计算后的计算结果显示给用户。

系统后处理分两部分，一部分是系统下方的信息框，用于显示计算过程中的计算信息；另一部分是树结构上的报表输出，用于显示本项目的所有计算结果。

6.1.4.2　报表输出

（1）功能

显示当前项目的所有计算结果。

（2）注意

①报表中的结果，以当前项目中的最新数据为基准进行计算，如果部分数据没有更新，该部分的计算结果将不会被显示。

②计算书输出采用word格式，文件生成于该项目所在路径下，文件名为：项目文件名.doc。用户可以在项目目录下打开，也可以直接在对话框中点击“打开计算书”打开该文件。

6.1.4.3　信息框显示

（1）功能

显示计算过程中的信息。

（2）注意

信息框中的数据显示，视不同的对话框，以“点击分析即更新”和“点击确定后更新”两种模式处理。比如，预养护衰变方程，点击分析，当前的计算结果并未在信息框中更新，只有所有指标、所有时间方案的信息处理完毕，点击确定后，系统此时会计算所有情况下的结果，然后将结果更新于信息框；比如，路面性能评价，点击分析，信息框即更新。

此种处理方式主要源于具体问题的需要。

6.1.5　用户管理

6.1.5.1　简介

用户管理功能，用于管理员添加新用户，或者删除已有用户；用于普通用户更改密码。拥有账号和密码，才能使用该系统。

6.1.5.2　普通用户

普通用户根据管理员分发的用户名及密码，登录系统，即可使用该系统。普通用户可在“系统管理”菜单下的“用户管理”中，更改密码。

6.1.5.3 管理员

管理员除拥有普通用户的功能外，还有以下两个功能：

（1）增加、删除用户

管理员可在“系统管理”菜单下的“用户管理”中，添加新的用户，删除已有用户，查看所有用户。

（2）更改标准库

管理员登录后，可对标准库中的信息进行更改。

为了更准确地说明预养护决策系统的应用，下面分别提供了两个实例。实例一是采用单指标，即PCI进行预养护的决策；实例二采用四指标，即PCI、RQI、RDI与SRI进行预养护的决策。

6.2 沥青路面预养护决策系统应用算例（一）

6.2.1 项目信息

工程信息包括工程名称、起讫桩号、路线名称、总里程、公路等级、建设单位、养护单位和工程概况。如图6-2所示。

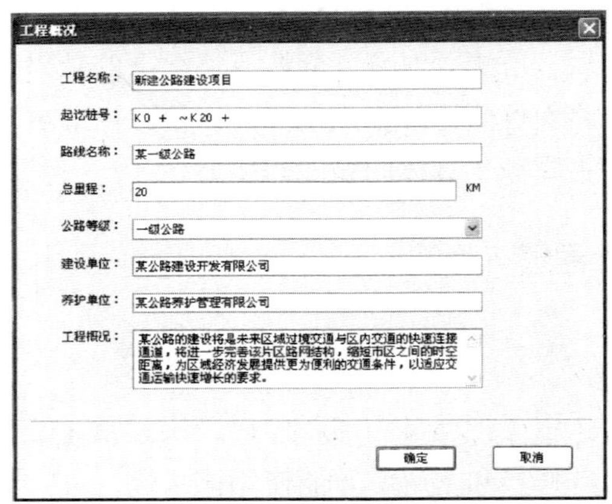

图6-2 工程项目信息

点击“确定”之后，新的项目即建立。

程序初始界面如图6-3所示。

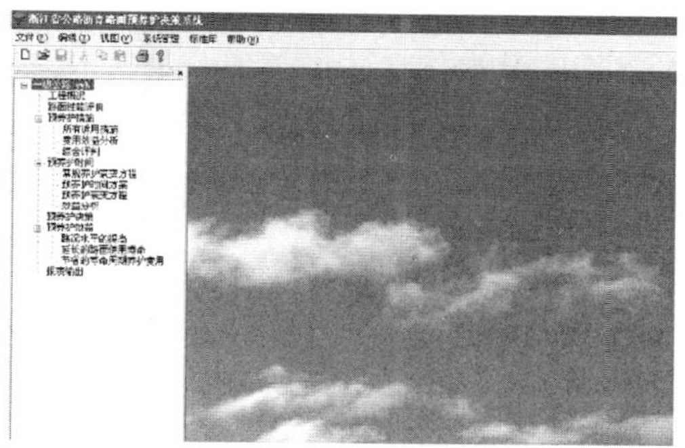

图6-3　决策系统初始界面

6.2.2　路面性能评价

双击左侧树结构中的“路面性能评价”，弹出对话框，如图6-4所示。

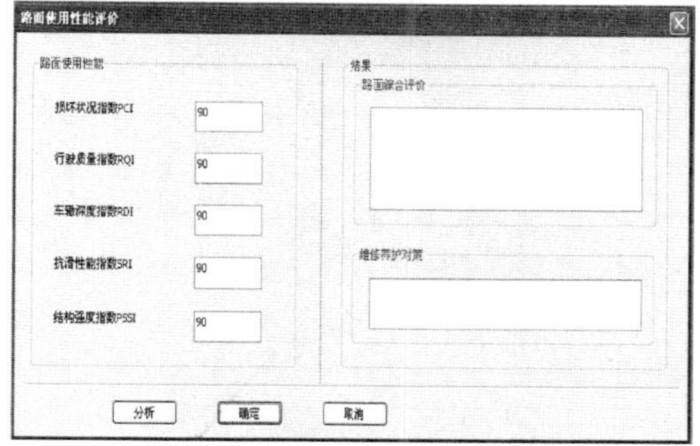

图6-4　路面性能评价对话框

在相应空白处输入参数：PCI＝90；RQI＝90；RDI＝80；SRI＝90；PSSI＝90。点击“分析”，程序自动计算结果如图6-5所示。

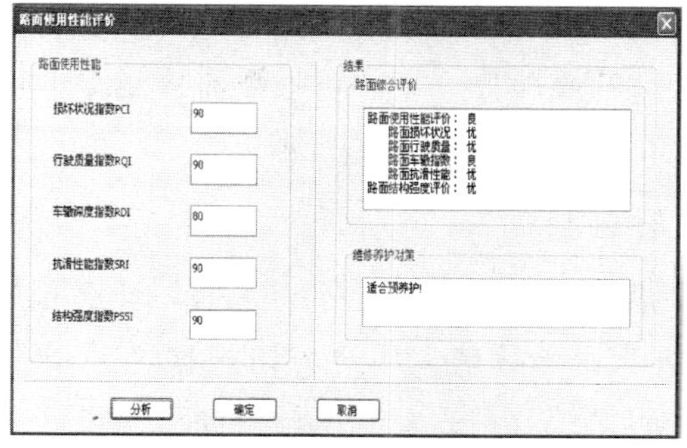

图6-5　路面性能评价结果

“路面综合评价结果”为：路面综合评价为良，路面破损状况为优，路面强度为良，路面行驶质量为优，路面抗滑性能为良。“维修养护对策”为：适合预养护。

6.2.3 预养护措施

6.2.3.1 所有适用的措施

点击“预养护措施—所有适用的措施”，根据交通量和道路情况，选择AADT和公路等级；根据当前路面状况，选择病害类型及严重程度：实例选择了细小裂缝。

点击“分析”，程序从数据库中将所有适用的预养护措施筛选出来：结果如图6-6所示，为“微表处、薄层加铺和沥青再生剂”。

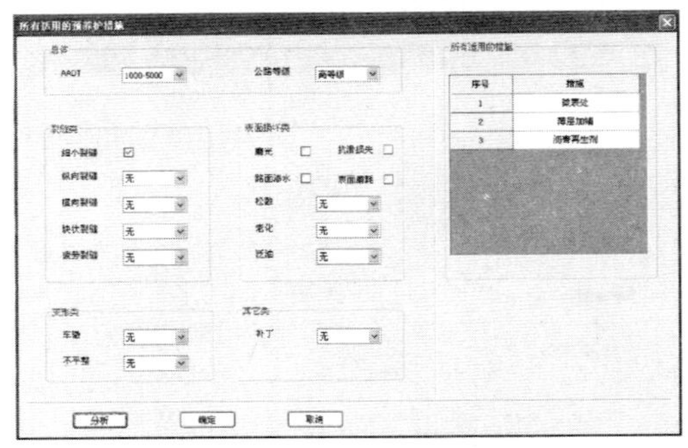

图6-6 所有适用的措施的确定

6.2.3.2 费用效益分析

点击“预养护措施—费用效益分析”，系统自动给出各项预养护措施的平均寿命和平均费用，用户可以自行单击修改；之后点击“分析”，系统自动重新计算EAC，并更新排序。用户可根据排序结果，选中所要进一步比对的预养护措施（可多选），如图6-7所示。

6.2.3.3 综合评判

点击“预养护措施—综合评判”，系统自动给出各项影响因素的权重以及各项预养护措施的属性分值，用户可以根据经验单击修改；然后点击“分析”，系统自动计算综合系数 k，并进行排序，如图6-8所示。其中综合系数 k 值大的为推荐预养护措施。

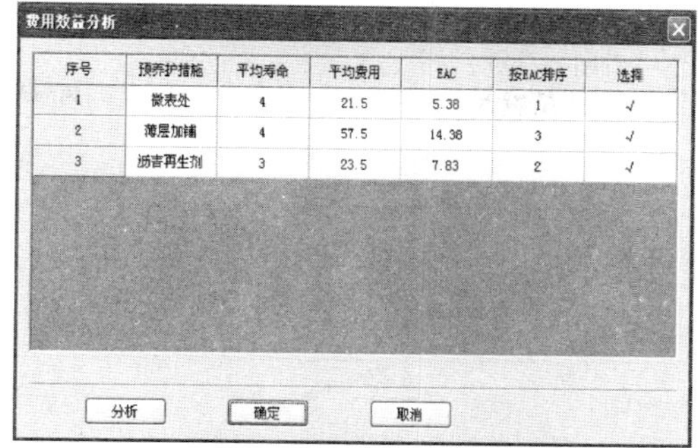

图 6-7　预养护措施费用效益分析

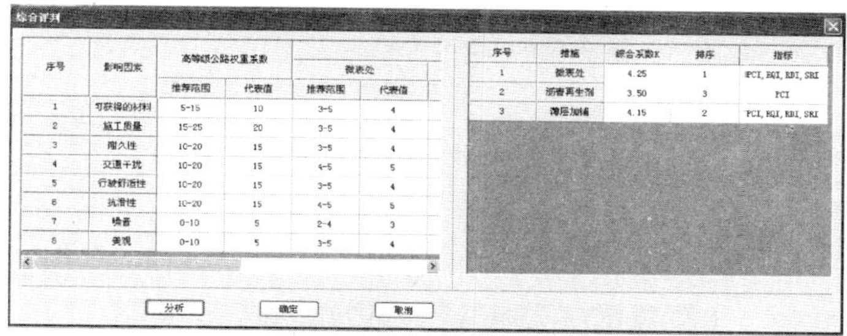

图 6-8　预养护措施综合评判

6.2.4　预养护时间

6.2.4.1　常规养护衰变方程确定

点击“预养护时间—常规养护衰变方程”，弹出对话框，如图 6-9 所示。

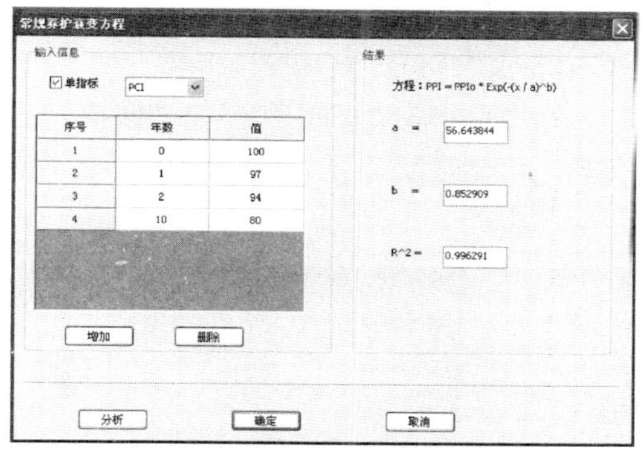

图 6-9　常规养护衰变方程

“预防性养护采用单指标 PCI”，输入相应的数据，如第 0 年（即建成完工时或中修、大修完工时）100。至少输入 4 组数据，多则不限。然后点击“分析”，右边框会自动给出 a、b 的回归值。

根据计算结果，可知该项目常规养护衰变方程为：

$$\mathrm{PCI} = 100 \times \exp\left[-\left(x/56.643844\right)^{0.852909}\right]$$

根据常规养护衰变方程可知常规养护衰变曲线，如图 6-10 所示。

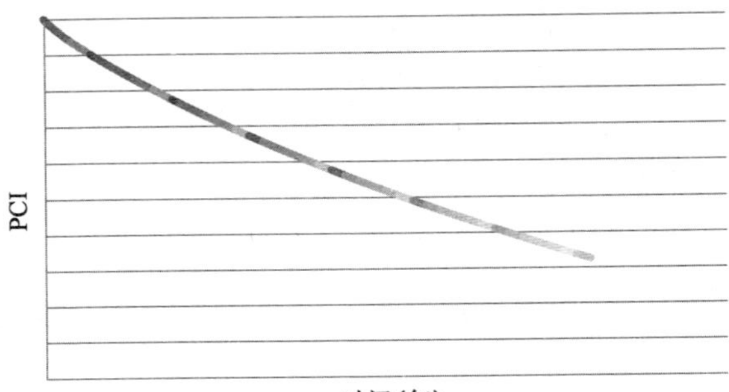

图 6-10　常规养护路面 PCI 衰变曲线

6.2.4.2　预养护时间方案

点击“预养护时间—预养护时间方案”，弹出对话框，如图 6-11 所示。

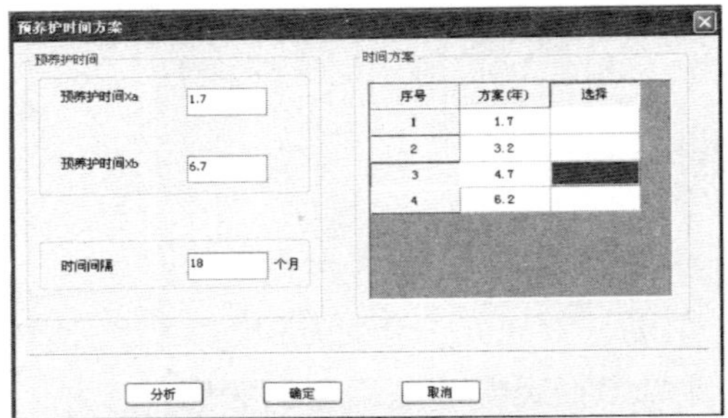

图 6-11　预养护时间方案

用户可以自己输入时间间隔，修改后点击“分析”，则右边框的时间方案会自动更新。之后用户可根据需要对方案（年）进行修改，实例修改后如图 6-12 所示。

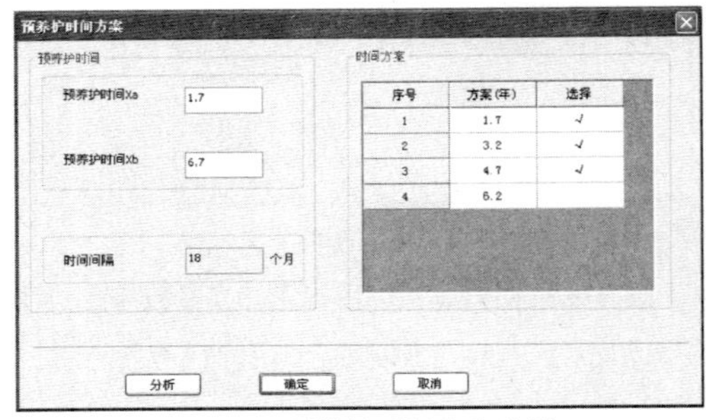

图 6-12　预养护时间方案选择

6.2.4.3　预养护衰变方程

点击“预养护时间—预养护衰变方程”，选择不同的时间方案，输入对应时间的 PCI 值。每一时间方案的参数输入完毕后，点击“分析”，右边框自动显示回归的 a、b 值，分别如图 6-13 ~ 图 6-15 所示。

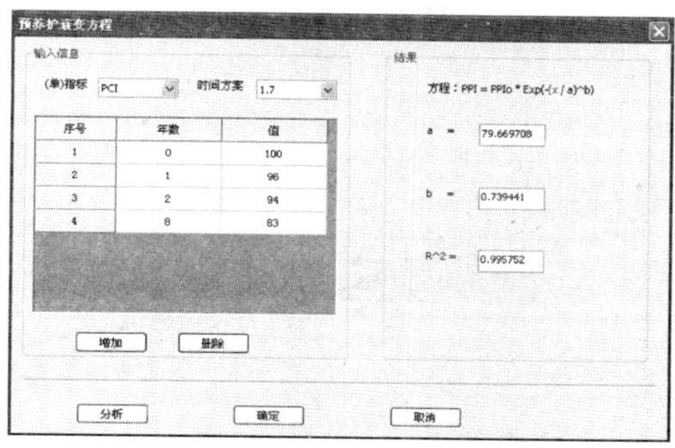

图 6-13　时间方案 1.7 预养护衰变方程

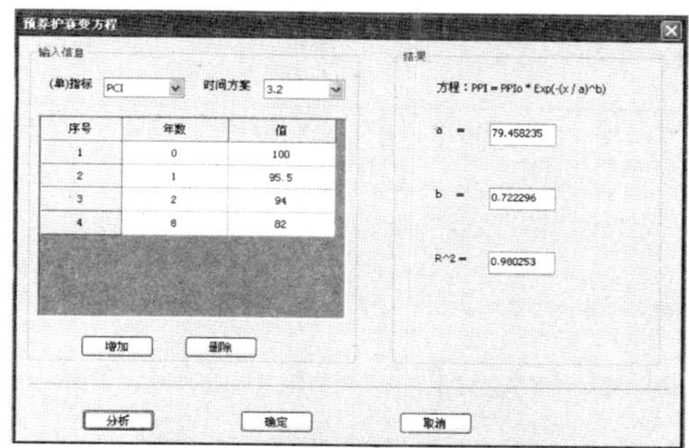

图 6-14　时间方案 3.2 预养护衰变方程

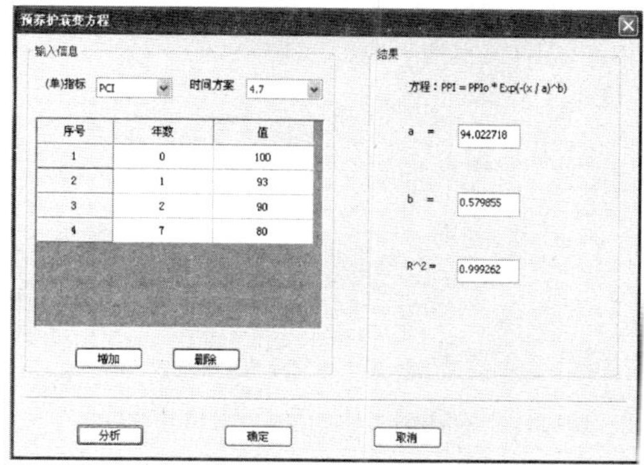

图 6-15　时间方案 4.7 预养护衰变方程

根据实例计算结果，可知该项目各时间方案下预养护衰变方程为：

时间方案 1.7：$PCI = 100 \times \exp\left[- (x/79.669708)^{0.739441} \right]$

时间方案 3.2：$PCI = 100 \times \exp\left[- (x/79.458235)^{0.722296} \right]$

时间方案 4.7：$PCI = 100 \times \exp\left[- (x/94.022718)^{0.579855} \right]$

根据预养护衰变方程可知各时间方案下预养护衰变曲线，如图 6-16 所示。

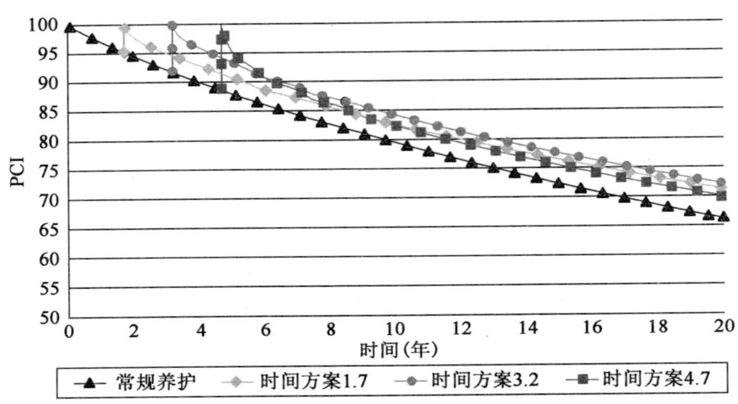

图 6-16　不同时间方案下预养护衰变方程

6.2.4.4　效益分析

点击“预养护时间—效益分析”，弹出对话框，如图 6-17 所示。

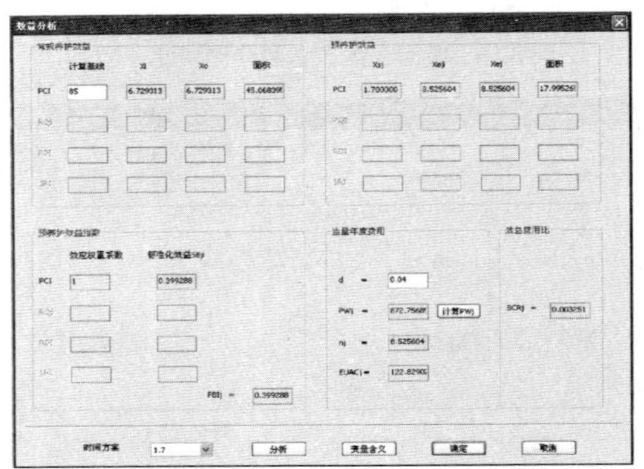

图 6-17　不同时间方案预养护费用效益分析

点击“计算 PW_j”，弹出对话框，如图 6-18 所示。

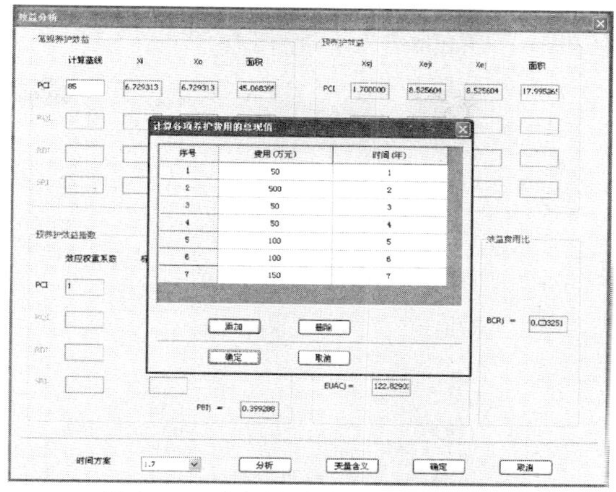

图 6-18　不同时间方案预养护费用分析

输入：

费用(万元)	时间(年)
50	1
500	2
50	3
50	4
100	5
100	6
150	7

点击“分析”，系统会自动计算出该时间方案下的 BCR（费用效益比）。然后选择左下角“时间方案 3. 2”，重复以上步骤，输入数据为：

费用(万元)	时间(年)
50	1
50	2
500	3
50	4
50	5
100	6
100	7
150	8
150	9

最后选择左下角“时间方案 4.7”，重复以上步骤，输入数据为：

费用(万元)	时间(年)
50	1
50	2
100	3
100	4
500	5
50	6
100	7
100	8
150	9

6.2.5　预养护决策

点击“预养护决策”，弹出对话框，如图 6-19 所示。

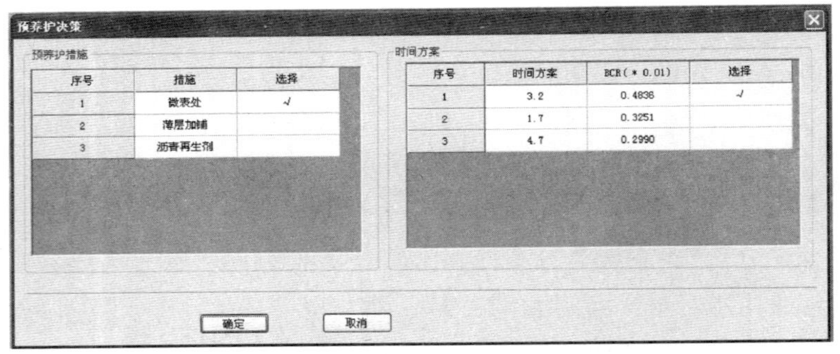

图 6-19　预养护决策

用户可根据实际情况及经验，参照系统给出的排序，对预养护措施和最佳预养护时间方案进行唯一选择，如用户不选，则默认为排序第一的措施或时间方案。

6.2.6　预养护效益

6.2.6.1　路况水平的提高

点击“预养护效益—路况水平的提高”，系统会自动计算研究期内预养护和常规养护条件的指标各年平均值，弹出对话框，如图 6-20 所示。

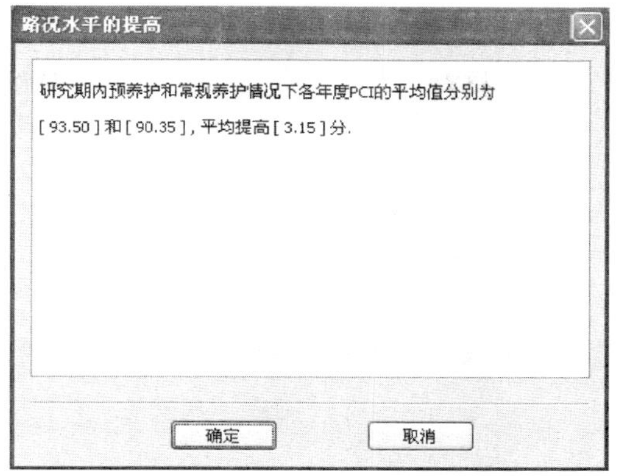

图6-20　路况水平的提高

6.2.6.2　延长的路面使用寿命

点击“预养护效益—延长的路面使用寿命”，系统会自动计算出延长的使用寿命，弹出对话框，如图6-21所示。

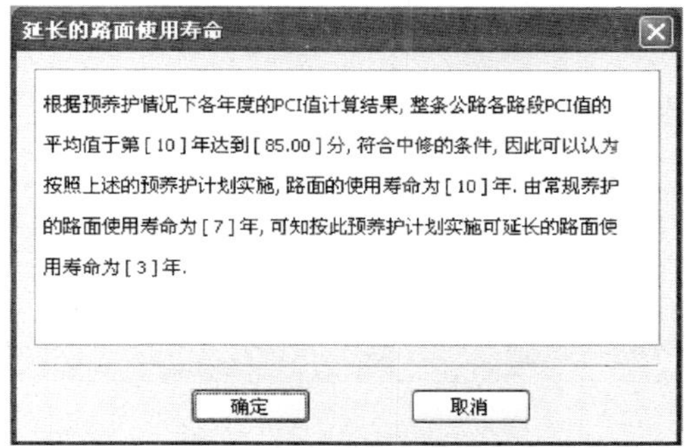

图6-21　延长的路面使用寿命

6.2.6.3　节省的寿命周期养护费用

点击“预养护效益—节省的寿命周期养护费用”，弹出对话框，如图6-22所示。

输入参数如下：

常规养护费用（万元）	预养护费用（万元）
50	50
100	50
150	500

200	50
250	50
300	100
	100
	150
	150

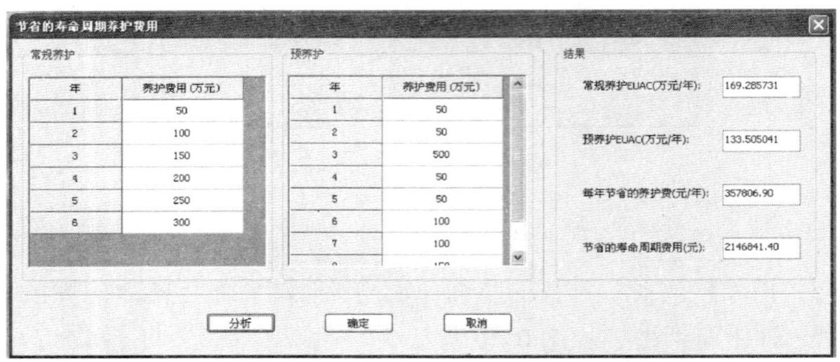

图 6-22　节省的寿命周期养护费用

6.2.7　报表输出

点击“报表输出—输出计算书”，如图 6-23 所示。之后点击“打开计算书”就可以打开相应的文件，如图 6-24 所示。

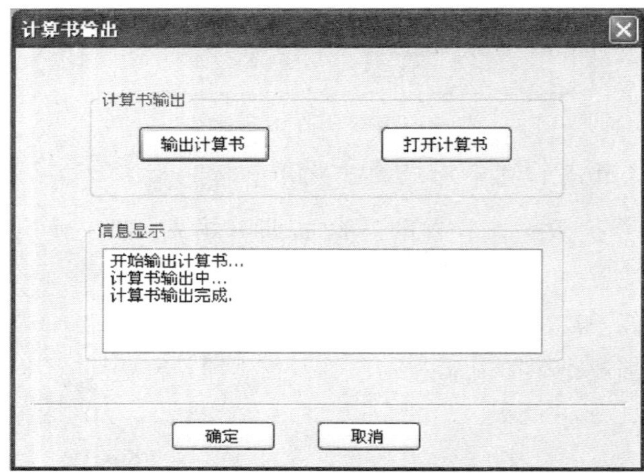

图 6-23　输出计算书

计算书

一、项目信息

1 工程名称：

新建公路建设项目

2 起讫桩号：

K0　+　~K20　+

3 路线名称：

某一级公路

4 总里程：

20KM

5 公路等级：

一级公路

6 建设单位：

某公路建设开发有限公司

7 养护单位：

某公路养护管理有限公司

8 工程概况：

某公路的建设将是未来区域过境交通与区内交通的快速连接通道，将进一步完善该片区路网结构，缩短市区之间的时空距离，为区域经济发展提供更为便利的交通条件，以适应交通运输快速增长的要求。

二、路面性能评价：

1 路面综合评价：

路面使用性能评价：　良

路面损坏状况：　优

路面行驶质量：　优

路面车辙指数：　良

路面抗滑性能：　优

路面结构强度评价：　优

2 维修养护对策：

适合预养护！

三、预养护措施：

1 所有适用的措施：

微表处;

薄层加铺;

沥青再生剂;

图6-24　计算书

6.3　沥青路面预养护决策系统应用算例（二）

6.3.1　项目信息

工程信息包括工程名称、起讫桩号、路线名称、总里程、公路等级、建设单位、养护单位和工程概况，如图6-25所示。点击确定之后，新的项目即建立。

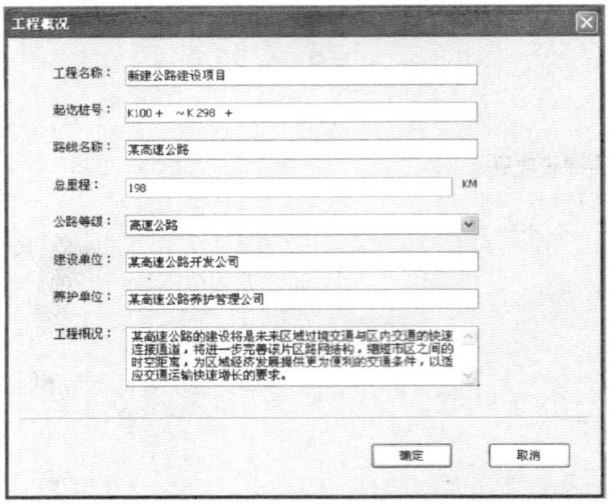

图 6-25　工程项目信息

6.3.2　路面性能评价

双击左侧树结构中的“路面性能评价”，弹出对话框，如图 6-26 所示。之后在相应空白处输入参数：PCI = 90；RQI = 90；RDI = 80；SRI = 90；PSSI = 90。

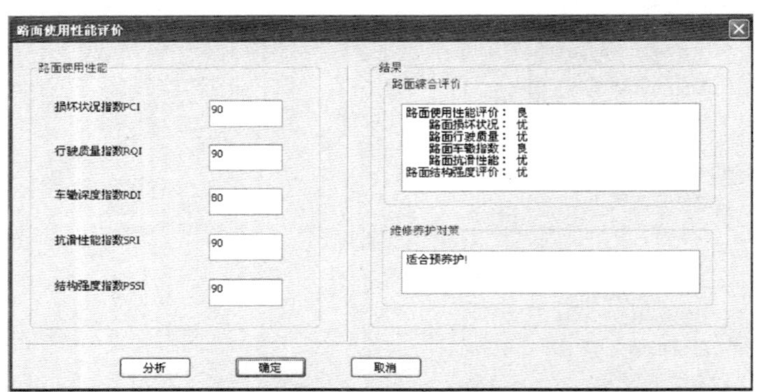

图 6-26　路面性能评价

程序自动计算结果如下：

“路面综合评价”：路面使用性能评价为优、路面损坏状况指数为优、路面行驶质量指数为优、路面车辙深度指数为良、路面抗滑性能为优、路面结构强度指数为良。“维修养护对策”：适合预养护。

6.3.3　预养护措施

6.3.3.1　所有适用的措施

点击“预养护措施—所有适用的措施”，弹出对话框，如图 6-27 所示。

然后，根据交通量和道路情况，选择AADT和公路等级；根据当前路面状况，选择病害类型及严重程度，实例选择了细小裂缝和<5mm车辙。点击“分析”，程序从数据库中将所有适用的预养护措施筛选出来，结果如图6-27所示，为“微表处，薄层加铺”。

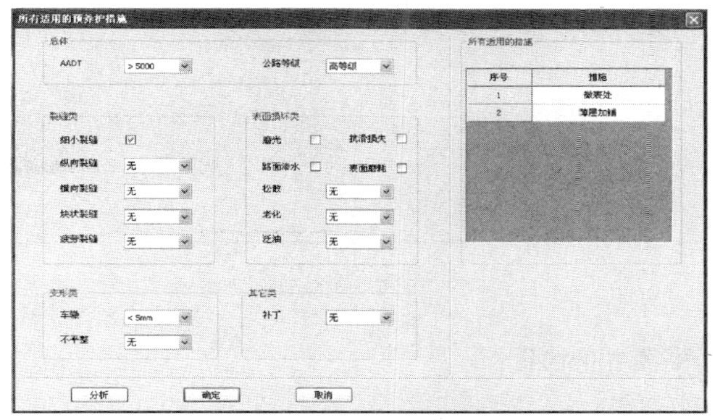

图6-27 选择适用的预养护措施

6.3.3.2 费用效益分析

点击“预养护措施—费用效益分析”，弹出对话框，如图6-28所示。系统自动给出各项预养护措施的平均寿命和平均费用，用户可以自行修改；然后点击“分析”，系统自动计算EAC，并进行排序。用户可根据排序结果，选中所要进一步比对的预养护措施（可多选）。

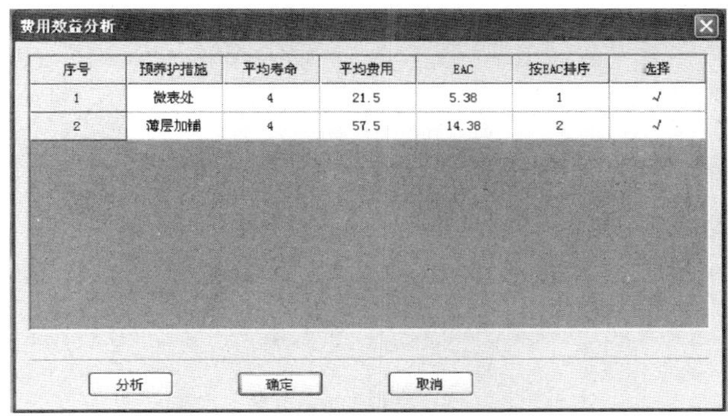

图6-28 预养护措施费用效益分析

6.3.3.3 综合评判

点击“预养护措施—综合评判”，弹出对话框，如图6-29所示。系统自动给出各项影响因素的权重以及各项预养护措施的属性分值，用户可以自行修改，然后点击“分析”，系统自动计算综合系数 k，并进行排序。k 值最大预养护措施为最优措施。

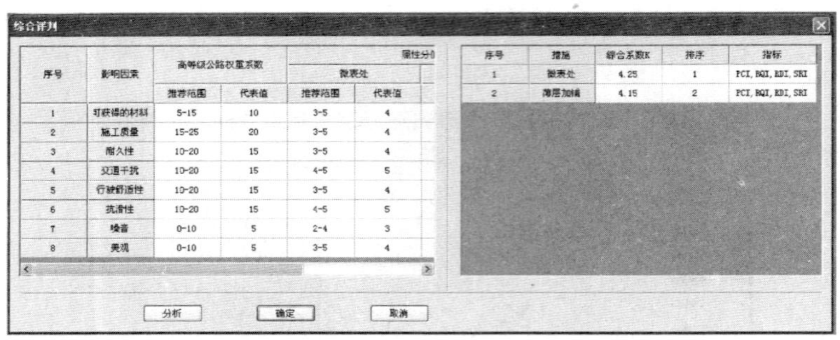

序号	影响因素	高等级公路权重系数		微表处	
		推荐范围	代表值	推荐范围	代表值
1	可获得的材料	5-15	10	3-5	4
2	施工质量	15-25	20	3-5	4
3	耐久性	10-20	15	3-5	4
4	交通干扰	10-20	15	4-5	5
5	行驶舒适性	10-20	15	3-5	4
6	抗滑性	10-20	15	4-5	5
7	噪音	0-10	5	2-4	3
8	美观	0-10	5	3-5	4

序号	措施	综合系数K	排序	指标
1	微表处	4.25	1	PCI, RQI, RDI, SRI
2	薄层加铺	4.15	2	PCI, RQI, RDI, SRI

图 6-29　预养护措施综合评判

6.3.4　预养护时间

6.3.4.1　常规养护衰变方程

点击“预养护时间—常规养护衰变方程”，弹出对话框，如图 6-30 所示。养护决策采用四指标，首先选择 PCI 指标。输入相应的数据，如第 0 年（即建成完工时或中修、大修完工时）100。至少输入 4 组数据，多则不限。之后点击“分析”，右边框会自动给出 a、b 的回归值。

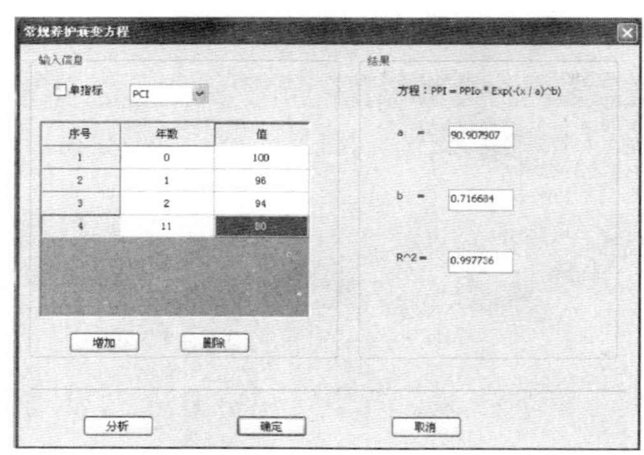

序号	年数	值
1	0	100
2	1	96
3	2	94
4	11	80

图 6-30　常规养护 PCI 指标衰变方程确定

根据计算结果，可知该项目常规养护衰变方程为：

$$PCI = 100 \times \exp\left[-\left(x/90.907907\right)^{0.716684}\right]$$

根据常规养护衰变方程可知常规养护衰变曲线，如图 6-31 所示。

单击单指标前的方框，之后选择 RQI 输入相应的数据，至少输入 4 组数据，多则不限。之后点击“分析”，右边框会自动给出 a、b 的回归值。如图 6-32 所示。

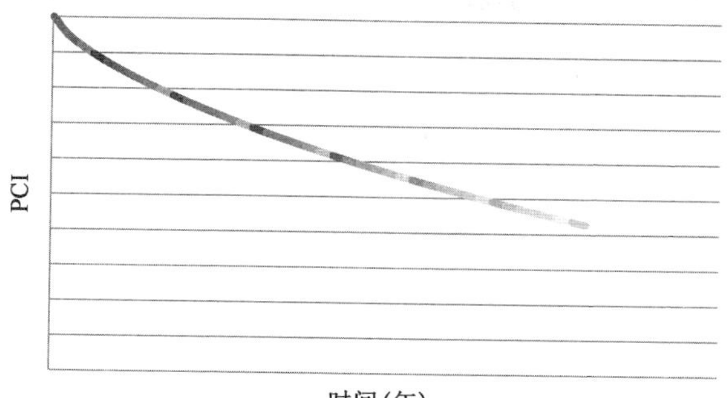

图 6-31　常规养护 PCI 指标衰变曲线

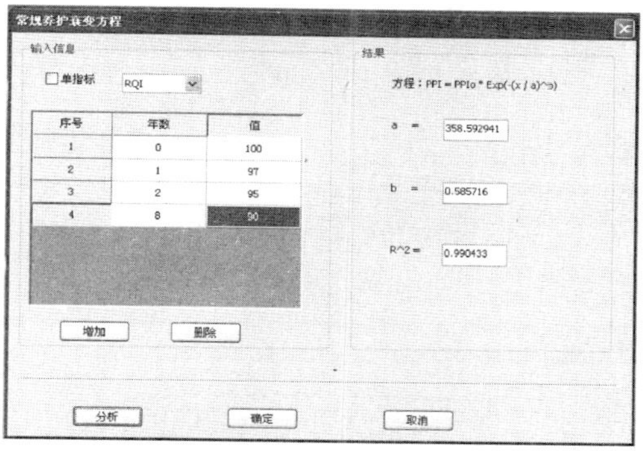

图 6-32　常规养护 RQI 指标衰变方程确定

根据计算结果，可知该项目常规养护衰变方程为：

$$RQI = 100 \times \exp\left[-\left(x/358.592941\right)^{0.585716}\right]$$

根据常规养护衰变方程可知常规养护衰变曲线，如图 6-33 所示。

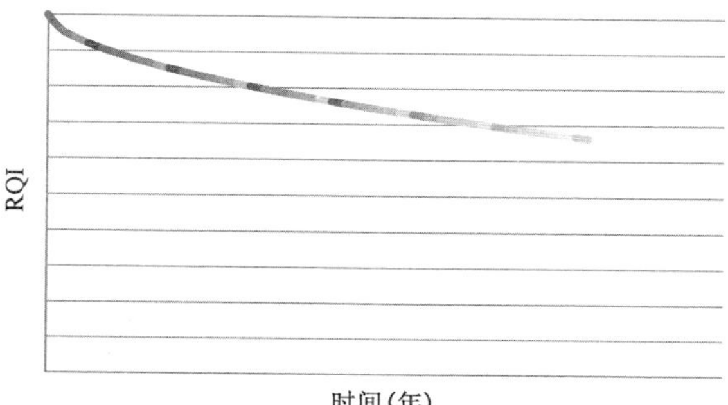

图 6-33　常规养护 RQI 指标衰变曲线

选择 RDI 输入相应的数据，至少输入 4 组数据，多则不限。之后点击“分析”，右边框会自动给出 a、b 的回归值。如图 6-34 所示。

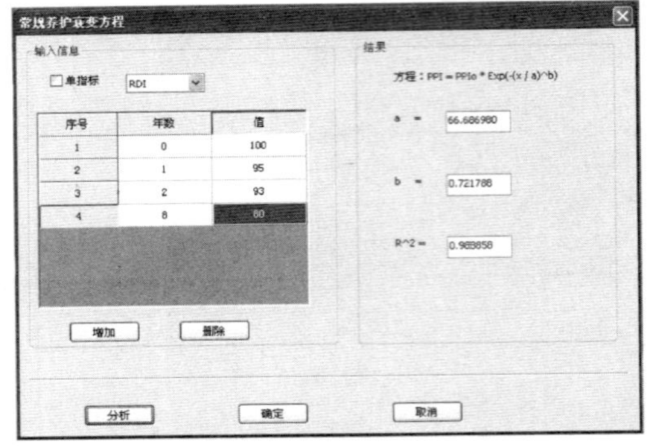

图 6-34　常规养护 RDI 指标衰变方程确定

根据计算结果，可知该项目常规养护衰变方程为：

$$\mathrm{RDI}=100\times\exp[x(-/66.686980)^{0.721788}]$$

根据常规养护衰变方程可知常规养护衰变曲线，如图 6-35 所示。

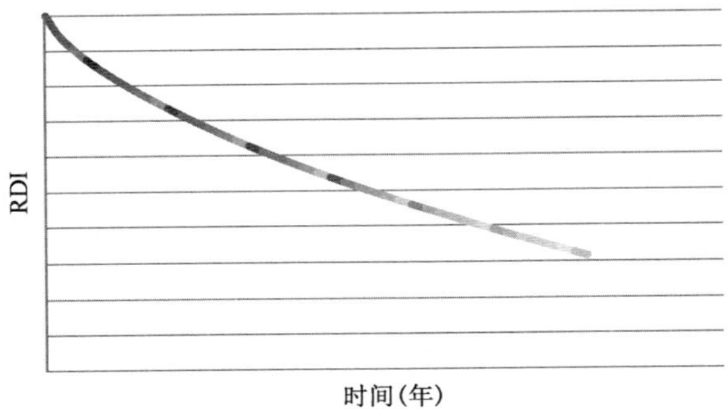

图 6-35　常规养护 RDI 指标衰变曲线

选择 SRI 输入相应的数据，至少输入 4 组数据，多则不限。之后点击“分析”，右边框会自动给出 a、b 的回归值。如图 6-36 所示。

根据计算结果，可知该项目常规养护衰变方程为：

$$\mathrm{SRI}=100\times\exp\left[-(x/51.440772)^{0.772506}\right]$$

根据常规养护衰变方程可知常规养护衰变曲线，如图 6-37 所示。

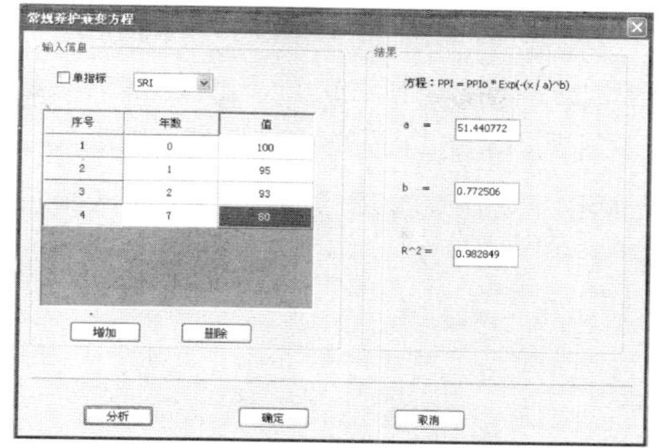

图 6-36　常规养护 SRI 指标衰变方程确定

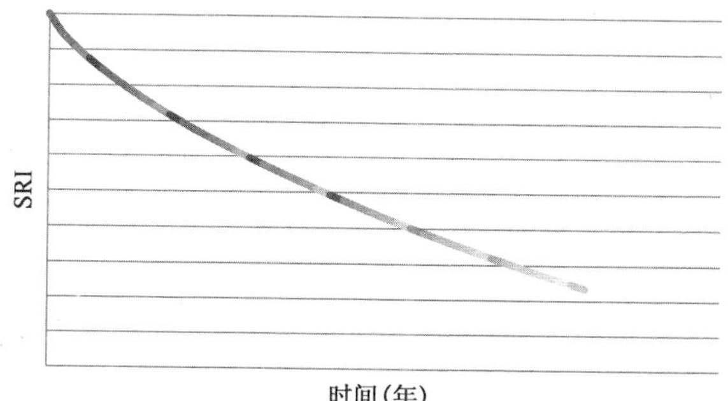

图 6-37　常规养护 SRI 指标衰变曲线

6.3.4.2　预养护时间方案

点击“预养护时间—预养护时间方案”，弹出对话框，用户可以自己输入时间间隔，修改后点击“分析”，则右边框的时间方案会自动更新。之后用户可根据需要对方案（年）进行修改，实例修改后如图 6-38 所示。

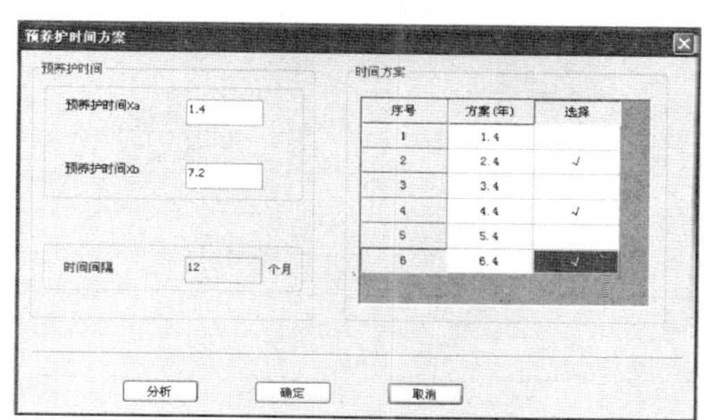

图 6-38　预养护时间方案确定

6.3.4.3　预养护衰变方程

点击“预养护时间—预养护衰变方程”，弹出对话框。选择不同的时间方案，输入各个时间方案对应的指标值。每一时间方案的参数输入完毕后，点击“分析”，右边框自动显示回归的 a、b 值，根据实例计算结果，可知该项目各时间方案下预养护衰变方程及衰变曲线。如图 6-39 ~ 图 6-46 所示。

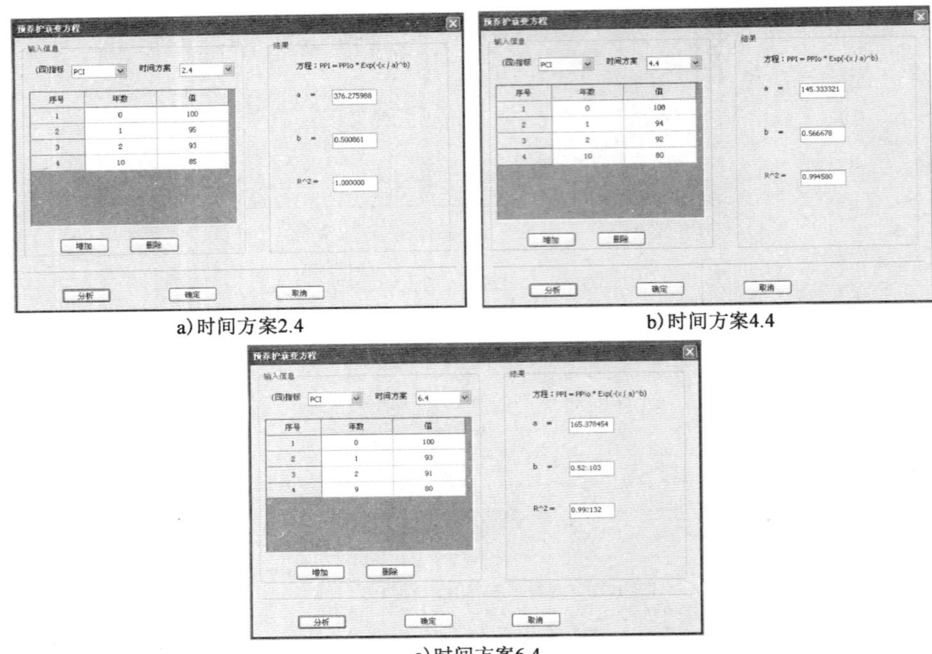

图 6-39 预养护 PCI 指标衰变方程确定

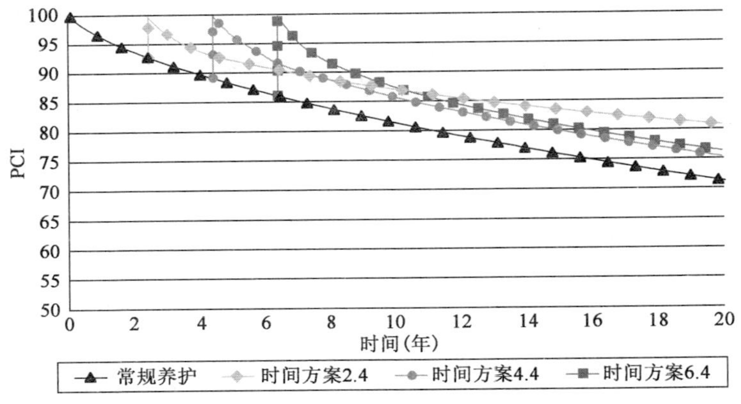

图 6-40 不同时间方案条件下预养护 PCI 指标衰变曲线

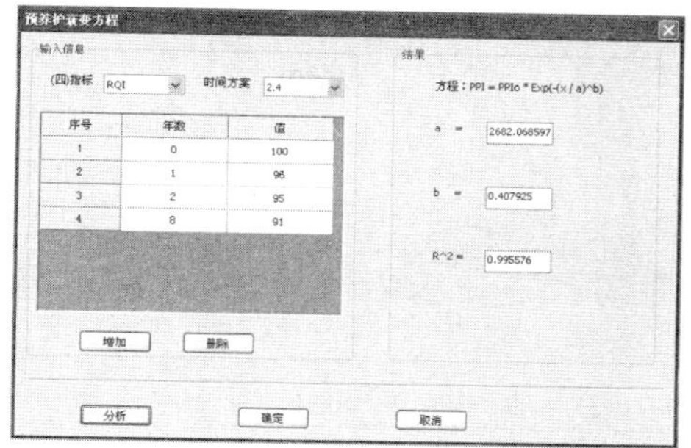

a)时间方案2.4

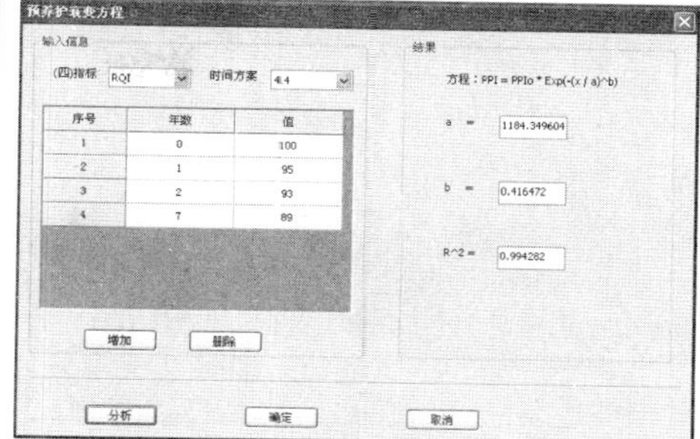

b)时间方案4.4

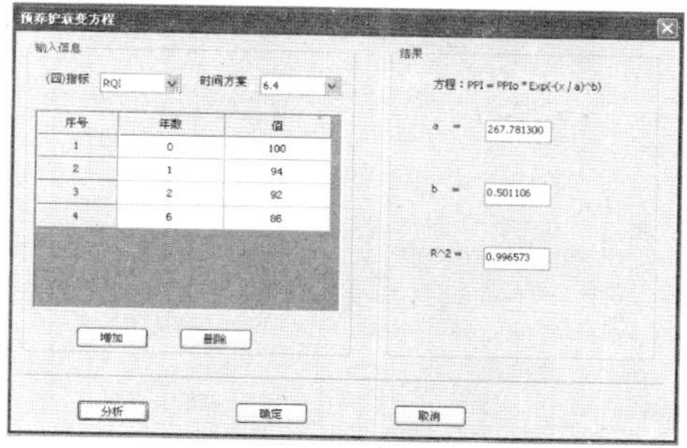

c)时间方案6.4

图6-41 预养护RQI指标衰变方程确定

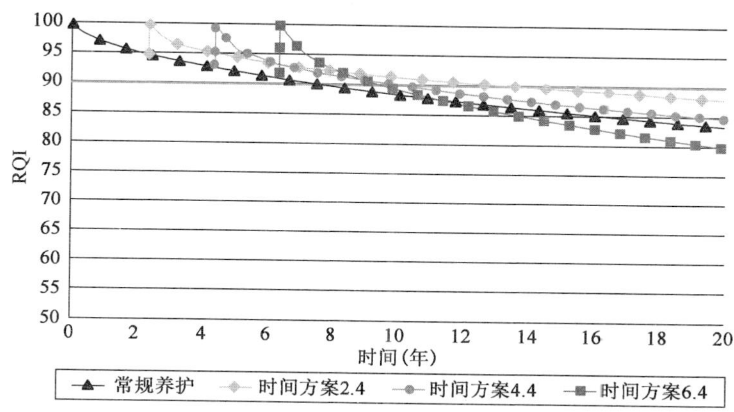

图6-42 不同时间方案条件下预养护RQI指标衰变曲线

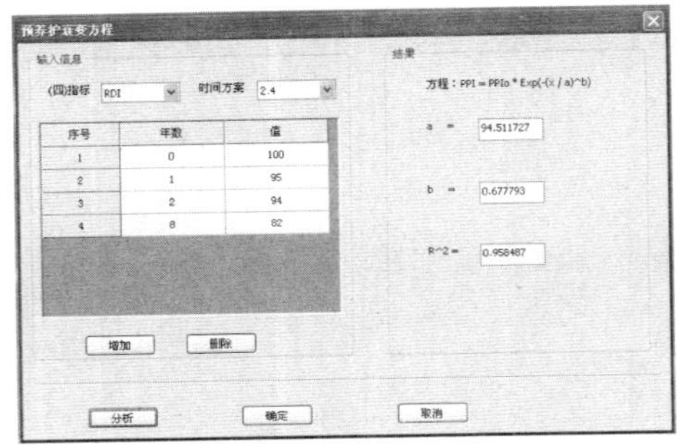

a) 时间方案2.4

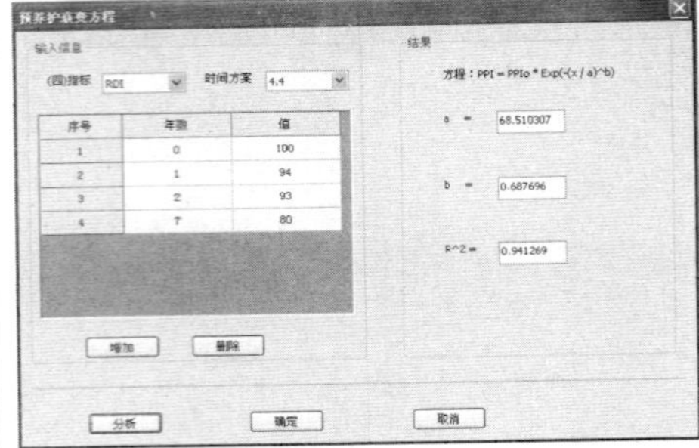

b) 时间方案4.4

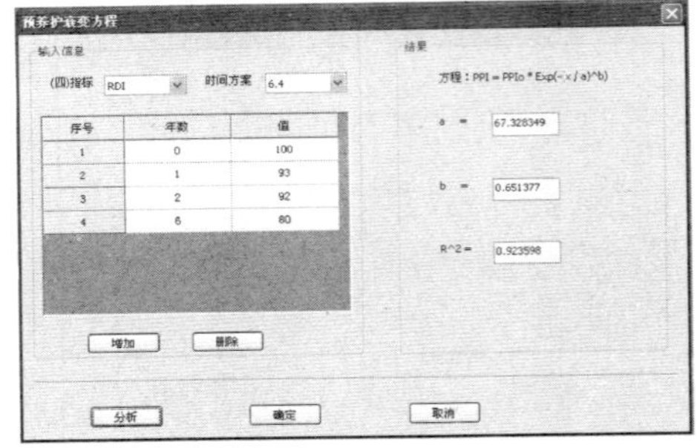

c) 时间方案6.4

图 6-43　预养护 RDI 指标衰变方程确定

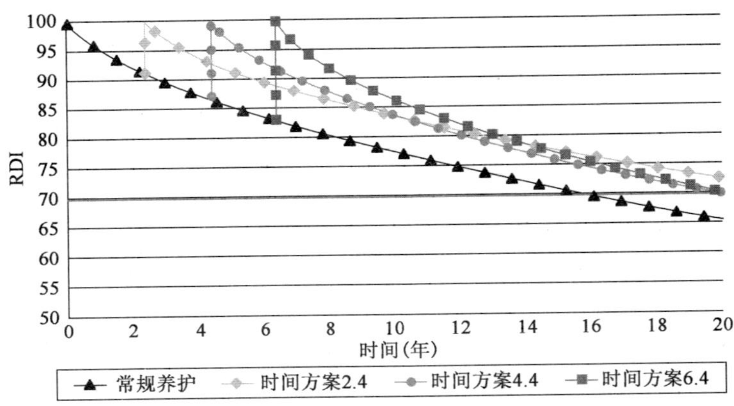

图 6-44　不同时间方案条件下预养护 RDI 指标衰变曲线

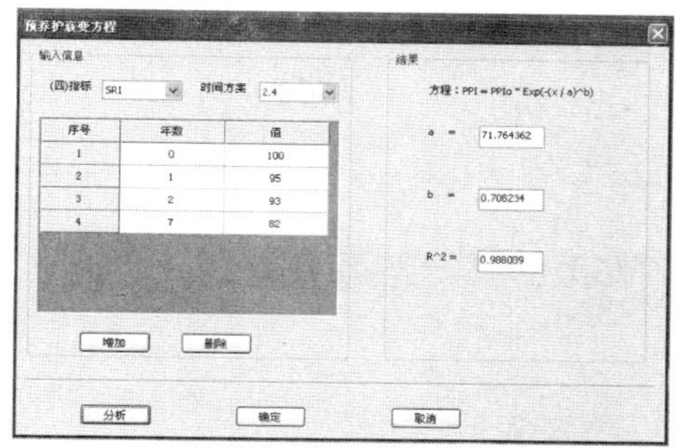

a)时间方案2.4

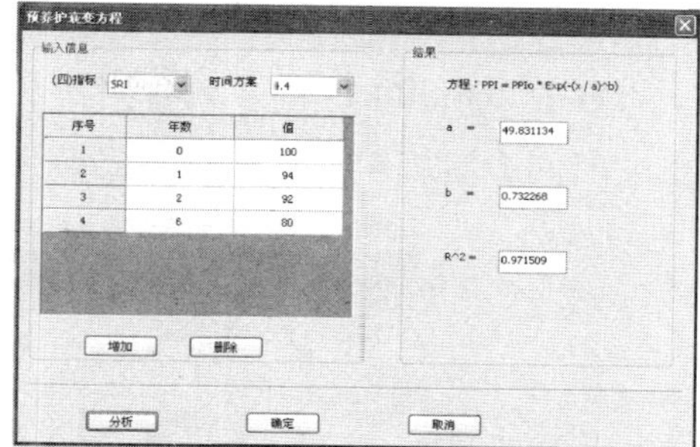

b)时间方案4.4

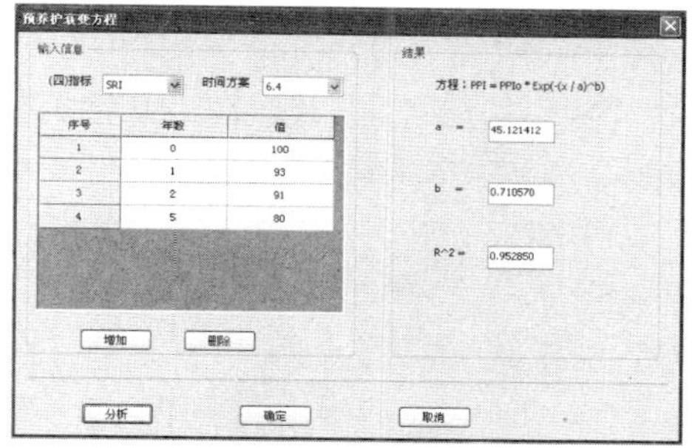

c)时间方案6.4

图 6-45　预养护 SRI 指标衰变方程确定

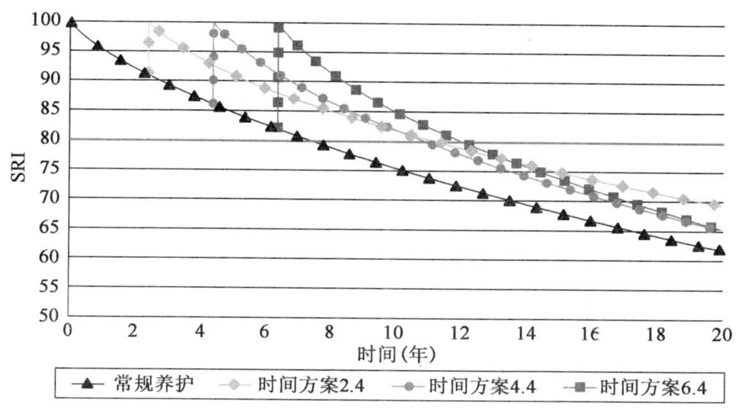

图 6-46　不同时间方案条件下预养护 SRI 指标衰变曲线

6.3.4.4 效益分析

点击“预养护时间—效益分析”，弹出对话框。点击“计算 PW_j”，选择“时间方案2.4”，输入以下参数，如图6-47所示。

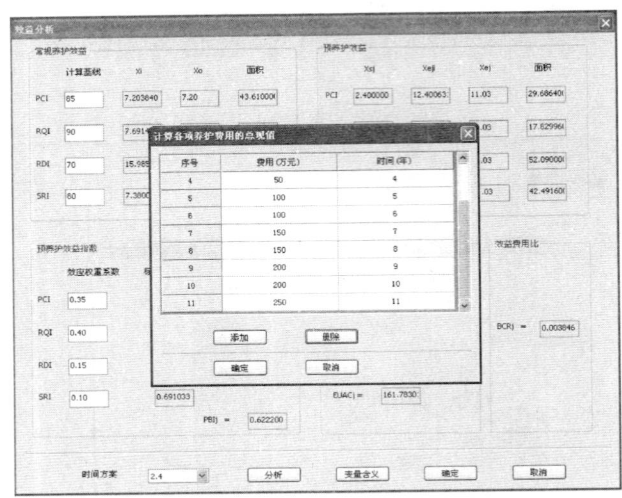

图6-47 预养护措施费用计算

费用(万元)	时间(年)
50	1
500	2
50	3
50	4
100	5
100	6
150	7
150	8
200	9
200	10
250	11

点击“分析”，系统会自动计算出该时间方案下的BCR（费用效益比）。

然后选择左下角“时间方案4.4”，重复以上步骤，输入参数为：

费用(万元)	时间(年)
50	1
100	2
100	3
500	4
50	5
100	6
100	7
150	8
150	9

继续选择左下角“时间方案6.4”，重复以上步骤，输入参数为：

费用(万元)	时间(年)
50	1
100	2
100	3
150	4
150	5
500	6
50	7
50	8
100	9
100	10

6.3.5　预养护决策

点击“预养护决策”，弹出对话框，如图6-48所示。

用户可根据实际情况及经验，参照系统给出的排序，对预养护措施和时间方案进行唯一选择，如用户不选，则默认为排序第一的措施或时间方案。

6.3.6　预养护效益

6.3.6.1　路况水平的提高

点击“预养护效益—路况水平的提高”，系统会自动计算研究期内预养护和常规养护条件的指标各年平均值，弹出对话框，如图6-49所示。

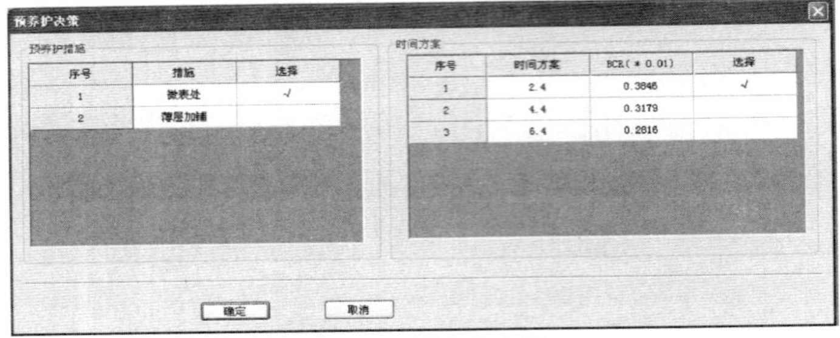

图6-48　预养护决策

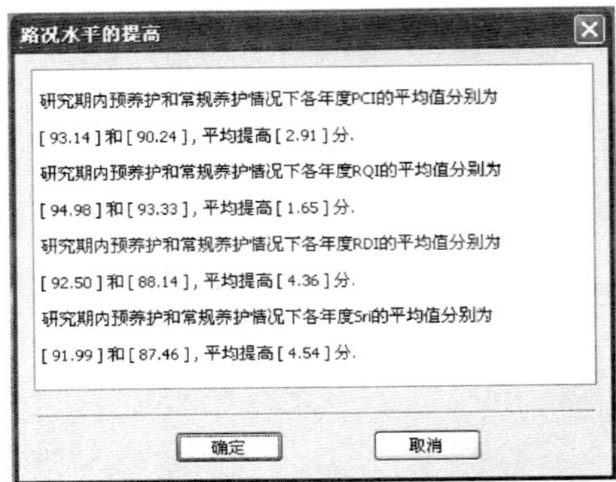

图6-49　路况水平的提高

6.3.6.2　延长的路面使用寿命

点击“预养护效益—延长的路面使用寿命”，系统会自动计算出延长的使用寿命，弹出对话框，如图6-50所示。

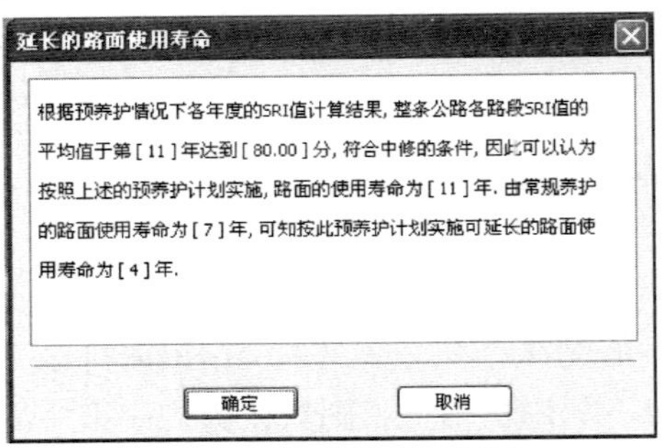

图6-50　延长的路面使用寿命

6.3.6.3　节省的寿命周期养护费用

点击“预养护效益—节省的寿命周期养护费用”，弹出对话框，如图6-51所示。

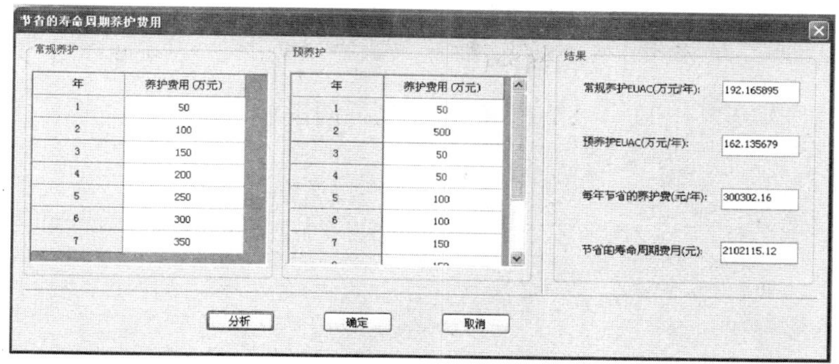

图 6-51　节省的寿命周期养护费用

输入参数如下：

常规养护费用（万元）	预养护费用（万元）
50	50
100	500
150	50
200	50
250	100
300	100
350	150
	150
	200
	200
	250

6.3.7　报表输出

点击“报表输出—输出计算书”，之后点击“打开计算书”就可以打开相应的文件。

6.4　沥青路面的最佳预养护时间计算

根据目前部分地区公路管理系统中的数据，选择代表性的路段，经过计算分析后得到不同等级公路的最佳预养护时间。

6.4.1 某国道A

以桩号K87+000~K88+000上行段为例进行单指标计算，最佳预养护时间为2.5年，如图6-52所示。

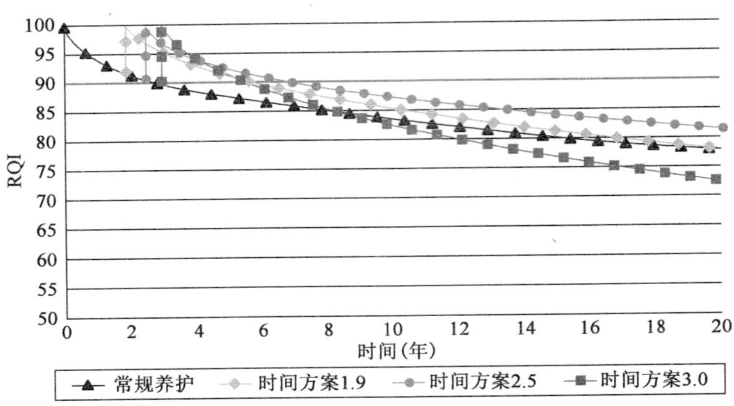

图6-52　某国道A常规养护曲线及不同时间方案下预养护衰变曲线

6.4.2 某省道A

以桩号K11+000~K12+000下行段为例进行PCI、RQI多指标计算，最佳预养护时间为2.4年，如图6-53所示。

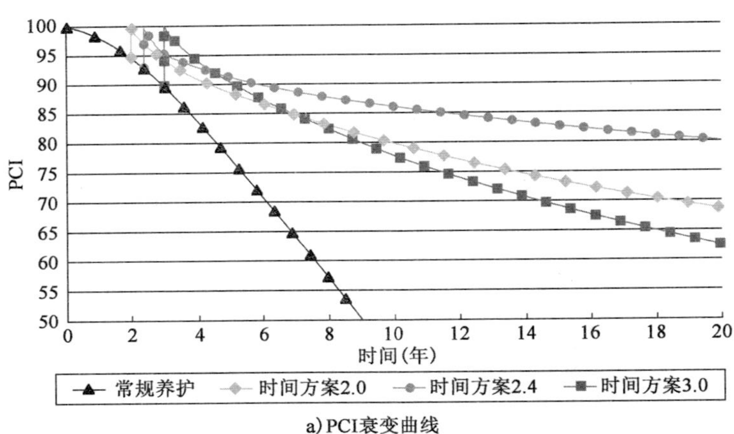

a)PCI衰变曲线

图　6-53

a)PCI衰变曲线

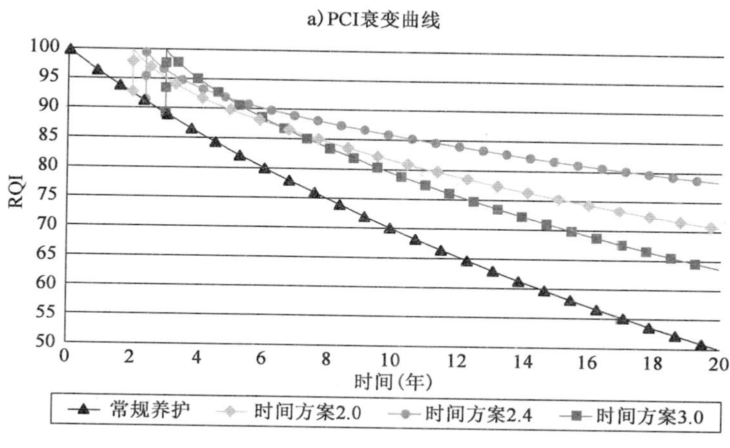

b)RQI衰变曲线

图 6-53　某省道 A 常规养护曲线及不同时间方案下预养护衰变曲线

6.4.3　某省道 B

以桩号 K43 + 000 ~ K44 + 000 上行段为例进行 PCI、RQI 多指标计算，最佳预养护时间为 3.0 年，如图 6-54 所示。

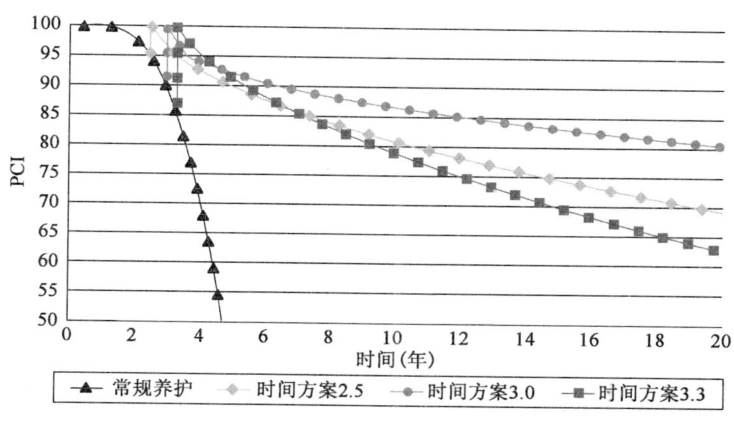

a)PCI衰变曲线

图　6-54

a) PCI衰变曲线

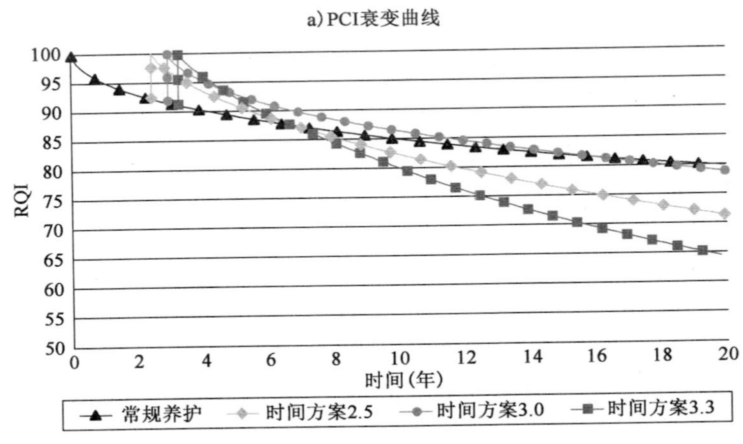

b) RQI衰变曲线

图 6-54　某省道 B 常规养护曲线及不同时间方案下预养护衰变曲线

6.4.4　某省道 C

以桩号 K138 +000 ~ K140 +000 下行段为例进行 PCI、RQI 多指标计算，最佳预养护时间为 2.3 年，如图 6-55 所示。

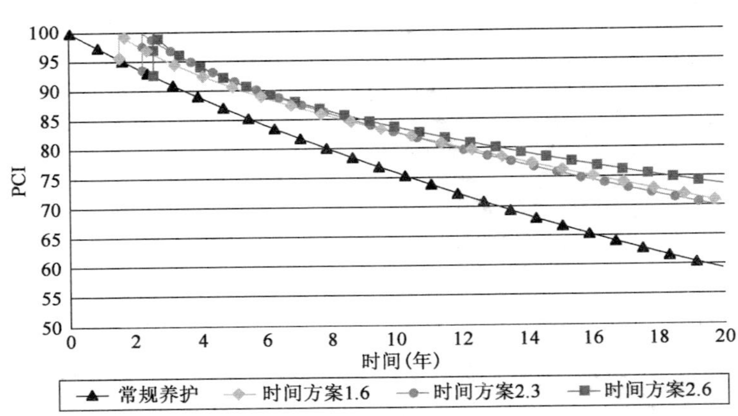

a) PCI衰变曲线

图　6-55

a) PCI衰变曲线

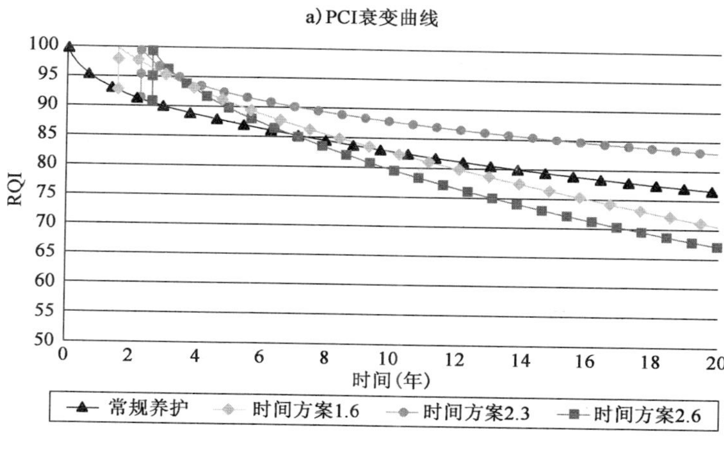

b) RQI衰变曲线

图 6-55　某省道 C 常规养护曲线及不同时间方案下预养护衰变曲线

6.4.5　某省道 D

以桩号 K112 +000 ~ K116 +000 上行段为例进行 PCI、RQI 多指标计算，最佳预养护时间为 2.4 年，如图 6-56 所示。

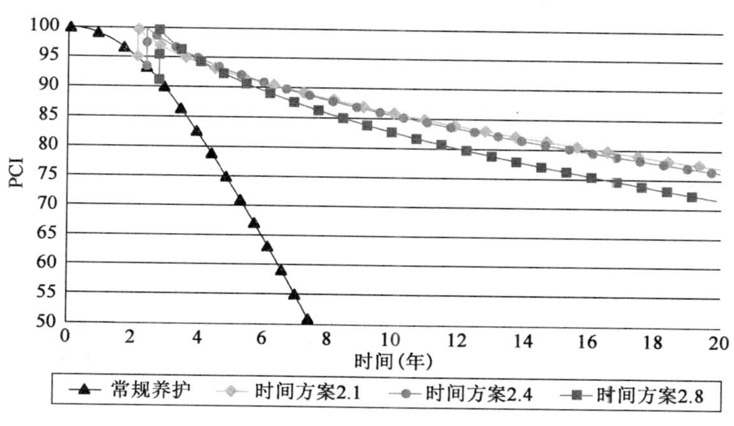

a) PCI衰变曲线

图　6-56

a) PCI衰变曲线

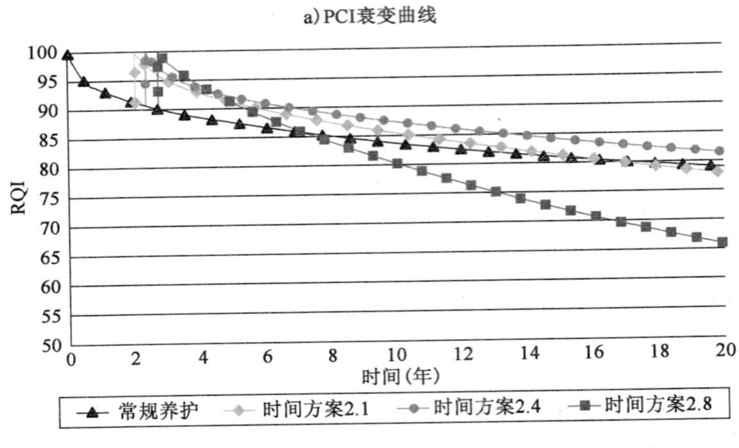

b) RQI衰变曲线

图 6-56　某省道 D 常规养护曲线及不同时间方案下预养护衰变曲线

6.4.6　某省道 E

以桩号 K70 + 510 ~ K72 + 000 上行段为例进行 PCI 单指标计算，最佳预养护时间为 3.2 年，如图 6-57 所示。

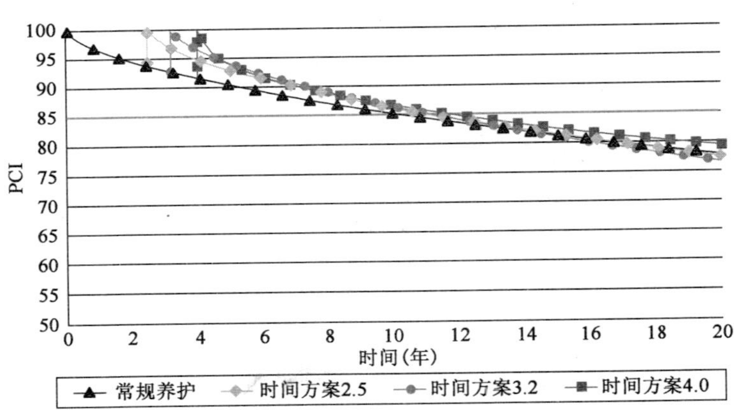

图 6-57　某省道 E 常规养护曲线及不同时间方案下预养护衰变曲线

6.4.7　某省道 F

以桩号 K59 + 000 ~ K61 + 000 下行段为例进行 PCI 单指标计算，最佳预养护时间为 2.9 年，如图 6-58 所示。

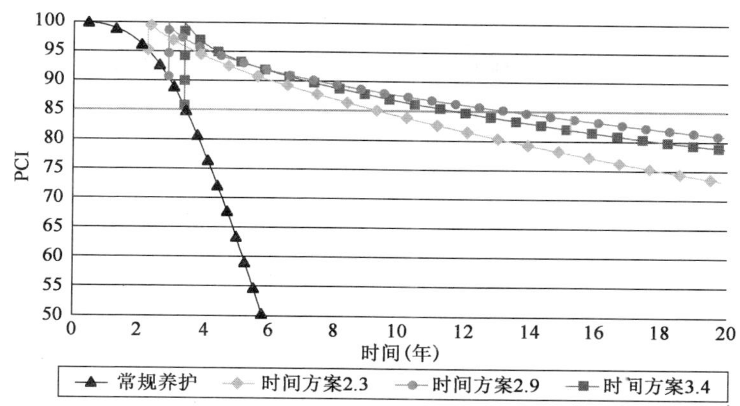

图6-58 某省道F常规养护曲线及不同时间方案下预养护衰变曲线

6.4.8 某省道G

以桩号K44+000~K45+000上行段为例进行PCI单指标计算，最佳预养护时间为2.1年，如图6-59所示。

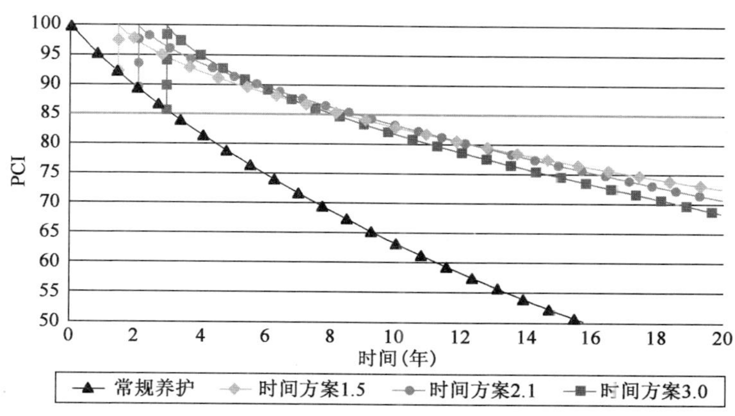

图6-59 某省道G常规养护曲线及不同时间方案下预养护衰变曲线

6.4.9 某省道H

以桩号K8+000~K9+000上行段为例进行PCI单指标计算，最佳预养护时间为3.2年，如图6-60所示。

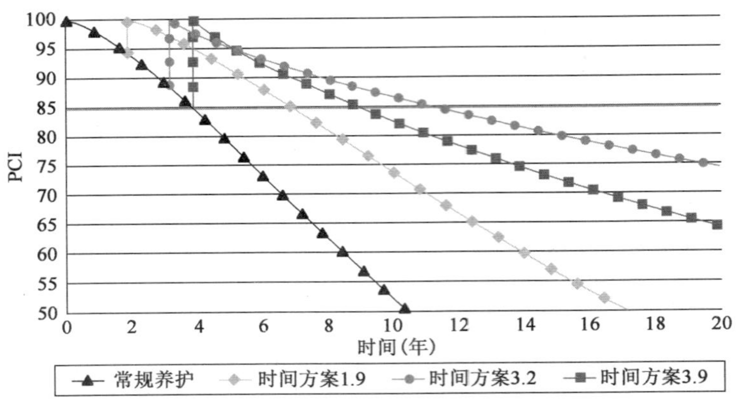

图 6-60　某省道 H 常规养护曲线及不同时间方案下预养护衰变曲线

6.4.10　某省道 I

以桩号 K21 +000 ~ K24 +000 上行段为例进行 PCI 单指标计算，最佳预养护时间为 3.0 年，如图 6-61 所示。

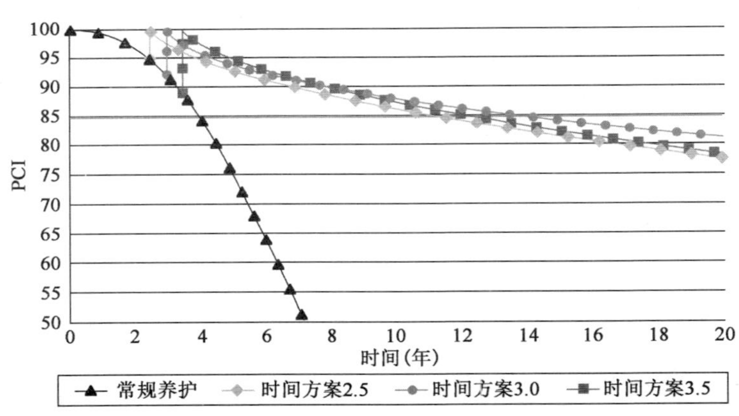

图 6-61　某省道 I 常规养护曲线及不同时间方案下预养护衰变曲线

6.4.11　某省道 J

以桩号 K83 +000 ~ K84 +620 上行段为例进行 PCI 单指标计算，最佳预养护时间为 2.4 年，如图 6-62 所示。

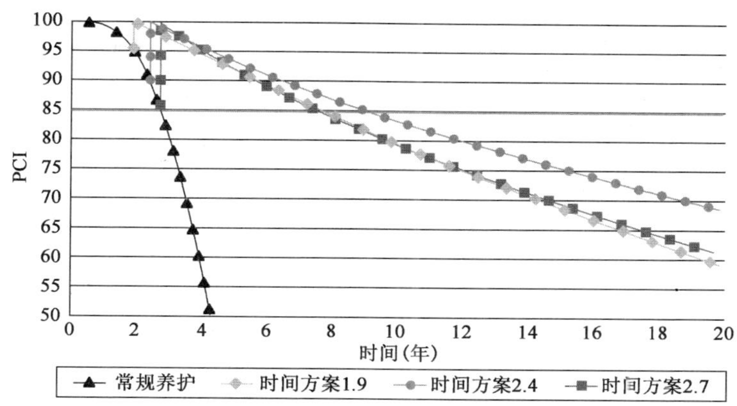

图 6-62　某省道 J 常规养护曲线及不同时间方案下预养护衰变曲线

6.4.12　某省道 K

以桩号 K10 +000 ~ K10 +993 上行段为例进行 PCI 单指标计算，最佳预养护时间为 2.6 年，如图 6-63 所示。

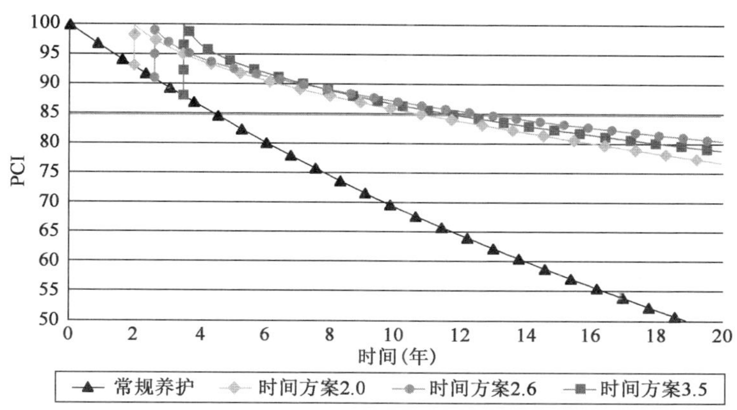

图 6-63　某省道 K 常规养护曲线及不同时间方案下预养护衰变曲线

6.4.13　某省道 L

以桩号 K3 +000 ~ K8 +050 上行段为例进行 PCI 单指标计算，最佳预养护时间为 2.7 年，如图 6-64 所示。

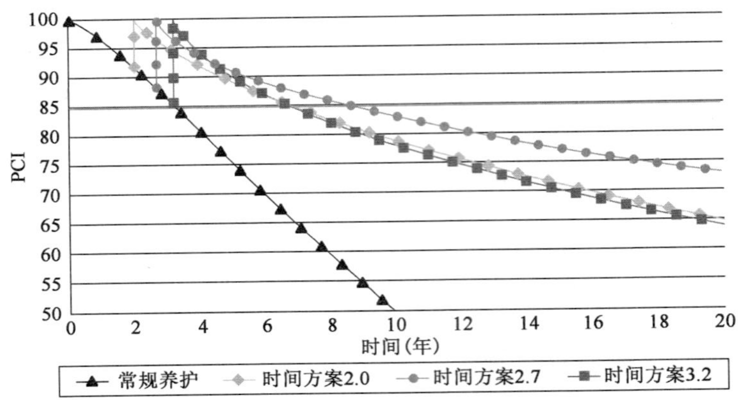

图 6-64 某省道 L 常规养护曲线及不同时间方案下预养护衰变曲线

6.4.14 某省道 M

以桩号 K214 +000 ~ K215 +000 上行段为例进行 PCI、RQI 多指标计算，最佳预养护时间为 3.2 年，如图 6-65 所示。

根据目前公路管理系统中的历年沥青路面技术状况数据，选择代表性的路段，经过计算分析后得到不同等级公路沥青路面的最佳预养护时间建议值，详见表 6-1。

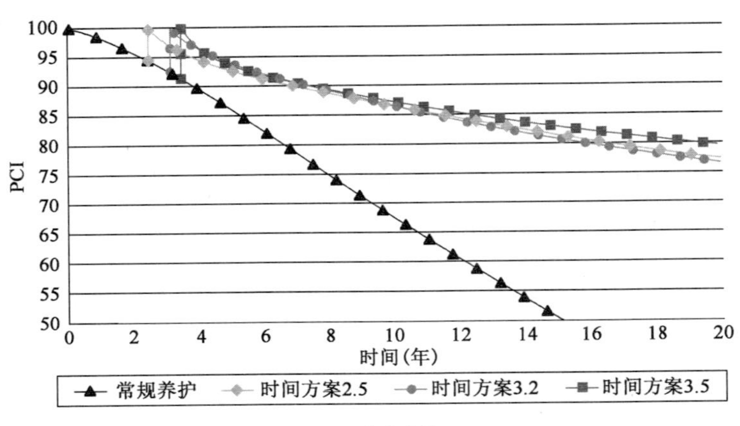

a) PCI衰变曲线

图 6-65

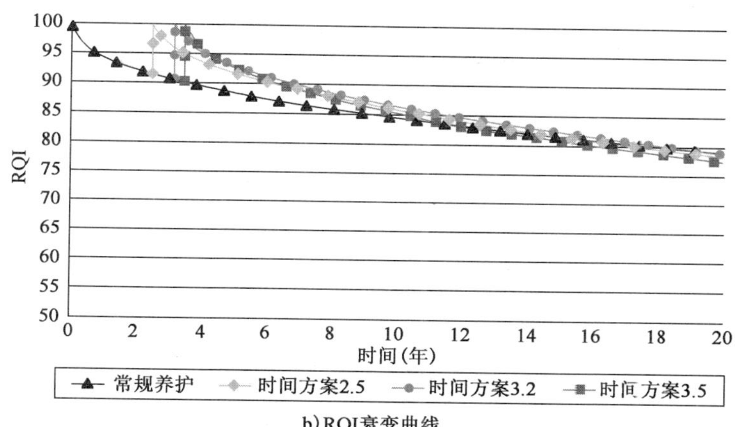

b) RQI衰变曲线

图 6-65　某省道 M 常规养护曲线及不同时间方案下预养护衰变曲线

各级公路的最佳预养护时间（建议值）　表 6-1

公路等级	最佳预养护时间段（年）
高速公路	[1.5，2.5]
一级公路	[2.0，3.2]
二级公路	[2.4，3.6]
三级公路	[2.8，4.2]
四级公路	[3.5，4.5]

6.5　本章小结

（1）预养护决策理论较为复杂，计算过程烦琐，一般工程人员难以应用，为此专门开发了沥青路面预养护决策系统，便于预防性养护技术的实施。本系统是一个集预养护措施解决方案、预养护时间解决方案、预养护效益分析、报告输出等为一体的综合性预养护决策管理系统。系统的编制，充分利用了现代计算机技术，充分考虑了与用户的友好交互。界面美观，结构清晰，操作方便。

（2）为了准确地说明预养护决策系统的应用，提供了两个应用实例，分别是采用单指标 PCI 与四指标进行预养护的决策。

（3）通过对一系列历年沥青路面技术状况数据进行分析，提出了不同等级沥青路面的最佳预养护时间建议值，高等级道路预防性养护时间为 1.5～3.2年；其他等级道路预防性养护时间为 2.4～4.5 年。

第 7 章　沥青路面预防性养护决策实例分析

本章阐述了预防性养护措施的选择、应用情况；通过典型案例分析，详细介绍了沥青路面预防性养护决策的方法和步骤。

7.1　项目实施背景

上海某高架道路已建成 20 余年，于几年前进行了桥面铺装整治，目前一些病害开始密集出现，主要表现为现有桥面铺装已经普遍存在沥青老化、沥青膜损失、轻微疲劳裂缝、损失细集料的现象，裂缝、车辙、拥包、松散等问题正在加速发展，局部区域已经出现碎裂。为确保该高架快速路桥面设施状况良好，提高高架道路服务水平，对该路段进行综合整治。

7.2　现 场 调 查

7.2.1　交通流量调查

根据交通管理部门的统计数据，本次拟整治路段日均交通流量可达 30000 辆以上，交通非常忙碌，如图 7-1 所示。

图 7-1　非高峰时段车流情况

7.2.2 现场铺装调查

经过现场调查，发现拟改造路段车流密集，整体状况良好，伸缩缝干净且结构良好。拟综合整治路段主要存在以下问题：

（1）沥青混凝土桥面铺装部分区段存在麻面、剥落、车辙、拥包、裂缝、修补损坏等病害，如图7-2所示。

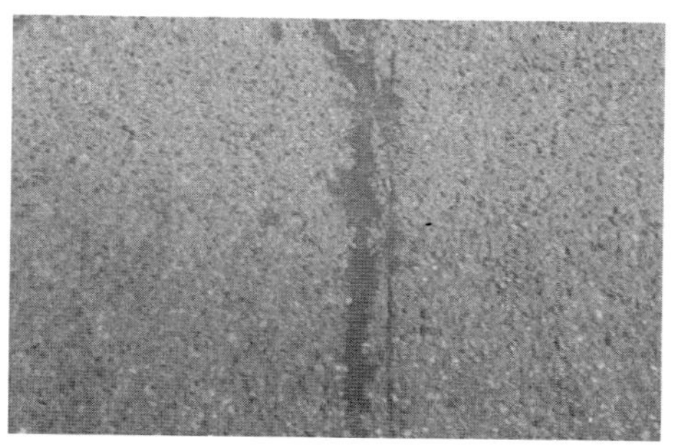

图7-2 裂缝及修补损坏

（2）沥青铺装表面沥青老化、损失明显，导致集料裸露现象比较普遍，铺装表面整体泛白，如图7-3所示。如不及时进行养护，在高速轮胎作用下，集料易被带起，会导致较严重的麻面和坑洞等结果。

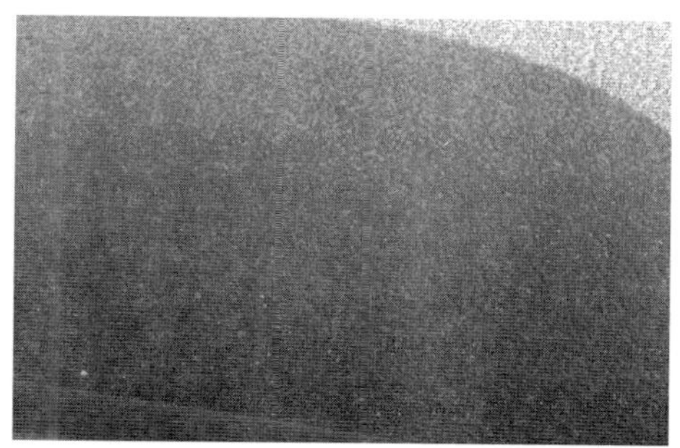

图7-3 表面沥青损失、集料外露

7.2.3 桥面铺装结构调查

（1）初建路面结构

根据收集的竣工图文件，本次工程拟整治段于20世纪90年代初完成建设，铺装结构如下。

混凝土桥面铺装为：

3.5cm 细粒式沥青混凝土（LH-10）；

2.0cm　砂砾式沥青混凝土（LK-05）。

（2）养护历史

通过走访养护公司，了解到本次拟改造路段于几年前进行了整体的综合整治，铣刨原铺装沥青层，加铺新的沥青路面结构。

（3）路面检测结果

根据现场取样情况，目前高架铺装结构为：

上面层：3～4.5cm　细粒式沥青混合料（SMA-13）；

下面层：1～3 cm　砂粒式沥青混合料（AC-5）。

7.3　路面检测结果

利用夜间养护封交作业时间，对工程范围内桥面铺装进行了较为详细的调查。调查结果表明路段总体路况良好，未发现严重的沥青路面病害现象。工程范围内病害主要有沥青老化引起黏结力下降，沥青铺装表面集料外露、泛白，局部存在麻面、松散、裂缝及部分修补损坏等病害，如不采取一定措施，铺装表面有发展成松散、坑洞的趋势。

经过多年的运营，在阳光、雨水、车辆荷载及油污污染等因素影响下，桥面沥青铺装表面层黏结力等性能已出现了不足。若得不到及时妥善地处治，预计将对今后路面的服务性能产生不利影响。

1）PCI 检测

按道路南北侧分析既有路面损坏状况（PCI）调查，北侧 PCI 相对较好，评分基本都为“B 及以上”，南侧的剥落情况较多，因此评分相对低于北侧。具体检测结果如表 7-1、图 7-4 和图 7-5 所示。现状病害照片如图 7-6 所示。

道路状况指数（PCI）检测成果表（机动车道）　　表 7-1

路段名称	分段桩号	车道数	PCI 检测结果							
			1 号车道		2 号车道		3 号车道		4 号车道	
			PCI	等级	PCI	等级	PCI	等级	PCI	等级
南侧	K0 +000 ~ K0 +560	4	80.2	B	85.2	B	82.8	B	86.5	B
	K0 +560 ~ K1 +120	3	83.6	B	83.3	B	100.0	A	—	—
	K1 +120 ~ K1 +685	2	81.1	B	81.1	B	—	—	—	—
	K1 +685 ~ K2 +200	3	80.3	B	79.5	B	87.7	B	—	—
北侧	K0 +000 ~ K0 +560	4	86.1	B	88.6	B	86.9	B	84.8	B
	K0 +560 ~ K1 +120	4	88.7	B	93.0	A	83.5	B	100.0	A

续上表

路段名称	分段桩号	车道数	PCI 检测结果							
			1 号车道		2 号车道		3 号车道		4 号车道	
			PCI	等级	PCI	等级	PCI	等级	PCI	等级
北侧	K1 + 120 ~ K1 + 685	3	86.8	B	87.2	B	82.7	B	—	—
	K1 + 685 ~ K2 + 200	4	85.9	B	87.1	B	88.6	B	94.6	A

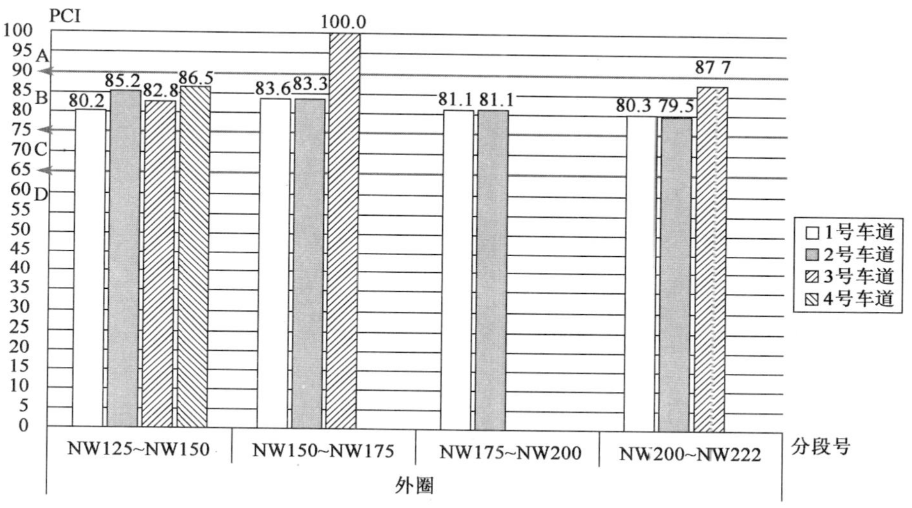

图 7-4　南侧道路状况指数（PCI）

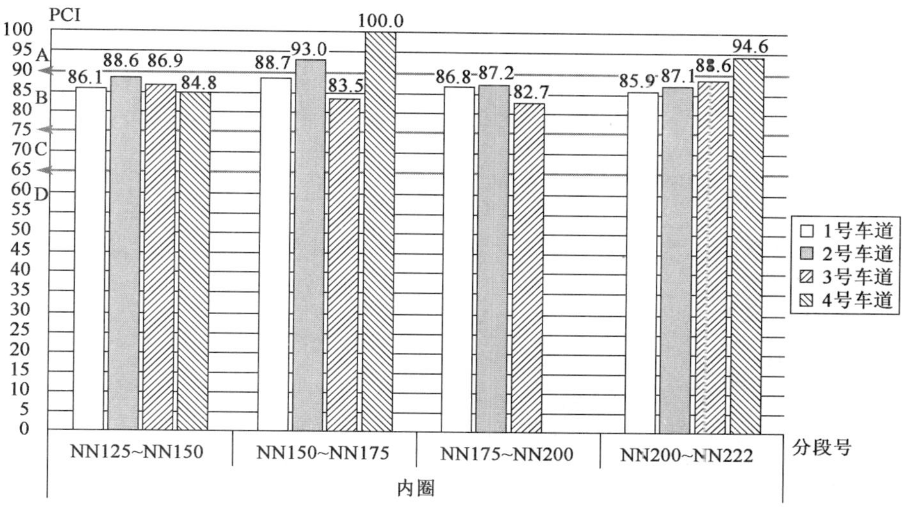

图 7-5　北侧道路状况指数（PCI）

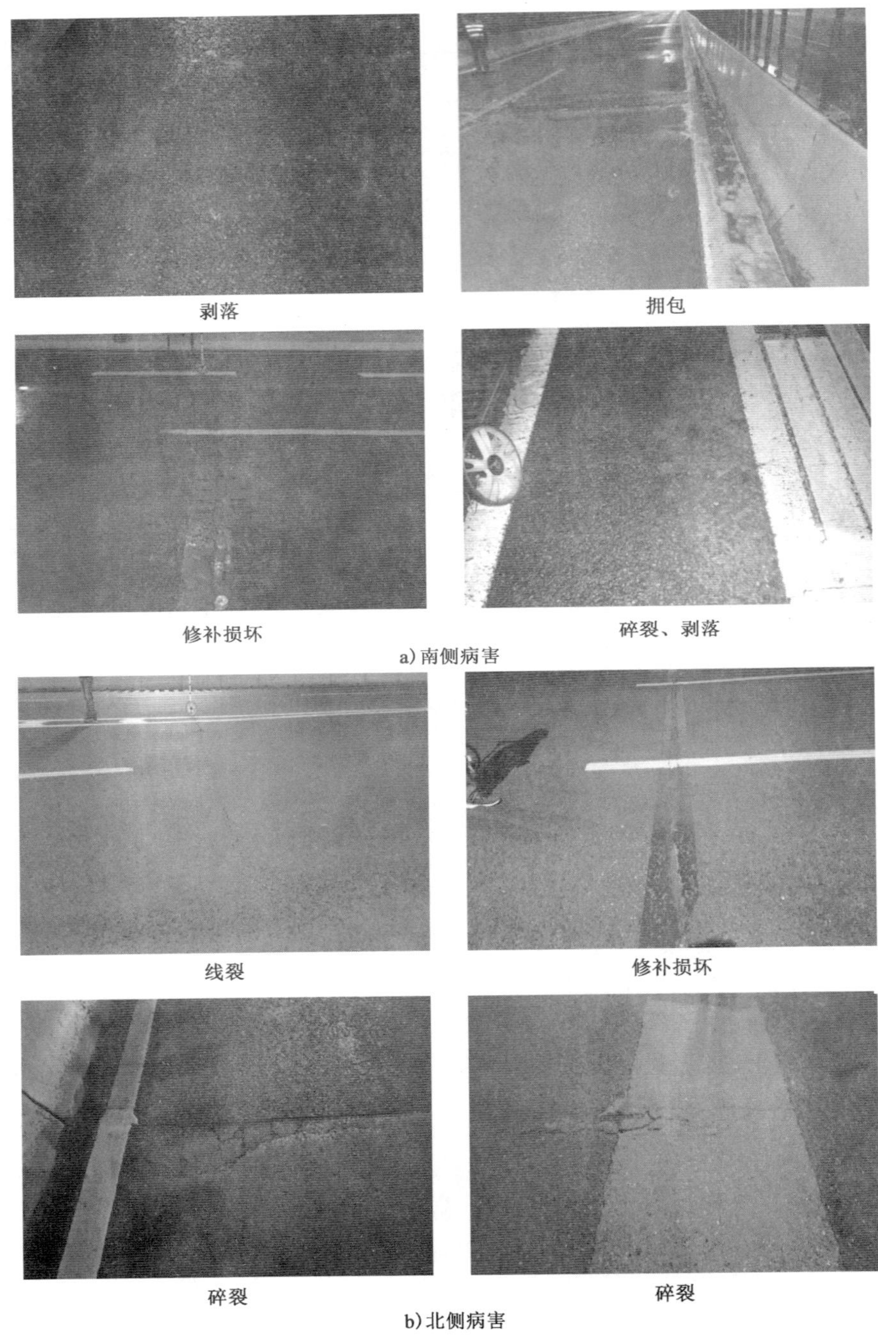

剥落　拥包

修补损坏　碎裂、剥落

a)南侧病害

线裂　修补损坏

碎裂　碎裂

b)北侧病害

图 7-6　现状病害

2）平整度检测

道路南北侧平整度情况调查汇总分析如表 7-2、图 7-7 和图 7-8 所示。

道路平整度检测成果表（机动车道）　　表 7-2

路段名称	分段桩号	车道数	平整度检测结果							
			1 号车道		2 号车道		3 号车道		4 号车道	
			RQI	等级	RQI	等级	RQI	等级	RQI	等级
南侧	K0 +000 ~ K0 +560	4	4. 19	A	4. 24	A	4. 26	A	4. 33	A
	K0 +560 ~ K1 +120	3	4. 17	A	4. 27	A	4. 38	A	—	—
	K1 +120 ~ K1 +685	2	4. 27	A	4. 25	A	—	—	—	—
	K1 +685 ~ K2 +200	3	4. 16	A	4. 17	A	4. 22	A	—	—
北侧	K0 +000 ~ K0 +560	4	4. 27	A	4. 36	A	4. 26	A	4. 28	A
	K0 +560 ~ K1 +120	4	4. 35	A	4. 31	A	4. 33	A	4. 38	A
	K1 +120 ~ K1 +685	3	4. 27	A	4. 36	A	4. 29	A	—	—
	K1 +685 ~ K2 +200	4	4. 25	A	4. 26	A	4. 28	A	4. 34	A

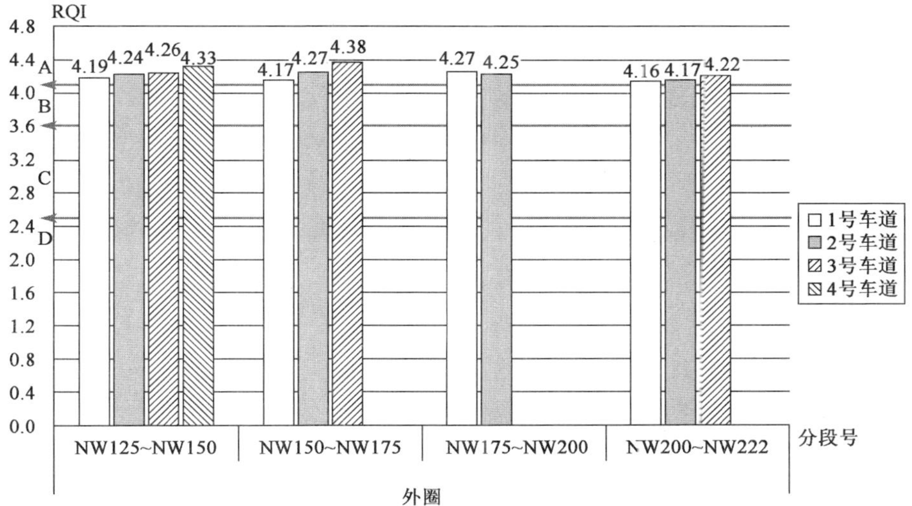

图 7-7　南侧行驶质量指数（RQI）

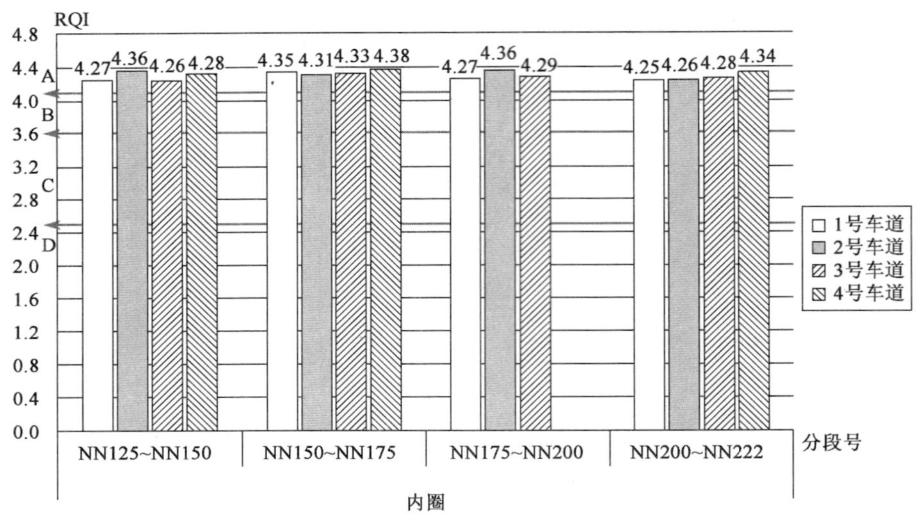

图 7-8　北侧行驶质量指数（RQI）

3）抗滑性能检测

按道路南北侧分析既有路面抗滑性能，调查结果如表 7-3、图 7-9 和图 7-10所示。

道路抗滑能力检测成果表（机动车道）　　表 7-3

路段名称	分段桩号	车道数	抗滑能力检测结果							
			1 号车道		2 号车道		3 号车道		4 号车道	
			BPN	等级	BPN	等级	BPN	等级	BPN	等级
南侧	K0 +000 ~ K0 +560	4	57. 3	A	57. 2	A	57. 0	A	57. 5	A
	K0 +560 ~ K1 +120	3	57. 6	A	57. 8	A	57. 0	A	—	—
	K1 +120 ~ K1 +685	2	57. 4	A	57. 2	A	—	—	—	—
	K1 +685 ~ K2 +200	3	57. 0	A	57. 5	A	58. 0	A	—	—
北侧	K0 +000 ~ K0 +560	4	57. 8	A	57. 2	A	56. 5	A	57. 5	A
	K0 +560 ~ K1 +120	4	57	A	57. 0	A	56. 8	A	58. 0	A
	K1 +120 ~ K1 +685	3	57. 6	A	57. 0	A	56. 8	A	—	—
	K1 +685 ~ K2 +200	4	56. 5	A	58. 3	A	58. 0	A	55. 0	A

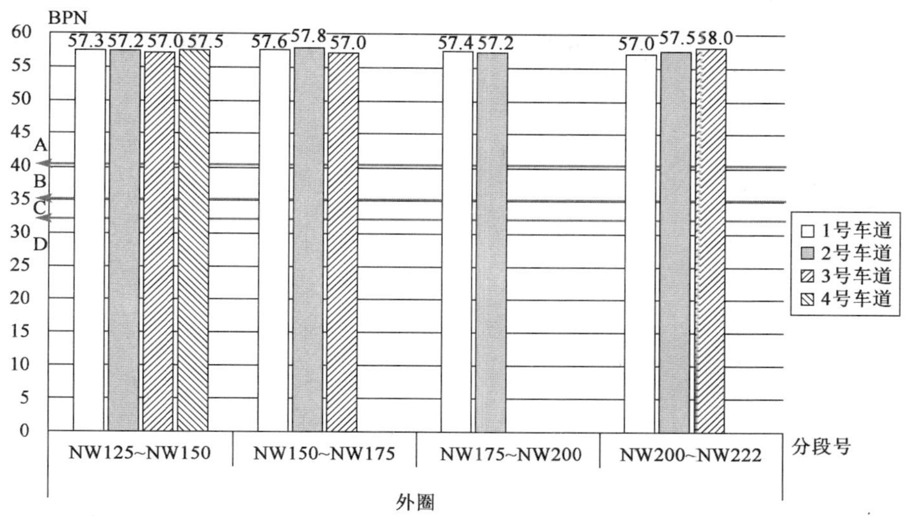

图7-9 南侧抗滑性能（BPN）

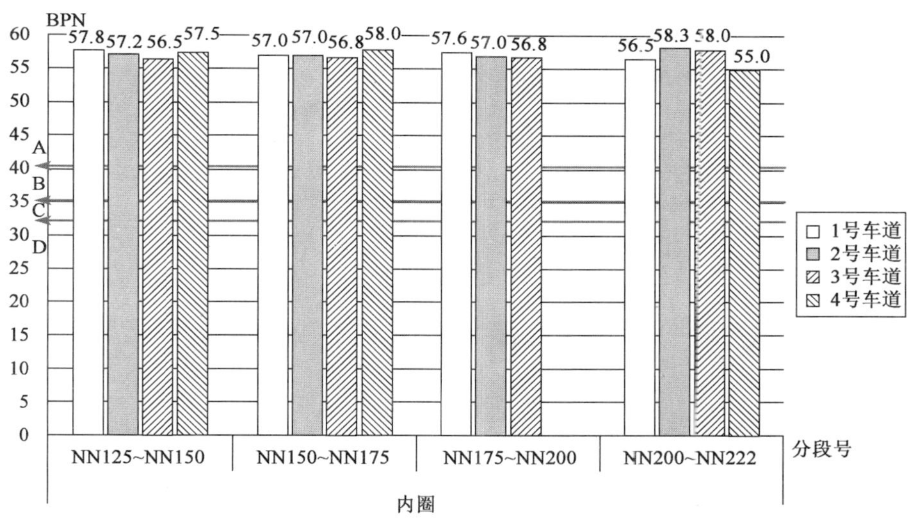

图7-10 北侧抗滑性能（BPN）

4）钻芯取样

分别在道路南北侧改造区域进行钻芯考察，分析结果如表7-4所示。

芯样成果表 表 7-4

<table>
<tr><th>芯样编号</th><th>取样位置</th><th>芯样情况</th><th>综合描述</th></tr>
<tr><td>1 号</td><td>北侧</td><td>1. 上面层：细粒式沥青混合料（SMA-13）35mm；
2. 下面层：砂粒式沥青混合料（AC-5）30mm；
3. 面层总厚度 65mm</td><td>1. 该区域道路面层包括沥青混凝土上面层和下面层；
2. 芯样完整，上下面层黏结良好；
3. 沥青层下为桥面混凝土</td></tr>
<tr><td colspan="4">芯样及样洞照片</td></tr>
<tr><td colspan="3">
</td><td></td></tr>
<tr><td>2 号</td><td>南侧</td><td>1. 上面层：细粒式沥青混合料（SMA-13）45mm；
2. 下面层：砂粒式沥青混合料（AC-5）≥20mm；
3. 面层总厚度≥65mm</td><td>1. 该区域道路面层包括沥青混凝土上面层和下面层；
2. 芯样上下面层黏结良好，下面层与桥面黏结牢固，凿取芯样时下面层断裂；
3. 沥青层下为桥面混凝土</td></tr>
<tr><td colspan="4">芯样及样洞照片</td></tr>
<tr><td colspan="3">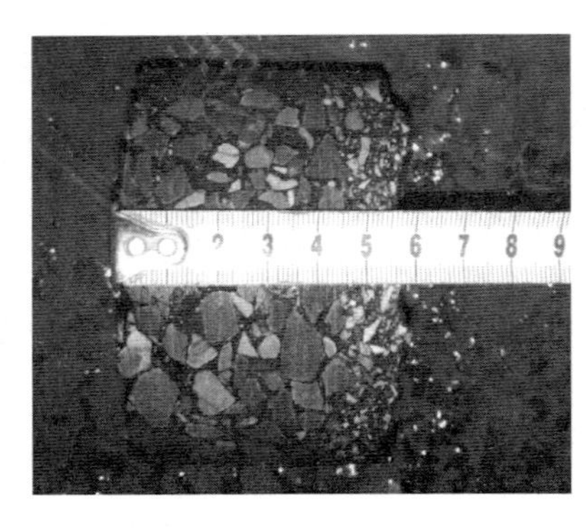
</td><td></td></tr>
</table>

7.4　桥面旧沥青检测结果

检测采用离心抽提法和阿布森回收法回收沥青。主要是针对回收沥青进行针入度和软化点的检测。检测结果如表 7-5 所示。

沥青老化检测指标　　表 7-5

序号	检 测 项 目	SBS I-C 类改性沥青技术指标	测定值
1	针入度 25℃，100g，5s（0.1mm）	60～80	38
2	软化点（℃）	≥55	90

检测结果显示，针入度小于技术指标极限值，残留针入度比约为 54%。软化点大于技术指标极限值，软化点增值约为 30℃，两项结果均表明沥青混合料（沥青）已存在较严重的老化。

7.5　桥面沥青混凝土铺装损坏成因调查分析

7.5.1　沥青材料老化程度调查分析

高架桥面铺装层经过几年使用，在自然环境因素作用下沥青材料部分区段出现了不同程度的老化现象。

（1）面层沥青材料老化，表层沥青混凝土内聚力降低，出现了剥落、松散与开裂等问题。

经验表明，沥青混凝土铺装层使用过程中，在阳光、雨水（路面渗水）、氧化等因素作用下，基质沥青材料会逐渐老化，沥青中的饱和酚、芳香酚等轻质油分会被氧化而逐渐向更高分子量的胶质和沥青质转化，使得沥青变硬变脆，表现为沥青胶结料针入度降低，软化点升高。沥青路面表面综合表现为干枯、脆化现象明显。对于 SBS 改性沥青，基质沥青老化，同时 SBS 颗粒发生降解，形成大量硫氧化合物，伴随着 SBS 与沥青之间空间结构的丧失，路用性能逐渐降低。

路面表层沥青材料老化后，沥青材料对集料的胶黏作用降低，沥青混凝土内聚力将大幅度减小。行车荷载（车辆轮胎）对路表面产生真空泵吸作用，雨天还存在动水压力，将老化后的表层少量沥青混凝土带出，路面便产生了剥落、松散等病害现象，进一步形成坑槽、开裂。

（2）沥青膜磨耗石料外露面临风化。

桥面铺装表面沥青胶结料，在车轮的作用下，逐渐被车辆带走，并产生磨耗损失，粗集料暴露于自然环境下，受大气温度、水、盐分等因素影响，易发生崩解或分解，调查过程中发现泛白路段路面风化程度较轻。

7.5.2 车辙、拥包等病害产生原因分析

拟改造路段交通流量大，经常发生拥堵，沥青铺装常年承受高频次的加速和减速作用。夏季炎热高温条件下，混合料内沥青材料软化，劲度模量降低显著，车轮作用下会产生变形，此部分变形累积到一定程度便形成车辙和拥包，尤其在坡道位置，水平力相对较大，拥包相对严重。

7.6 设计原则

本工程为通车桥面混凝土铺装综合整治项目，迫切需要采取针对性强、交通影响小的技术措施。根据项目具体情况，提出本次铺装整治设计原则如下：

（1）技术可靠

优先采用周边地区桥面铺装建设及维修改造中，具有成功经验的技术方案。

（2）可操作性强

设计方案的选择充分考虑施工的可操作性（可实施性），选择便于机械化施工、工期短、施工速度快、实施安全的铺装改造方案，是确保项目顺利实施的原则之一。

（3）经济适用

进行方案研究时，在确保工程技术方案的可行性的情况下，同时还应控制投资，确保方案的技术经济性。

7.7 方案设计

7.7.1 旧路面评价

根据现场检测结果，路面评价主要结论如下：

（1）通过钻芯取样，各段沥青铺装上层与下层、下层与桥面板结合良好，内部无明显病害，整体承载能力和下层防水功能良好，整体结构强度优良。

（2）高架道路行驶质量（RQI）、抗滑性能整体良好。其中抗滑性能评价均能满足《城市道路养护技术规程》（DG/T J08-92—2013）标准中“A级”的要求；

（3）路面损坏状况（PCI）检测成果显示，所有检测路段 PCI 评分基本为“B 级”及以上，以“B 级”居多，约占 85%。道路病害主要表现为经过长时间的运营，沥青老化引起黏结力下降，在轮胎反复作用下，沥青铺装表面集料外露、泛白，局部存在麻面、松散、线裂及修补损坏等病害，如不采取一定措施，铺装表面有加速发展成松散、坑洞的趋势。

因此，综合整治工程主要是解决局部病害，抑制铺装表面薄弱层在车轮作用下加速破坏，提高路面 PCI。

7.7.2 养护方案选择

针对不同沥青路面状况，应采取不同的养护措施，根据《城市道路养护技术规程》（DG/T J08-92—2013）、《沥青路面预防性养护技术规程》（DG/J 08-2176—2015），目前 PCI 基本为 B 级，RQI 为 A 或 B 级，可以采取的养护对策为保养小修或预防性养护，见表 7-6。

养护对策 表 7-6

评价指标	PCI	RQI
评价等级	A、B	A、B
养护对策	保养小修或预防性养护	

本次拟整治路段的高架铺装层在运营多年后，开始出现沥青老化、沥青膜损失、轻微疲劳龟裂、损失细集料等现象，总体质量尚可，但局部路段有较为集中的病害，且病害有增加趋势。如果仅对目前较为集中的病害进行保养小修，其他路段不进行处理，铺装表面有发展成大面积松散、坑洞的趋势。

快速路路面通常采用较高的设计和养护标准，在运营期间一般不允许出现严重的损坏现象。因此本次综合整治工程主要是解决局部病害，在病害全面爆发之前采取有效措施抑制铺装路面在高速车轮、雨水、高温等外界条件作用下被加速破坏，提高路面 PCI。

传统的路面养护方式为矫正式养护，是在路面出现损坏之后，路面状况指标不能满足养护技术标准时才对路面进行修复性的养护，这种养护方式存在费用高、施工期长、对交通干扰大的问题。采取预防性养护是解决或缓解这一问题的有效途径。

7.7.3 预防性养护标准与条件

城市道路沥青路面预防性养护标准见表 7-7。城市道路沥青路面预防性养护宏观路况指标采用 PCI、SSI、RQI 和 SFC 四项，其中 PCI 为判断指标，SSI、RQI 和 SFC 为检验指标。即在 SSI、RQI 和 SFC 满足要求的前提下，以 PCI 为标准判断沥青路面是否需要预防性养护。

预养护宏观路况标准 表 7-7

路况指标	预防性养护宏观路况标准		
	快速路、主干路	次干路	支路
RQI	3.2~5.0	3.2~5.0	3.0~5.0
PCI	80~100	75~100	65~100
SFC	35~100	35~100	35~100
SSI	临界及以上	临界及以上	临界及以上

7.7.4 养护方案选择小结

根据规范要求、检测成果和养护单位的经验反馈情况来看，本设计较适合采用预防性养护措施，主要依据如下：

（1）本次拟整治路段均为快速路。根据规范要求，满足预防性养护的标准为：PCI≥80，RQI≥3.2，检测数据表明拟改造路段整体满足预防性养护标准。本次拟整治路段仅有一个评价段 PCI<80，对这些路段实施沥青铺装局部修补整治方案。

（2）铺面表层开始出现沥青老化、沥青膜损失的情况，尚未造成路面大面积的结构损坏，是预养护的最佳时期，有较好的经济效益，可以达到提高快速路服务水平、提高路面使用性能、延长路面使用寿命和减少路面周期养护费用的目的。

（3）本次工程实施范围是重要的快速交通通道，一般不允许出现严重的损坏现象。高架道路养护，每次作业时间只有 4 ~ 5h。预防性养护是一种不降低道路服务水平的快速养护措施，所以预防性养护是最佳的养护方案选择。

7.7.5　预防性养护措施

预防性养护措施主要有以下几类：

（1）灌缝（Crack Seal）；

（2）雾封层（Fog Seal）；

（3）碎石封层（Chip Seal）；

（4）稀浆封层（Slurry Seal）；

（5）微表处（Microsurfacing）；

（6）薄层加铺（Thin Hot-Mix AC Overlay）；

（7）就地热再生（Hot In-Place Recycling）；

（8）沥青还原处治。

7.7.6　预防性养护措施选择流程

项目实施段目前存在交通流量大、封道时间短、对环境保护和景观要求高等限制因素。沥青路面预防性养护措施比较多，需要选择满足本次整治需求的预防性养护措施才能取得良好的效果。

选择合适的预防性养护措施，首先应根据沥青路面预防性养护措施对策库，确定不同的养护措施的适用范围，根据路面状况和病害类型与程度确定技术上可行的措施；其次，对技术上满足要求的措施，进行费用效益分析，选择几种费用效益较好的技术措施；最终，根据道路的施工因素、用户因素和环境因素，确定最优的技术措施。具体步骤如下：

（1）在路面适合预防性养护的前提下，根据道路的主导病害类型及严重程度、道路等级和交通量，依照上海市沥青路面预防性养护对策库，选择技术上满足要求的所有预防性养护措施。

（2）考虑经济因素，对所有适用的预防性养护措施进行费用效益分析，进一步筛选出费用效益良好的预防性养护措施。

（3）考虑施工因素、用户因素和环境因素，对预防性养护措施进行综合评判，最终确定最合适的预防性养护措施。

预防性养护措施的选择流程可参考第 4 章图 4-4。

沥青路面预防性养护措施对策库 表 7-8

项目		参数	预养护措施									
			稀浆封层	微表处	碎石封层	复合封层	薄层沥青混合料加铺	超薄层沥青混合料加铺	封缝或灌缝	雾封层	沥青还原处治	含砂雾封层
AADT(pcu/d)		>5000		■			■	■	■		■	■
		≤5000	■	■	■	■	■	■	■	■	■	■
路面主导损坏类型	龟裂	轻	■	■	■	■	■					
	块状裂缝	轻	■	■	■	■	■			■		
	纵向裂缝	轻	■	■	■	■	■		■		■	■
	横向裂缝	轻	■	■	■	■	■		■		■	■
	车辙	轻	■	■	■	■	■					
	麻面	—	■	■	■	■	■	■		■	■	■
	松散	轻	■	■	■	■	■	■		■	■	■
	泛油	—	■	■	■	■	■	■				
	磨光	—	■	■	■	■	■	■				■

注:碎石封层、稀浆封层原则上不用于城市道路。

7.7.7 预防性养护对策库选择

沥青路面最佳预防性养护措施应根据损坏类型及其严重程度、道路等级和交通量等技术因素，从表7-8中遴选出所有适用的预防性养护措施。综合考虑交通影响、可获得的材料、施工质量、气候、耐久型、行驶舒适性、抗滑性、环保和美观等因素采用项目级综合评判法对各待选预防性养护措施进行决策分析，最终选择综合评判系数值最大的措施作为最佳预防性养护措施。

高架道路铺面养护需求分析：

（1）根据现场检测结果，高架桥面铺装整体承载力良好，下层防水功能良好，铺装平整度和抗滑功能尚可，主要表现为经过长时间的运营，沥青老化引起黏结力下降，在轮胎反复作用下，沥青铺装表面集料外露、泛白，局部存在麻面、松散、线裂及部分修补损坏等病害，如不采取一定措施，铺装表面有发展成松散、坑洞的趋势，因此预防性养护主要是解决局部病害，抑制铺装表面薄弱层在车轮作用下加速破坏，提高路面PCI。

（2）高架道路交通量很大，AADT超过5000pcu/d，养护技术措施要求有一定的耐久性，设计年限为3年以上。碎石封层、稀浆封层、复合封层、封缝或灌缝、雾封层不适合高架道路。

（3）高架道路车辆行驶速度高，设计车速为80km/h，铺装抗滑要求高，养护技术措施不能显著降低路面抗滑性能。

（4）高架道路路面养护维修夜间封闭施工4～5h，第二天正常开放交通，养护技术施工时间短，微表处采用改性乳化沥青，养护时间较长，难以满足高架道路夜间施工，早上开放的要求。

（5）高架道路修复沥青混凝土面层不得随意增加面层厚度，严禁用面层覆盖伸缩装置[《城市道路高架养护技术规范（DB 31/T 678—2012）强制性条文》]，因此对于沥青混合料加铺前，应铣刨相应的厚度。

通过对高架道路铺面的养护需求分析，可以得出以下结论：

对于PCI≥85的路段，铺装病害主要为沥青老化、缺油、沥青膜缺失、轻微裂缝与麻面，适用于实施改造的措施主要有薄层沥青混合料加铺、超薄沥青混合料加铺、沥青还原处治和含砂雾封层。

对于PCI＜85的路段，铺装病害主要为开裂、块状碎裂、麻面、松散，适用于实施改造的技术措施主要有薄层沥青混合料加铺和超薄沥青混合料加铺。

7.7.8 预防性养护措施费用效益分析

考虑预防性养护措施的使用寿命和单位费用等经济因素，采用等效年度费用（EAC）方法对所有适用的预防性养护措施分别进行费用效益比较，进一步选择出费用效益良好的预防性养护措施。EAC的计算公式如式（7-1）所示。

$$\mathrm{EAC} = C/N \tag{7-1}$$

式中：N——预防性养护措施的使用寿命；

C——预防性养护措施的单位费用。

对预防性养护对策库中初选的措施进行费用效益分析，EAC越低预防性养护措施费用效益越好，因此，应优先选择EAC较小的预防性养护措施。但并不是具有最小的EAC措施就是最合适的预防性养护措施，还有其他一些影响因素。因此在费用效益分析的基础上，选择EAC较小的几种措施，进行综合评判（表7-9）。

预防性养护措施等效年度费用（EAC） 表7-9

序号	预防性养护措施	使用寿命（年）	单位费用（元/m^2）	EAC
1	薄层沥青混合料加铺	6	140	23
2	超薄沥青混合料加铺	4	100	25
3	含砂雾封层	3	34	11.30
4	沥青还原处治	3	34	11.30

选择费用等效年度费用EAC排序：含砂雾封层 = 沥青还原处治 < 薄层沥青混合料加铺 < 超薄沥青混合料加铺。

7.7.9 综合评判

针对费用效益良好的预防性养护措施，综合考虑交通影响、可获得的材料、施工质量、气候、耐久性、行驶舒适性、抗滑性、环保和美观等9项施工、用户和环境因素，采用项目级综合评判法分别对各预防性养护措施进行分析，最终选择综合评判系数k值最大的措施作为最佳预防性养护措施。综合评判系数k的计算公式如式（7-2）所示。

$$k = \sum_{j=1}^{n} C_{ij} W_{ij} \tag{7-2}$$

式中：k——综合评判系数；

C_{ij}——第 i 种待选预防性养护措施第 j 种影响因素的特征属性值；

W_{ij}——第 i 种待选预防性养护措施第 j 种影响因素的权重系数；

N——影响因素的数目。

结合对现有工程状况的调研结果，确定各影响因素的权重系数 W_{ij}，以及各项常用预防性措施的特征属性值 C_{ij}。根据综合评判系数的计算公式（7-2）计算出常用预防性养护措施的 k 值。

经过调研，常见的影响因素及其权重系数的推荐范围和代表值如表 7-10 所示。

沥青路面预防性养护的影响因素权重系数（W_{ij}）　　表 7-10

序号	影响因素	AADT > 5000 城市道路	
		推荐范围	代表值
1	可获得材料	5 ~ 15	10
2	施工质量	15 ~ 25	20
3	气候	0 ~ 10	5
4	耐久性	10 ~ 20	15
5	交通影响	10 ~ 20	15
6	行驶舒适性	10 ~ 20	15
7	抗滑性	10 ~ 20	10
8	环保	0 ~ 10	5
9	美观	0 ~ 10	5
合计		—	100

各项待选措施的特征属性值 C_{ij}，以 5 分制来进行评定，即 5 分代表非常重要，1 分代表不重要。根据上海地区的具体情况，各类预防性养护措施特征属性值的范围如表 7-11 所示。

预防性养护措施的特征属性值的范围　　表 7-11

序号	影响因素	超薄沥青混合料加铺	沥青再生还原	含砂雾封层
		范围	范围	范围
1	可获得材料	4 ~ 5	4 ~ 5	4 ~ 5
2	施工质量	3 ~ 5	3 ~ 5	3 ~ 5
3	气候	2 ~ 4	2 ~ 4	2 ~ 4
4	耐久性	4 ~ 5	3 ~ 4	3 ~ 4
5	交通影响	2 ~ 3	2 ~ 4	2 ~ 4

续上表

序号	影响因素	超薄沥青混合料加铺	沥青再生还原	含砂雾封层
		范围	范围	范围
6	行驶舒适性	4~5	4~5	4~5
7	抗滑性	4~5	3~4	3~4
8	环保	3~4	3~4	4~5
9	美观	4~5	4~5	4~5

根据高架道路的施工、用户和环境因素，确定各个影响因素的特征属性值，如表7-12所示。

预防性养护措施的特征属性值 表7-12

序号	影响因素	薄层沥青混合料加铺	超薄沥青混合料加铺	沥青再生还原	含砂雾封层
		推荐值	推荐值	推荐值	推荐值
1	可获得材料	5	5	5	5
2	施工质量	5	3	5	5
3	气候	3	3	4	4
4	耐久性	5	5	3	4
5	交通影响	2	2	3	3
6	行驶舒适性	5	5	5	5
7	抗滑性	5	5	3	4
8	环保	4	4	4	5
9	美观	5	5	5	5

综合评判系数 k 值的计算结果如表7-13所示。

综合评判系数 k 值计算结果 表7-13

序　　号	预防性养护技术	k 值
1	薄层沥青混合料加铺	4.4
2	超薄沥青混合料加铺	4.0
3	沥青再生还原	4.1
4	含砂雾封层	4.4

初步筛选的薄层沥青混合料加铺、超薄沥青混合料加铺、沥青再生还原和含砂雾封层四种预养护方式，根据综合评判系数得出的优劣顺序为：薄层沥青混合料加铺 = 含砂雾封层 > 沥青再生还原 > 超薄沥青混合料加铺。

7.7.10　方案确定

根据上述各节分析，铺装层处治方案以 PCI 作为控制指标，综合备选方案的等效年度费用 ECA 及综合评判系数，筛选确定合适的技术措施。如：

（1）对于 PCI≥85 的路段，其主要病害为沥青老化，沥青膜缺失、麻面。在高速车辆荷载、雨水和高温等外界条件下，铺装表面有快速出现松散、坑洞的趋势，适用的改造措施主要有薄层沥青混合料加铺、超薄沥青混合料加铺、沥青还原处治和含砂雾封层。根据综合评判系数得出的整治方案顺序为：薄层沥青混合料加铺 = 含砂雾封层 > 沥青再生还原 > 超薄沥青混合料加铺。根据费用等效年度费用 ECA，含砂雾封层、沥青还原处治优先推荐。经综合比对，选择含砂雾封层作为推荐方案。对车辙、拥包、松散等问题，进行局部铣刨加铺维修。

（2）对 PCI < 85 的路段，铺装碎裂、拥包和修补损坏等病害较多，含砂雾封层、沥青还原处治不再适用，可采用薄层沥青混合料加铺或超薄沥青混合料加铺。根据综合评判系数得出的整治方案顺序为：薄层沥青混合料加铺 > 超薄沥青混合料加铺，根据等效年度费用 ECA，薄层沥青混合料加铺也优于超薄沥青混合料加铺，因此可选择薄层沥青混合料加铺作为推荐方案。

经过比选，该段高架各车道的预防性处治推荐方案如表 7-14 所示。

处 治 推 荐 方 案　　表 7-14

路段名称	道路约长（m）	车道数	PCI 检测结果							
			1 号车道		2 号车道		3 号车道		4 号车道	
			PCI	方案	PCI	方案	PCI	方案	PCI	方案
南侧	560	4	80.2	Ⅱ	85.2	Ⅰ	82.8	Ⅱ	86.5	Ⅰ
	560	3	83.6	Ⅱ	83.3	Ⅱ	100.0	Ⅰ	—	—
	565	2	81.1	Ⅱ	81.1	Ⅱ	—	—	—	—
	515	3	80.3	Ⅱ	79.5	Ⅱ	87.7	Ⅰ	—	—
北侧	560	4	86.1	Ⅰ	88.6	Ⅰ	86.9	Ⅰ	84.8	Ⅰ
	560	4	88.7	Ⅰ	93.0	Ⅰ	83.5	Ⅱ	100.0	Ⅰ
	565	3	86.8	Ⅰ	87.2	Ⅰ	82.7	Ⅱ	—	—
	515	4	85.9	Ⅰ	87.1	Ⅰ	88.6	Ⅰ	94.6	Ⅰ

注：方案Ⅰ表示选择含砂雾封层方案，方案Ⅱ表示薄层沥青混合料加铺方案。

为保证改造后高架路面的均匀性和使用寿命的一致性，同一横断面根据断面整体的病害情况，可采取统一改造措施。如对于含砂雾封层区域内裂缝、拥包、车辙和修补损坏等病害，先将表面 3 ~ 4cm 面层铣刨，然后加罩 SMA-13，再整体采用含砂雾封层处治措施。

第8章 展 望

我国道路交通基础设施建设已经取得了举世瞩目的成就。然而，如何对日益增加的路网和巨大的国有资产进行科学、有效、合理的管理与养护，已经成为道路管理部门面临的严峻挑战。在当前养护资金相对紧张、养护任务日益繁重、养护难度不断增加的情况下，研究并实践道路预防性养护已经成为落实科学发展观的必然要求。预防性养护强调科学性、计划性、前瞻性、经济性，需要技术、管理、法规、资金等方面的支撑。

尽管沥青路面预防性养护已经得到广泛关注和认可，但国内外在防性养护内涵的理解、管理决策的把握、养护措施的选择等方面存在显著差异。我国预防性养护是学习和借鉴国外相关技术基础上发展而来，总体上说仍处于研究与试验应用阶段，在管理层面、制度层面、资金层面、技术层面等诸多方面亟待完善。

（1）完善相关制度、标准、法规，支持预防性养护应用与发展。

在我国，“预防性养护”还不是一个标准的专业术语。按照交通运输部部现行的路面养护技术规范，一般将沥青路面养护作业分为“小修保养、中修工程、大修工程和专项工程”四种。这使得预防性养护处于尴尬的局面，一方面管理部门很难明确预防性养护的地位，另一方面也难以获得相关技术工程造价定额。另外，预防性养护大多采用“四新”技术，施工难度相对较大且部分技术尚无相关技术标准，造成了设计单位、施工单位和质检单位无章可循。同时，在目前养护费用相对紧张的情况下，很多养护部门重点考虑“坏路”，以满足“好率路”的政效考核指标。这也阻碍了预防性养护的实施和推广。

为此，必须建立与完善相关制度、标准、法规、出台预防性养护相关管理办法和考核机制，并在资金层面给予专项支持，这样才能有利于推动公路预防性养护应用与发展。

（2）依托相关科研成果，完善预防性养护决策管理与技术措施。

国外预防性养护技术形成只有二十几年的历史，在预防性养护决策与管理、预防性养护技术与材料等方面仍处于不断发展完善阶段。我国预防性养护技术正处于学习、认识和试验应用状态，与之相配套的养护技术、养护材料、养护工艺还不完善，设备技术和使用性能与国外还有较大差距。而且国外很多成果不能完全照搬，必须针对我国实际情况开展相关技术研究，这样才能实现我国预防性养护技术的追赶和超越。同时，预防性养护能不能落实、能不能发展，最终还要依靠广大公路技术管理人员。因此，必须积极开展相关人员的技术培训，深入学习和掌握预防性养护方法与技术。

(3) 明确预防性养护内涵和重要意义，落实于日常养护计划与管理工作中。

道路预防性养护不仅仅是一种理念，更不是一种口号，而是一种实实在在的养护技术，是一种获得道路生命周期内的最大效益、费用效益比最优的防御性养护技术。预防性养护仅仅包含具体的预防性养护措施，同时涉及预防性养护的决策、规划和管理，是一项复杂的系统工程。

美国将路面养护维修作业分为：预防性养护、修复性养护、路面翻修和路面重建。参考我国现行规范，可将预防性养护定义为介于小修保养与中修工程之间养护作业，其目的之一是推迟路面大中修时间并节约养护费用。为此，可制定道路周期养护计划和总体养护费用（比如5年一个周期），安排专项资金或部分中修资金用于预防性养护。总之，在政策、资金等支持下，将其落实于日常养护计划与管理工作中，积极推动道路养护模式的转型。

参 考 文 献

[1] 常魁和,高群. 公路沥青路面养护新技术[M]. 北京:人民交通出版社,2001.

[2] 张晓冰,程日盛. 我国高速公路沥青路面厚度现状调查分析[J]. 河南交通科技,1999, 19 (1): 22-25.

[3] 吴永德. 公路沥青路面养护关键技术研究[D]. 天津:河北工业大学,2007.

[4] 李海辉. 高速公路沥青路面预防性养护简析[J]. 科技之友,2007(3): 64-66.

[5] 康敬东. 沥青路面裂缝和坑槽养护维修技术的研究[D]. 西安:长安大学,2002.

[6] 高建立. 高速公路沥青路面养护关键技术与工程实例[M]. 北京:人民交通出版社,2006.

[7] Pavement Preventive Maintenance Program Guidelines. Ohio: The Office of Pavement Engineer, Ohio Department of Transportation, May 1, 2001.

[8] Samuel Labi, Kumares C. Sinha, FASCE. Life-Cycle Evaluation of Flexible Pavement Preventive Maintenance. Journal of Transportation Engineering, 2005(10):744-751.

[9] Samuel Labi, Kumares C. Sinha. Life-Cycle Evaluation of Highway Pavement Preventive Maintenance. TRB, 2003 Annual Meeting.

[10] Optimal Timing of Pavement Maintenance Treatments Applications. NCHRP Report 523, 2005.

[11] Hicks R G.., Moulthrop J S, Daleiden, J. Selecting a Preventive Maintenance Treatment for Flexible Pavements, Transprtation Research Record, Issue: 1999.

[12] Pavement Preventive Maintenance. Nina McLawhorn Research Administrator Wisconsin Department of Transportation, June 19, 2003.

[13] Insights into Pavement Preservation. Washington: U. S. Federal Highway Ad-

ministration, April 2003.

[14] Eli Cuelho, Robert Mokawa, Michelle Akin. Preventive Maintenance Treatments of Flexible Pavements: A Synthesis of Highway Practice. FHWA, 2006 Final Report.

[15] 赵双. 浅议加强沥青路面预防性养护的意义[J]. 甘肃科技,2003,19(9):108-109.

[16] 张雅涛. 高等级公路加强预防性养护的意义及具体实施建议[J]. 交通世界,2006(4):76-78.

[17] 李哲梁. 基于费用效益分析的路面预防性养护技术[J]. 公路交通科技,2007,12 (24):19-23.

[18] 柳和平,罗立峰. 浅谈路面预防性养护[J]. 广东公路交通,2007(1):26-30.

[19] 张恒涓. 一种沥青路面预防性养护的好方法——表面涂刷沥青再生[J]. 公路,2002,(10):119-121.

[20] 上海市市政工程管理局专业标准. SZ-G-Do1—2007 公路沥青路面预养护技术规程[S]. 上海:上海市政工程管理局,2007.

[21] 姚祖康,路面管理系统[M]. 北京:人民交通出版社,1993.

[22] 中华人民共和国行业规范. JTJ 073. 2—2001 公路沥青路面养护技术规范[S]. 北京:人民交通出版社,2001.

[23] 杨立峰. 高速公路养护管理系统研究——路面性能评价、预测子系统[D]. 南京:东南大学,2000.

[24] 郭忠印,李立寒. 沥青路面施工与养护技术[M]. 北京:人民交通出版社,2003.

[25] 施伟. 基于费用分析的高等级公路沥青路面养护决策研究[D]. 扬州:扬州大学,2007.

[26] 杨立伟. 沥青路面裂缝填封类预防性养护方法[J]. 交通世界,2007(12):84-85.

[27] 姜涛. 罩面类预防性养护方法[J]. 交通世界,2008(1):84-85.

[28] 许德录. 高速公路沥青路面薄层罩面养护技术与施工方法[J]. 交通世界,2007(13):84-85.

[29] 虎增福. 乳化沥青及稀浆封层技术[M]. 北京:人民交通出版社,2001.

[30] 王志国. 改性乳化沥青稀浆封层和热压灌缝等预防性养护措施及其意义[J]. 交通世界,2008(1):82-83.

[31] 裴世保. 高等级沥青路面车辙泛油病害的修补与预防性养护技术[J]. 交通标准化,2003(11):37-40.

[32] 冀海军. 沥青路面封层类预防性养护方法[J]. 交通世界,2007(12):82-83.

[33] 蒋志军. 雾封层技术在沥青路面预养护中应用研究[D]. 重庆:重庆交通大学,2008.

[34] 王阔,刘洋. 国内外常用预防性养护措施介绍[J]. 北方交通,2008(4):71-73.

[35] 张炜萍. 中低交通流量公路沥青路面预防性养护技术研究[D]. 天津:河北业大学,2007.

[36] 胡娟,周水兴. TL2000 路面强化剂在重庆鹅公岩大桥桥面预防性养护中的应用[J]. 重庆交通学院学报,2004,23(4):9-11.

[37] 陈海珊. 沥青再生剂 PDC 在路面预防性养护中的应用试验[J]. 广东公路交通,2004 (4):13-15.

[38] 梁朝阳,于庆革. 路面再生强化剂在预防性养护工程中的应用[J]. 交通世界,2007 (9):67.

[39] 许湘华. 基于全寿命周期费用控制的沥青路面设计管理[J]. 山西建筑,2007,33 (6):276-277.

[40] 赵慧芳,苏卫国. 路面预防性养护措施的选择——寿命周期成本分析[J]. 建筑经济,2007 (12):58-61.

[41] 刘黎萍,孙立军. 沥青路面结构设计中的寿命周期分析[J]. 山东交通学院学报,2002, 10 (2):53-58.

[42] 孙立军. 沥青路面结构行为理论[M]. 上海:同济大学出版社,2003.

[43] 任勇. 基于生命周期费用的沥青路面预防性养护时机研究[D]. 西安:长安大学,2006.

[44] 范上宁,季瑛. 高速公路沥青路面预防性养护对策选择[J]. 中国市政工程,2006, 124 (6): 8-9.

[45] 凌建民,官盛飞. 公路沥青路面预养护多层次模糊决策模型[J]. 公路交通科技,2008.